我们的华夏

战 国
七雄博弈

朱良——著

图书在版编目（CIP）数据

战国：七雄博弈 / 朱良著. -- 上海：上海文化出版社, 2019.11（2022.11重印）
ISBN 978-7-5535-1786-5

Ⅰ.①战… Ⅱ.①朱… Ⅲ.①中国历史—战国时代—通俗读物 Ⅳ.①K231.09

中国版本图书馆CIP数据核字(2019)第220231号

出 版 人	姜逸青
策　　划	后浪出版公司
统筹编辑	梅天明
责任编辑	任　战　葛秋菊
特约编辑	李　梅
版面设计	李利飞
装帧制造	墨白空间·黄　海
书　　名	战国：七雄博弈
著　　者	朱　良
出　　版	上海世纪出版集团　上海文化出版社
地　　址	上海市闵行区号景路159弄A座2楼 201101
发　　行	后浪出版公司
印　　刷	嘉业印刷（天津）有限公司
开　　本	655×1000　1/16
印　　张	19.5
版　　次	2019年11月第一版　2022年11月第四次印刷
书　　号	ISBN 978-7-5535-1786-5/K.201
定　　价	60.00元

后浪出版咨询(北京)有限责任公司版权所有，侵权必究
投诉信箱：copyright@hinabook.com　fawu@hinabook.com
未经许可，不得以任何方式复制或者抄袭本书部分或全部内容
本书若有印、装质量问题，请与本公司联系调换，电话 010-64072833

目 录

第一章 魏国崛起 ... 1
三分晋国 ... 1
雄才大略魏文侯 ... 3
杀妻求将 ... 5
乐羊食子 ... 6
强夺河西 ... 8
三晋伐齐 ... 11
晋国末路 ... 12

第二章 田氏代齐 ... 15
漫漫窃国路 ... 15
窃国者侯 ... 18
篡位者最终胜利 ... 22

第三章 艰难维持的霸权 ... 24
秦国的亡国危机 ... 24
四面出击的魏国 ... 27
吴起变法 ... 29
秦国崛起的开始 ... 32
三晋联盟破裂 ... 35
吴起的报复 ... 37
艰难维持的第一强国 ... 39

第四章　席卷各国的变法浪潮 ································ 44

　　河西烽烟再起 ·· 44
　　秦师初入中原 ·· 46
　　改变历史的奇人 ··· 48
　　商鞅变法 ·· 49
　　虚心纳谏的齐威王 ·· 53
　　诸子百家的黄金时代 ··· 56
　　申不害变法 ··· 59

第五章　中原霸主争夺战 ·· 63

　　惨淡经营的魏惠王 ·· 63
　　田忌赛马 ·· 65
　　孙庞斗智 ·· 67
　　虚幻的霸主梦 ·· 70
　　称王的把戏 ··· 72
　　马陵之战 ·· 73
　　商鞅作法自毙 ·· 75

第六章　智慧的火花 ·· 80

　　魏惠王求贤 ··· 80
　　孟母教子 ·· 81
　　大同世界的梦想 ··· 83
　　无法实现的王道 ··· 85
　　底层民众的理想 ··· 91
　　乱世隐者 ·· 95

第七章　合纵连横 ··· 98

　　魏国的转变 ··· 98
　　中原集体沉沦 ·· 100
　　雕阴之战 ·· 101
　　张仪相秦 ·· 104

连横初显锋芒 ……………………………………………… 106
各怀鬼胎的山东六国 …………………………………… 108
楚怀王的霸主梦 ………………………………………… 111
修鱼之战 ………………………………………………… 114
第一次合纵失败 ………………………………………… 117

第八章　大国较量 …………………………………………… **119**

开国何茫然——早期的蜀国 …………………………… 119
秦国的灭蜀阴谋 ………………………………………… 120
巴国争夺战 ……………………………………………… 123
一次离谱的禅位 ………………………………………… 126
出卖盟友的大国 ………………………………………… 130
张仪欺楚 ………………………………………………… 132
秦楚大决战 ……………………………………………… 135

第九章　风云激荡 …………………………………………… **140**

二年成邑，三年成都 …………………………………… 140
张仪的最后一计 ………………………………………… 141
宜阳攻防战 ……………………………………………… 145
秦王举鼎 ………………………………………………… 148
风云突变 ………………………………………………… 151
"真小人"宣太后 ………………………………………… 154

第十章　楚国的悲剧 ………………………………………… **158**

楚国的扩张 ……………………………………………… 158
老谋深算的赵武灵王 …………………………………… 160
礼贤下士孟尝君 ………………………………………… 163
意外来临的灭国之灾 …………………………………… 167
背信弃义的秦人 ………………………………………… 169
国殇，一个时代的悲剧 ………………………………… 172

第十一章　双雄并立 · **174**

　　鸡鸣狗盗 · 174
　　齐国的合纵 · 177
　　狡兔三窟 · 178
　　三晋哀歌 · 181

第十二章　激烈的生存竞争 · **184**

　　燕昭王求贤 · 184
　　玩火自焚的赵武灵王 · 186
　　六国封相的传说 · 189
　　超级间谍苏秦 · 196
　　宋国的生存斗争 · 197
　　最大的一盘棋 · 200

第十三章　齐国陨落 · **203**

　　意外来临的五国合纵 · 203
　　局势又一次反转 · 204
　　齐国大难来临 · 206
　　齐湣王的逃亡路 · 208
　　最惨的亡国之君 · 210
　　鄗都保卫战 · 211
　　哀民生之多艰 · 213

第十四章　最后的屏障 · **216**

　　下一个打击目标 · 216
　　完璧归赵 · 217
　　渑池会 · 219
　　负荆请罪 · 222
　　燕赵有义士 · 223
　　齐人的抗争 · 223
　　田单复齐 · 225

第十五章　秦赵大决战 … **229**

　　小人物的发迹史 … 229
　　秦昭襄王的烦心事 … 231
　　远交近攻 … 232
　　睚眦必报 … 235
　　意外来临的决战 … 238
　　长平之战 … 240
　　大屠杀 … 244

第十六章　英雄传奇 … **246**

　　赵国的命运 … 246
　　白起的末日 … 248
　　毛遂自荐 … 250
　　义不帝秦 … 252
　　窃符救赵 … 253
　　大反攻 … 257

第十七章　英雄的黄昏 … **261**

　　吕不韦的生意经 … 261
　　债台高筑 … 263
　　秦宫秘事 … 265
　　老去的时代 … 267

第十八章　四海归一 … **271**

　　秽乱宫闱的赵太后 … 271
　　年少有为的秦王 … 273
　　赵国的顶梁柱 … 276
　　赵王自毁长城 … 277
　　燕国的最后一击 … 281
　　楚国的灭亡 … 284
　　愚蠢又可悲的齐王 … 286

一统山河 ………………………………………………… 287

附录　春秋战国大事年表 ……………………………………… 289

　　东周的建立 ………………………………………………… 289
　　郑庄公小霸 ………………………………………………… 289
　　齐国崛起 …………………………………………………… 290
　　齐桓公称霸 ………………………………………………… 291
　　宋襄公伪霸 ………………………………………………… 292
　　晋文公称霸 ………………………………………………… 292
　　秦晋交兵 …………………………………………………… 293
　　楚庄王称霸 ………………………………………………… 293
　　晋、楚平分霸权 …………………………………………… 294
　　晋国霸权复兴 ……………………………………………… 295
　　中原衰落，吴越崛起 ……………………………………… 296
　　吴越争霸 …………………………………………………… 297
　　魏国称霸 …………………………………………………… 298
　　中原群雄混战 ……………………………………………… 300
　　合纵连横之争 ……………………………………………… 301
　　秦楚之争 …………………………………………………… 302
　　秦齐之争 …………………………………………………… 303
　　秦赵之争 …………………………………………………… 304
　　短暂休兵时期 ……………………………………………… 305
　　秦灭六国 …………………………………………………… 306

第一章　魏国崛起

三分晋国

公元前453年，就在晋阳城即将被攻破的前夜，韩、魏两家突然反水，跟赵氏合力攻打智氏，晋阳的形势陡然逆转，原本占据绝对优势的智氏一夜之间被灭族。

这个转折来得太意外，国际国内一片哗然。

最震惊的还是远在绛城的晋出公。直到这时，他才发现魏、赵、韩三家如同盘踞在晋国土地上的三只巨兽，正张开血盆大口，准备分食这个已经无力反抗的国家。

三家羽翼已成，晋君悔之晚矣。

绝望中的晋出公试图发起最后一击，他向齐、鲁借兵去攻打三大家族，但哪里是三家的对手？很快便被他们打得大败。

晋出公只得逃到齐国去躲避，第二年便病死在了那里。

晋国国内，魏、赵、韩扶植晋哀公为傀儡君王，三家从此肆无忌惮地开始了瓜分晋国的浩大工程。

晋国拥有天下最优质的国土资源，三家经过五十年的争吵与磨合，在赵襄子和魏文侯两任中军将的主持下，最终在保留三家原来所占土地的基础上，达成以下瓜分方案——

魏：河西郡、河东郡、上洛之地、东郡

赵：太原郡、代郡、邯郸郡

韩：三川郡、上党郡

其中有几个地块值得说明——

河西郡：东方各国中唯一一块黄河以西的地块。这是当年晋文公、晋襄公时代从秦国手上抢来的。从地理上来说，这是插入秦国本土的楔子，位置极端重要，也极端险恶。这个地方是魏国打压秦国的最前线，因此也成为秦魏两国拼死争夺的焦点。

河东郡：晋国的核心地带，最繁华富庶的地方。绛城、曲沃都在这里，半死不活的晋国政府也在这里。魏国因为占有了这块土地，经济实力在三晋之中位列第一。

太原郡：赵氏苦心经营多年的大本营，晋阳就在这里。但这里也挨着秦国，因此也需要跟秦国展开争夺。

邯郸郡：赵国的另一块重要土地。地处太行山以东，靠近中原核心地带。这里可以直接威逼燕、齐，压制韩、魏，属于进可攻退可守的绝对优质地块。

上党郡：占据太行山南部，为天下之脊，晋国的制高点，占尽地利之便。

三家分晋的结果——

魏：占有晋国最核心的地带，经济实力和人口都超过赵、韩，可以说继承了晋国大部分的资源。但它的缺点也非常明显：河西郡是跟秦国争斗的前沿阵地，占据河西郡的魏国天生就是秦国的死对头；东郡又卡在中原最中央。这样一来，魏国要么四面出击，要么被众人围攻，没有别的选择。另外，魏国的土地被分为东、西两大块，无法整合到一起，这点严重分散了它的力量。

赵：三晋中地缘形势最优越的一国。它既有太原郡这个稳固的大本营，又有邯郸郡这个争夺天下的桥头堡；既避开了中原纷争，又有北方大片土地可以开拓，真正是龙兴之地的架势。缺点则是必须承受北方游牧民族的压力，并且早期经济发展也比较落后。赵国在初期虽然默默无闻，但倚仗这样优越的地理条件，终有一天它会崛起为一个大国。

韩：三晋中实力最弱的国家。从一开始就被困在太行山南麓跟洛邑之间，周围强敌环伺，根本没有发展空间。唯一可能的发展方向是向郑国突破。但郑国本身也是一个只能被围攻的国家，这样的地理形势决定了韩国只能追求自保，默默过着自己的小日子，直到被灭掉。

总的来看，晋国的力量主要由魏国继承下来，战国争雄，首先得看魏国！

雄才大略魏文侯

三晋之中，魏国继承了晋国最精华的部分，本身底子就很厚。而魏文侯又是不可多得的有为之君，亲手将魏国带上了天下的至高峰。

魏文侯的贤德举世皆知。

人们都说，他的高尚人格涵盖方方面面，其中最突出的一点就是礼贤下士。

《吕氏春秋》里有一则故事很能说明这点。

据说魏文侯有一次召集群臣宴饮，大家都喝得很尽兴，魏文侯自己也有些飘飘然了，就让在座的大臣们挨个评论："孤王是个怎样的君王？"

大家一听，展现拍马屁功夫的机会来了，都争着大肆吹捧魏文侯：有说他"仁义"的，有说他"睿智"的……轮到任座的时候，他却很不屑地说："我看大王也不怎么贤德，您打下中山国的土地，不封给自己的弟弟，却封给自己的儿子，怎么算得上是仁君呢？"

听到这话，魏文侯的脸马上拉下来了。任座这番话，不仅扫兴，而且直接挑明了魏文侯兄弟之间若隐若现的矛盾，相当辛辣。

魏文侯一言不发，现场气氛一度十分尴尬，大家都不知道该说什么。

任座知道魏文侯没有公开撵人已经很给他留面子了，所以很知趣地退出去了。

酒宴继续，下一个轮到翟璜，他也假装觍着脸拍马屁："大王当然是贤德的君主呀。下臣听说，只有贤德之君，他的属下才会直言敢谏，刚刚任座说话那么直，正好说明大王的贤良。"

一番话顿时化解了尴尬，大家哈哈大笑，魏文侯也回嗔作喜，让人把任座叫回来，自己亲自下阶迎接，还奉他为上客，双方言归于好，重又欢乐地喝起酒来。

从此魏文侯虚心纳谏的名声便广泛传播开来。

魏文侯就是这样一个人。他对待士人，温和谦厚，彬彬有礼，又听得进劝谏，知错就改，因此天下贤才都来归附。他看人的眼光又相当精准，总能挑出最合适的人才，并且不看门第出身、唯才是举。因此，魏国渐渐聚集了一批冠绝当世的奇才，如翟璜、李克、西门豹等等，形成了战国初期最豪华的一套政府班底。

为了进一步笼络人才，魏文侯找来当时最有名的学者子夏，亲自拜他为师。

子夏是孔子的弟子，"孔门十哲"之一。这时孔子的弟子们大多都已不在人世了，子夏作为当时的儒学泰斗，是孔门的代表人物。

子夏在魏国讲学，开创了"西河学派"，天下的学者纷纷到这里来交流学术思想，魏国成为了周朝的文化中心。

尽管对子夏极为尊敬，但魏文侯治理国家用的主要人才却不是来自儒家，而是来自法家。其中最重要的代表人物就是李悝（kuī）。

李悝作为魏国文臣之首，对于魏文侯的各种决策有着重大影响。他最重要的贡献是在魏国主持变法。

李悝变法是一次全方位的革新运动，主要包括以下内容：

打压旧贵族，取消他们的世袭俸禄，按照才能选拔人才，由此笼络新兴的士大夫阶层；颁布《法经》，依"法"治国，《法经》是中国最早的法律典籍之一，对后世的法律制定有重大影响；废除井田制，鼓励老百姓开荒；大力发展农耕纺织，从而提高农业生产水平；实行"平籴法"，丰年由国家平价收购农民的粮食，荒年再平价卖出；重新编排军队，把士兵按照特长划分为不同的兵种，并且建立起一支战斗力强悍的特种部队，称为"魏武卒"，一度威震天下。

"变法"是这个时代最新潮的名词。春秋时代的贵族制度已经瓦解，新时代需要一套新的制度来推动社会的运行。魏国开风气之先，在列国中第一个变法，国家从上到下焕然一新，因此远远走在了其他诸侯国的前面。

政治和经济上由李悝主导，而在军事上，魏文侯也招纳到了一个顶级强人，这个人把魏国的军队带上了战无不胜的绝高位置。

杀妻求将

吴起，卫国人，以兵法谋略闻名于世，是个心狠手辣又才冠古今的奇人。

据说吴起出生于一个富豪家庭。当时天下纷乱，胸怀经天纬地之才的吴起一心想干出一番事业。他散尽家财，多方寻求门路，想找一个入仕的机会，却一直没有结果。乡里的人都在背后讥笑他，吴起发狠，一口气杀了三十多个嘲笑他的人。

官府闻讯前来缉拿，走投无路的吴起只好逃离故乡。临走时他牵着母亲的手发誓："不为卿相，不复入卫！"

吴起来到鲁国，投到曾申门下。曾申是孔门著名弟子，当世鸿儒，吴起能得到他的接纳，已经站到了政坛的大门口。

但不久以后吴起的母亲过世了。按照儒家的规矩，这种情况应该回乡守孝三年。吴起却是个天不怕地不怕的主，根本不管这些规矩，别说守孝了，连回家看一眼都没有。

"不孝"这种行为犯了儒家的大忌，曾申这种孔门圣贤怎么可能容忍。极度愤怒的曾申把吴起逐出门庭，从此和他恩断义绝。

离开孔门的吴起转而精心钻研兵法，连鲁穆公也听说了他的才干。当时正好齐国发兵来攻打鲁国，急需将才的鲁穆公想任用吴起为将领。

但吴起之前已经娶了一个齐国女子为妻，如果让他领兵去对抗齐国，鲁国人难免不放心。急于求取功名的吴起又一次展现出他心狠手辣的一面，他手起刀落杀死自己的妻子，向鲁国人表示"我已经跟齐国断绝关系了"。

这件事引起的轰动可想而知。鲁国人群情激奋，都骂吴起不仁不义。但齐国大军来势汹汹，已经没法顾忌更多了，鲁穆公最终还是决定任用吴起。

一入战场的吴起顿时如同蛟龙入海，无往而不利，无视齐、鲁兵力的巨大差距，迅速打退了齐国的进攻。

但鲁国毕竟是礼仪之邦，吴起这种狂放不羁的叛逆者天然地跟鲁国人不合拍。尽管他帮助鲁国战胜了敌人,但鲁国人还是很看不起他。

有人挑拨鲁穆公说:"我们鲁国是个小国,不安安稳稳地过日子,却公然跟强大的齐国为敌,以后大国肯定都会来找我们的麻烦了。况且鲁、卫是兄弟国家,吴起是卫国逃犯,任用吴起肯定会得罪卫国。"

鲁穆公禁不起众口铄金,开始冷落吴起。这时一直赏识吴起的季孙氏又被下人杀了,吴起失去了靠山,再也待不下去,只好离开鲁国,来到了魏国。

魏国也有很多人不喜欢这个狂傲的浪子,他们纷纷建议魏文侯不要接纳他。但子夏的弟子李克(有一种说法认为李克就是李悝)对魏文侯说:"吴起这人虽然人品不咋样,但用兵如神,甚至超过名将司马穰苴(ráng jū)。"

魏文侯本就是"唯才是举"的人,听了这话,当即力排众议,任用吴起为魏国军队的统帅。

吴起终于找到了可以大展拳脚的场所。

除了吴起,乐羊也是魏文侯提拔起来的超级将才。那是在讨伐中山国的战役中。

乐羊食子

春秋时期,在晋国东北方有一个由鲜虞部落建立的国家,中山国。

鲜虞是北方夷狄之一,战斗力强悍,在春秋时代就一直是中原诸侯们的死对头。他们多次侵犯中原北部的邢国和卫国,给中原国家造成很大困扰。

晋国作为北方大国,一直对中山国给予持续的打击。春秋末期,赵襄子带兵对中山国发起一连串攻击,最终彻底控制了这个国家,随后扶立中山文公为傀儡君王。

这之后,中山国一直处在赵、魏两家的控制下,名存实亡。

三家分晋使晋国内部陷入混乱。中山文公的儿子中山武公趁这个机会摆脱赵、魏两国的控制,恢复了中山国,定都顾城,那是公元前414年。

赵、魏两国对于这种奴才造反的事情当然不能容忍。他们先忙瓜分晋国的事情,到公元前408年,瓜分晋国的任务已经基本完成,赵、魏两家回头来商量，准备联手灭掉中山国。

魏国武力强大，但跟中山国中间隔着赵国，所以赵国借道，魏国派兵，跨过赵国土地去攻打中山国。

这时候的中山国复国不过六年，正在重新建设自己的国家。他们的遭遇令人同情，但两个民族对生存空间的争夺，不是你死便是我亡，没有道义可讲。

带兵的是吴起和乐羊。乐羊是在战前被临时提拔上来的。他本来是翟璜的门客，翟璜为了这次战争，专门把他推荐给魏文侯。

翟璜是魏国的伯乐，向魏文侯推荐过许多杰出的人才，他看中的人基本是没错的。但乐羊有个很大的问题：他儿子乐舒在中山国当将领，还曾跟魏国打过仗。要是父子二人在战场上相见，怎么保证乐羊会真心为国出力呢？

魏文侯这时表现出了极其开明的一面，他完全不怀疑乐羊的忠诚，直接把大队人马交给他，让他带兵出征。

朝中大臣觉得这样很冒险，都在提心吊胆地关注着乐羊的一举一动，猜测乐羊会怎么做。

当时的中山国君也认为有机可乘，所以立即把乐舒抓起来，以此要挟乐羊。不料乐羊丝毫不为所动，照样指挥军队猛攻中山国城池。

中山国是夷狄，本来就残忍嗜杀，看到这情景，干脆直接杀掉乐舒，煮成肉酱装在罐子里，派人送给乐羊，想借此打击他的士气。

乐羊听到下人的报告，很冷静地召使者进来见面，接下来是骇人听闻的一幕——他面无表情地接过那罐肉酱，拿起勺子，一口气吃完，问："怎么样？满不满意？"

中山国的使者吓得抱头鼠窜，回去报告后，大家都无可奈何，知道确实动摇不了乐羊的意志，就只好硬拼了。

乐羊以自己的极端行为表明了他对国家的忠诚，从此军队上下不再怀疑他，真心接受了他的领导。

但魏文侯却心情复杂。他一方面被乐羊的爱国行为所感动，一方面却惴惴不安地想："如此极端的人，什么事情干不出来？"

前方的战斗依然激烈。中山国是一块难啃的硬骨头，魏军又是在别人的国土上作战，受到很大限制。所以这场战争打得十分辛苦，足足用了两年多才终于攻克顾城，第二次灭亡了中山国，把这片土地再次收入囊中。

攻占中山国以后，魏国的领土大幅扩张，插入齐、赵之间。行军途中还见缝插针地占了赵国一些土地，从此地缘上更加占优，进一步压倒了赵、韩两国。

而赵国借道给魏国，却没有得到实际的好处，相当于把中山国这块大肥肉白送给了魏国。这是他们的重大失策，但考虑到魏国压倒性的实力，也许赵国这样做也是不得已吧。

魏军凯旋以后，乐羊受到了魏文侯的隆重接见。文侯当场让人抬了两个箱子上来，打开一看，里面是满满的文档。魏文侯随手翻给乐羊看，都是各路官员弹劾他以及反对攻打中山国的奏折。到这时，乐羊才知道文侯帮他挡下了如此之多的质疑，感动不已。

魏文侯真正把"用人不疑"做到了极致，魏国朝廷上下能够如此齐心也就不难理解了。

但"乐羊食子"毕竟是一个抹不去的污点，对魏国的形象有很大的负面影响，后来魏文侯把乐羊封在中山国的灵寿，从此不再重用他，让他在那边养老，却也给了他足够的尊重。这应该是一个各方都能接受的最佳结果吧。

而另一方面，吴起的封神之路才刚刚开始，他一生最伟大的事业即将到来。

强夺河西

三家分晋以后，晋国"表里山河"的地理优势被打碎，魏、赵、韩都急需建立自己的战略纵深，对外扩张不可避免。其中，最强大的魏国是扩张最积极的。

向东是强大的齐国，南、北是韩、赵两兄弟国，都不方便扩张，所以魏文侯把扩张的重点选在西面，向蛮荒地带的秦国要土地。

秦国在穆公的时候也曾嚣张过一段时期，一度跟晋国打成平手。不过他们毕竟是半个蛮夷，经济文化落后，人才资源跟不上，所以穆公过后就渐渐衰落了，虽然国土广大，但只能算是个二流国家。

在国力衰退的同时，政治上的不稳定更让秦国雪上加霜。

公元前429年，秦躁公死，他的弟弟秦怀公继位。

当时秦国国政已经落入权臣手中，怀公掌权仅仅五年之后，庶长鼌（cháo）带领群臣围攻怀公，秦怀公被迫自杀。

怀公的儿子在这之前就已经死了，所以只好立他的孙子为君，是为秦灵公。

秦灵公执政九年，还很年轻，却又离奇身亡。他的儿子公子连这时才九岁，没有政治实力。秦怀公的另一个儿子（秦灵公的叔叔）悼子发起政变，夺得了君位，是为秦简公，公子连被迫逃到魏国避难。

从秦怀公开始，十五年间，秦国换了三任国君，每一任都不是通过正常途径继位，连续的动乱，把秦国拖入了国弱民贫的深渊。

从外部环境来说，两百多年来，崤函通道一直牢牢地被晋国以及后来的魏国捏在手里，秦国被隔离在遥远的西方，跟中原各国缺乏联系。中原各国根本不了解他们，把他们当作化外之邦，各种会盟都不让他们参加。秦国何止是孤立，可以说根本就没有外交。

这样一个积重难返的国家，却占着黄河以西大片丰腴的土地，最近处离安邑只有一百四十余里，从地缘上直接威逼魏国的河东郡与上洛之地，是可忍孰不可忍！

所以夺取河西地区，把秦国人赶到更西方去，就成了魏国的既定国策。

在河西地区的争夺中，魏国占有先天优势。因为当初文公、襄公的时候，晋国打下了河西的少梁、彭衙等地，它们如同一把楔子，插入秦国的河西部分。

公元前419年，魏国开始动手。

他们先在自己控制的少梁地区修筑军事要塞，作为争夺河西地区的前哨。

这是赤裸裸的侵略行为。秦国马上派兵来阻止，双方围绕少梁展开激烈的争夺战。

对于秦国来说，河西是关系到国运的重要战略缓冲带。

秦国东进中原的唯一通路是崤函通道，河西是崤函通道北部的高原地带，河西是否处在秦国控制下，直接决定了秦国能否顺利通过函谷关进入中原。

另一方面，河西高原向西俯视着秦国的腹地关中平原，一旦河西失守，关中就在敌人的眼皮底下，秦国的腹部将完全暴露在敌人的铁拳之下。

少梁是河西南北交通的枢纽，从东西、南北四个方向掌控着河西局势，自然也成为秦、魏双方拼死争夺的焦点。

很可惜，秦人虽然悍勇无比，然而战争终究是国力的较量。秦国国力如此弱小，在如日中天的魏军面前哪有半点获胜的机会？他们拼尽全力也拿不下少梁，只能眼睁睁看着魏人的城堡越筑越高。

秦军只能沿着黄河另布一条防线，试图围困少梁，但这样无力的抵抗起不到任何作用。

公元前413年，少梁的堡垒已经修好，魏国拥有了黄河以西的战争基地，随即发起大规模进攻，向下俯冲，直入关中平原，开始吞并秦国的土地。

之后的几年中，魏军接连攻城拔寨，一路把秦军向西驱赶，攻占了秦国许多土地。

公元前409年，吴起开始统领魏军。战神的加入，使魏军更加所向披靡，在河西地区一路横扫。

据说吴起领兵的时候，吃住都跟普通士兵在一起，自己没有任何特殊待遇。有个士兵生了脓疮，吴起亲自替他吸出脓液，这名士兵的母亲听到以后痛哭道："当年吴公曾为这孩子的父亲吸脓，他父亲在作战时就拼死冲在最前面，最终死在战场上。现在我这个儿子也要死在战场上了吗？"可见吴起在士兵中威望之高。

有吴起这样一位身先士卒的将领在，魏国士兵人人争效死力，战斗力极为恐怖，在几年之内就成功赶跑了秦国人，把整个河西地区纳入了魏国版图。

魏文侯把这里设为西河郡，任命吴起为西河郡守，防范秦国的反扑（当时"河西"与"西河"基本指同一个地方）。

吴起采取步步为营的策略，每占领一个地方，就在当地筑城，派兵驻守，然后继续推进。渐渐地吴起在河西地区建立起多座城池，这样一种"蚕食"战术让秦人无可奈何。

秦人只好退守洛水。至此，整个关中已经暴露在魏国的兵锋之下。关中是他们剩下的唯一根据地，一旦这里失守，秦国也就亡了，这将是秦人的噩梦。

惊恐万状的秦人甚至沿洛水筑起一座长城，试图阻挡随时可能到来的毁灭性打击。

公元前405年前后，秦国遭遇空前危机，走到了亡国的边缘。

这时候遥远的齐国发生动乱，成功吸引了魏国的火力，让秦国得到了短暂的喘息机会。

三晋伐齐

魏国的地缘形势在各国中几乎是最差的（仅仅比韩国好一点），东、南、西三个方位都面临大国的压迫。

早在公元前412年，太子击攻打河西的时候，齐、楚两国就趁魏国国内空虚的时机发起进攻，分别从两个方位夹击魏国，魏国一时间面临三线作战的窘境。

在这种局面下，团结赵、韩两兄弟，防止四面被围攻就成了魏国必然的选择。

魏文侯一直特别在意"三晋"之间的团结。据说赵献侯曾暗地里联络他，希望联合灭掉韩氏，瓜分韩氏的地盘，魏文侯一口回绝了；韩武子也来找过他，希望联手消灭赵氏，也被他拒绝了。因此赵、韩两方都不高兴，都在背地里抱怨魏文侯。

后来赵献侯跟韩武子见面聊起来，才知道魏文侯放过了消灭自己的机会，于是都十分感激魏文侯的恩德，开始跟魏文侯团结起来，共同应对国际上的压力。

晋国本来是无可争议的天下第一强国，一度同时压住齐、楚、秦三大强敌。分裂以后的三晋，地缘条件却都大大恶化，都处在几个方向的敌人的包围之中。所以三晋一旦联合，则接近于当年晋国的国力，基本天下无敌；三晋互相争斗，则会被四周的敌人各个击破。这个道理魏文侯很清楚，赵、韩两家也渐渐明白了。

这以后，三晋开始在国际上组成联盟，同生死，共进退。

由于魏国压倒性的实力，三晋联合体基本上就是魏国带着两个小弟的格局。有两个小弟的扶持，魏国就有足够的信心同时应对齐、楚、秦三方敌对势力。

三晋联合体的第一个代表作就是讨伐齐国。

公元前405年，齐国的田氏发生内讧。

当时田悼子过世，田氏分裂成两派，一派以田和为首，一派以田孙为首，田和的人杀掉了田孙，导致田孙手下的田会叛国，把廪丘送给赵国。廪丘和赵国中间还有大片由齐国控制的土地，赵国收留田会，就把这一大片土地顺手都纳入了自己的版图，这当然是齐国绝对不能接受的。

田和马上派兵进攻并包围廪丘，赵国向韩、魏求援，魏国正想打掉齐国这个隐患，便带领两个小兄弟杀向廪丘，共同抗击齐国。

三晋联手天下无敌，他们灵活机动的步兵迅速包围了齐国的车阵，齐军兵败如山倒，被斩杀超过三万余人。

随后双方在龙泽再战，齐军再度惨败，联军一度打到齐长城，占领了齐国大片领土。

最后连齐康公都被三晋联军活捉了，被解送到洛邑的周威烈王那里。三晋挟这次大胜的声威，要求周王册封自己为诸侯——这才是他们讨伐齐国的真正目的。

晋国末路

公元前403年，周威烈王亲自颁下诰令：分封魏、赵、韩为诸侯国。

这等于公开承认了三个公卿家族篡权夺位的事实。

三家经过五十多年的运作，终于使得周天子承认了自己的合法性，"三家分晋"因此有了官方认可，正式被国际社会接纳。这是魏、赵、韩三家的重大胜利，也是天下一切乱臣贼子的重大胜利。

天子牵头，公然推倒周礼，支持乱臣贼子以下犯上，这还是开天辟地以来头一遭，给诸侯们造成的震动可想而知。

既然君不像君，臣当然也就不必像臣，大家从此可以甩开膀子干了。诸侯们感到眼前豁然开朗，一个只讲实力不讲道义的时代在华夏大地上拉开了帷幕。

周威烈王因此被后世骂得狗血淋头。很多人想不通身为天子的他为什么要带头支持逆臣，但看看他的父辈干的那些事也就明白了——谋朝篡位本来就是他们的家族传统：公元前441年，周贞定王驾崩，长子去疾继位，是为周哀王。三个月以后，他弟弟杀死了他，继位为周思王。五个月以后，周思王的弟弟又杀死了他，继位为周考王。周考王就是周威烈王的父亲。

有这样的光荣传统在，周威烈王对于魏、赵、韩三个逆臣当然也就倍感亲切，支持他们也就可以理解了。

所以他在生命的最后一年完成了册封魏、赵、韩的大事，了却了一桩心愿，也把华夏带入了战国乱世。

这时候，国际社会的目光都聚集在这三个光彩夺目的新兴诸侯身上，没人注意到缩在绛城角落里瑟瑟发抖的晋烈公。

从当年的晋哀公开始，晋国君主就已经是傀儡，这是大家都知道的事。

晋哀公传位给晋幽公，再到晋烈公，他们都只是摆设而已，不仅根本没有能力阻止三家对晋国的拆分，甚至身为国君的晋幽公还得低声下气地去朝拜三家的领导人。

曾经的天下第一强国就这样在无所事事中混着日子，默默看着自己的国家被三只巨兽肢解，最终被执行安乐死。

公元前349年，魏、赵、韩三家把晋静公废为庶人，瓜分了晋国最后的土地，晋国灭亡。

现在天下的主人是七大强国：齐、楚、秦、燕、魏、赵、韩。

其中，齐、楚、秦、燕分别占据东、南、西、北四方，三晋被围在中间，是争斗的主角。

另外还有鲁、宋、郑等少数幸存下来的小国，在大国的夹缝中艰难求生。它们之所以还没灭亡，只是因为大国之间达成了平衡而已，真要消灭它们只是分分钟的事。

春秋初年的一百多家诸侯国，幸存到现在的也就是这二十来个而已。

这造成了一种很恶劣的后果——大国之间没有缓冲地带了。几个大国彼此摩肩接踵，面对面地比拼，一旦打起来就是大战，甚至很容易就把所有大国都裹挟进去。春秋时代很罕见的"世界大战"现在随时都可能爆发，战国时代竞争的惨烈远远超过了春秋。

另外，魏、赵、韩三家成功上位，也给了别的阴谋家很大启发，大家都想来尝一尝当国君的滋味。下一个受害者是立国六百多年、传位三十二帝的吕氏齐国。

第二章　田氏代齐

漫漫窃国路

晋国被自己的公卿们瓜分的时候，另一个大国齐国也走到了生命的尽头。

消灭这个国家的是一个外来的家族——田氏。

春秋早期，陈厉公有个儿子叫陈完。

传说他刚出生的时候，周朝的太史替他占卜，说他"观国之光，利用宾于王"，他的子孙后代将会占有别的国家。不过这个传说可能只是田氏后人给自己脸上贴金。

陈完六岁的时候，陈厉公被自己的侄儿杀死，君位被抢走，陈完也失去了继位的机会，后来沦落为朝廷里的一个大夫。

在他三十多岁的时候，跟当时的太子御寇私交非常好，但太子不知道为什么事惹怒了陈宣公，被陈宣公杀了。陈完看到形势不对，携带全家老小逃到齐国避难，被一代雄主齐桓公收留。

齐桓公很赏识他，想任命他做卿士。陈完可能是考虑到自己在齐国没有根基，怕被人嫉妒，推掉了桓公的任命，只接受了一个工正的官职。

当时"陈"跟"田"的读音是一样的，所以后来陈完就改为田氏，称为田完，他是田氏的第一代宗主。

田氏从此世代在齐国做官，无功倒也无过，就这样平静地过了四代。

到了第五代田无宇（田桓子）的时候，田氏开始进入军方高层。田无宇曾在灭莱国的战争中立下大功，田穰苴（司马穰苴）更是春秋时期最著名的将领之一。田氏因此渐渐膨胀为齐国一个重要的公卿家族。

那时当政的齐庄公是著名的昏君，没几年就被崔杼杀了。继位的齐景公任命崔杼为右相，庆封为左相。崔杼不久以后又被庆封灭门，在这种局势下，齐国国政一团混乱，世家大族开始野蛮生长，抢夺空出来的位置。

公元前545年10月[①]，庆封外出打猎。田、鲍、高、栾四家合谋，趁着齐景公举行秋祭的机会包围了他们，剿灭了庆封的家族，把庆封赶出了齐国，齐国国政落入四大家族之手。

消灭掉共同的敌人以后，四大家族内部分为两派。高、栾两家的关系比较好，两家的家主高彊与栾施都是酒鬼，常常聚在一起痛饮。而力量较弱的田、鲍两家则联合起来对抗他们。两派势力一直在明里暗里较劲。

公元前532年，忽然有人向田、鲍两家告密，说高、栾两家准备攻打他们。

田桓子也不问真假，先让族人们做好战斗准备，然后亲自去见鲍文子。不料在路上遇到了喝得醉醺醺的高彊正在策马狂奔。派人一打听，果然高、栾两个酒鬼又凑在一起喝酒了，看来他们准备发起进攻这事是谣言呀！

田桓子来到鲍家，看见鲍家的人已经全副武装跃跃欲试了。田桓子对鲍文子说了高、栾两人在喝酒的事。两人一合计，既然已经听信谣言做了战斗准备，这事一传出去，高、栾两家肯定不干，索性真的发起战斗，趁他们没防备的时候灭掉他们两家算了。

两个家族就这样无端发起了攻击，但他们首先攻打的并不是高、栾两家，而是齐景公。

两个家族的士兵潮水般涌向齐王宫，攻打王宫最外面的虎门，希望迫使齐景公支持自己。

关键时刻，晏婴穿上朝服来到虎门。他是景公最信任的宠臣，四大家族都赶紧凑过来招降他，晏婴却不回应。

[①] 文中涉及的具体月份均指旧历。下同。——编者注

晏婴的手下问他:"我们应该支持哪家?"

晏婴冷冷地说:"都不是好人。"

这时宫内派人来召晏婴,晏婴便进去了。两大家族的人在外面等消息。不一会儿,宫门大开,大夫王黑打着齐景公的旗帜出来,郑重宣布:景公支持田、鲍两家!

君王公开选边站,双方的力量对比顿时发生重大变化。两派力量在随后的几个月中又发生了多次战斗,田、鲍两家全部获胜,逐渐挤压高、栾两家的势力。最终,高、栾两家彻底溃败,高彊与栾施逃到了鲁国,国内的家产被田、鲍瓜分。田、鲍两个家族从此在朝堂上称王称霸,无人可挡。

晏婴却私下对田桓子说:"建议您把分到的高、栾的家产都献给国家。"

田桓子立即明白了他的意思,目前还需要"韬光养晦"。于是把抢来的那些财产土地全部捐给齐景公,又推掉了景公对他的封赏,并向景公请求退休,到莒(jǔ)地去养老。

他又从国外召回了当年被高氏赶走的子山、子商等公子,为他们准备好各种生活用品,把他们送回原来的封邑去,继续过原来的贵族生活。

他广施恩惠,利用手上的权力,给各位王孙公子增加俸禄;没有俸禄的,就赐给他们封邑;对于国内的贫苦百姓,则私下送粮食。从此齐国上上下下都感激田桓子的恩德。

最后连齐景公都觉得田桓子人太好了,在众人的请求之下,把高唐这个地方封赏给他,田氏的势力由此进一步膨胀。

田桓子的儿子田僖子也非常善于收买人心。他首创了"小斗入大斗出"的做法。每次有人向他借粮,他就用大斗量好借给别人,等别人还粮食的时候,他却用小斗来测量,这样别人每次借粮都会"占到便宜"。久而久之,举国上下都夸赞他是贤良之人,齐人心里只记着田氏的恩惠,而忘记了国君。

晏婴对这种情况忧心忡忡,劝齐景公注意防范,景公却不以为意。晏婴因此私下对晋国大臣说:"看来齐国政权终究要落入田氏之手了。"那是公元前539年的事。

窃国者侯

到这时为止，田氏可能也并没有窃取齐国政权的打算，他们所做的一切，都只是为了在乱世里尽可能多地掌握权力，以保障自己家族的地位而已。

但齐景公晚年各种昏庸的决策却给了田氏机会，让他们从权臣更进一步，凌驾到了国君之上。

齐景公早期也是个有作为的君主。他任用晏婴、田穰苴等贤臣，礼遇孔子，把国内治理得井井有条；外交方面，则对鲁、卫、徐、莒等国威逼利诱，一度组成反晋同盟，多次率领联军对晋国发动战争，隐隐有取代晋国称霸中原的势头。

但晚年的齐景公生活奢靡，广修宫室，不恤民力，使得老百姓怨声载道。他又没能及时防范田氏收买人心的策略，被田氏窃得了民意。对外，在晋国内战中，齐国支持范氏、中行氏，站错了队，范氏、中行氏的败亡对齐景公的外交政策造成了重大打击。

公元前490年秋天，在内忧外患中，齐景公走到了生命的尽头。这时他才发现自己犯了一个不可挽回的重大错误——立储的决定做得太迟了。

齐景公的太子在早些时候死了，他想立宠姬芮姬生的公子荼为太子。但芮姬地位很低，公子荼年纪又小，大臣们纷纷表示反对，都认为应该立一个年长的、有政治基础的公子为太子。

景公为这个事情跟大臣们争执不下，立储的事情一拖再拖，一直到病重的时候，他才意识到事情的严重性。但他仍然坚持立公子荼，就把最信任的两个大臣高昭子和国惠子召到榻前，正式申明公子荼为继承人，要高、国二人辅佐他，并且把其他公子们全部赶出齐国。

不久以后，齐景公病逝，公子荼继位，是为齐晏孺子。

年幼的齐晏孺子没有任何根基，田僖子立即看到了机会。他"认为"齐晏孺子不是合格的君王。当然，不管齐晏孺子怎么做，田僖子都会这样"认为"——只有自己扶立一个新君，才能真正把控朝政，所以他开始积极谋划。

他选中了逃亡在鲁国的公子阳生，想把他扶上位，于是开始离间高、国二人跟其他大臣的关系。

高、国两家都是公族,也就是齐国国君的同宗兄弟,本身就是田氏掌权的巨大威胁,当年高彊更是跟田氏爆发过大战,是老对手了。

田僖子假装奉承高、国二人,每次他们上朝的时候,田僖子都去套近乎,厚着脸皮蹭他们的车,一来二去的混熟了,田僖子就悄悄对他们说:"大臣们对于立晏孺子都不满意,暗地里在谋划推翻他,您二位可要小心些!"

在大臣们面前,田僖子却说:"高、国二人心很黑,大家要当心,最好趁他们发难之前先动手!"

几个月以后,田僖子感到时机成熟了,再度跟鲍家联手,带领大臣们领兵冲进齐王宫,猛攻国君的守卫。

高、国二人赶忙带兵来救,但根本打不过田、鲍两家,两人大败,高昭子被杀,国惠子逃到了莒国,田、鲍两家完全控制了局势。

田僖子随后偷偷把公子阳生接回齐国,藏在自己家里,然后邀请大臣们来家里赴宴。

田僖子把公子阳生用一只口袋装着放在大堂中央。宴席上,田僖子打开口袋,让公子阳生出来拜见众人,并对大家说:"这就是以后的齐君了。"大臣们虽然都很惊讶,不过事已至此,谁敢说个不字?

作为田氏的盟友,鲍牧直到这时才知道田僖子要抛开自己单独扶立君王,他大声反对,想号召群臣支持自己。

大家面面相觑,都在犹豫。

公子阳生吓得脸色惨白,当众跪求群臣:"大家觉得行就拥立我,不行就算了吧。"

这是在田僖子家里,田僖子要是翻脸,谁都走不了。在众人的联合劝说下,鲍牧也只好低头认输,同意了田僖子的选择。

大臣们在公子阳生面前共同盟誓,就在田僖子家里拥立他当了国君,是为齐悼公。

田僖子随后杀死登基才十个月的晏孺子,完成了这次扶立君王的把戏。

这是田氏第一次扶立齐君,初步把自己的黑手伸到了国君的宝座之上。从这时开始,齐国的最高权力就脱离了国君的掌控,渐渐被田氏窃取过去了。

田氏的夺权计划还在继续，头脑简单的鲍牧几年以后又给田氏送来一份大礼。

对于当时田氏抛开自己"吃独食"的行为，鲍牧一直耿耿于怀，但又拿田氏没办法，只好把怨气都发泄到齐悼公身上。所以后面几年，他一直在跟齐悼公闹矛盾，甚至挑起各位公子们去对抗齐悼公，终于在公元前487年，忍无可忍的齐悼公把鲍牧骗到潞地，派人暗杀了他。

这时执掌田氏大权的是田僖子的儿子田恒（田成子），他的心机丝毫不输给自己的爷爷和父亲。他本来就在等待下一次扶立齐君的机会，看到齐悼公跟鲍氏公然火拼，正中下怀，后来鲍氏杀了齐悼公，有说法认为，正是他在背后挑唆。田恒随后带领群臣拥立齐悼公的儿子继位，是为齐简公，这是公元前485年的事。

短短五年之内，齐国两次弑君，新任的国君更加战战兢兢如走钢丝，希望能躲开被权臣架空的命运。

齐简公登基以后，任命田成子和阚（kàn）止分别担任左、右二相，并且拼命抬举阚止，以此来制衡田氏。阚止本来是齐悼公的家臣，当年齐简公在鲁国的时候跟他很亲近，因此在现在的朝臣里面最信任他。

田成子当然不能容忍这样一个小人物跟自己平分权力，所以一直在找机会算计阚止，甚至在上朝的时候都经常瞪着阚止，两人的矛盾实际上已经公开化了。

齐简公登基仅仅四年之后，田成子就行动了。

有一天，阚止去上朝，路上看到田氏的族人田逆在杀人，于是将田逆当场逮捕投入监狱。

田氏很快派人混进监狱，杀掉看守救出了田逆。

阚止看到田氏这种态度，感到事态严重，赶忙追到田成子家里请求原谅。双方达成谅解，都表示要和平共处，阚止就回家去了。

但实际上双方都在用缓兵之计，谈判过后，都在加紧准备战斗。阚止草拟了一份消灭田氏的计划，这个计划却被田氏派来的内奸田豹透露给了田成子。

田豹告密点燃了双方冲突的导火索，田成子紧接着就派田逆到宫里去，以躲避阚止追杀的名义埋伏在简公身边，田氏这边则厉兵秣马，准备战斗。

当年五月，田成子兄弟八人乘着四辆马车，直入宫门，阚止出来迎接他们，不料这群人一溜烟进去，不由分说关上大门，竟把阚止给关在了宫外。

田氏几兄弟跟田逆会合，在宫内大开杀戒，杀死所有抵抗的人，劫持齐简公为人质，还厚颜无耻地对简公说："我们是来为你除害的，不用担心。"

这时候宫外已经大乱了，阚止率领自己手下的人马攻打王宫，双方展开激烈对决。田氏手上有简公这张王牌，又有强大的家族势力做后盾，阚止终究没能打下王宫，被迫逃出临淄。田氏派人紧追不舍，最终杀死阚止，消灭了所有敌对势力。

现在是时候摊牌了。田成子追到徐州，直接杀掉齐简公，立简公的弟弟公子骜即位，是为齐平公。

这是齐国十年之内第三次弑君，国君的力量进一步被削弱，已经成了不折不扣的傀儡。

田氏经过三代人的苦心经营，三次发动政变，两次弑杀国君（另一次也跟他们有很大关系），三次扶立新君，一步步打掉了所有跟他们作对的政治势力，从此把齐君牢牢掌握在手上，也把齐国的政权彻底攫取了过来。

从这时候起，田氏登上齐国君位已经只是时间问题了。

田氏的手上沾满鲜血，三次政变，一次比一次凶狠，特别是弑杀齐简公这次，简直毫不遮掩。吃相如此难看，难免引起国际上正义人士的严重愤慨。

据说齐简公被弑的消息传到鲁国以后，孔子极其愤怒，立即沐浴更衣，斋戒三日，然后穿上朝服，进宫面见鲁哀公，请求发兵攻打齐国。

但诗书礼乐的时代早已经远去了，这是一个讲究利益的时代，公道虽然在人心，利益却能左右人们的行为，谁会为了所谓的正义牺牲自己去救援别人呢？孔子的愤怒终究只是书生之怒，无法改变这个黑暗的世界，也无法照亮人们心里那些阴暗的角落。

"彼窃钩者诛，窃国者为诸侯；诸侯之门而仁义存焉。"庄子的这段话是那个礼崩乐坏的时代最精确的注解。

篡位者最终胜利

田成子弑君的做法太凶残，在国际上引起公愤，他自己也很清楚，为了平息国际社会的反对声浪，便操纵改变齐国的外交政策，对各国普施恩惠。

他主动归还了前几年侵占的鲁、卫两国的土地，与晋国的魏、赵、韩三家订立盟约，与吴、越互通使节，温和的外交政策使得国际上的质疑声渐渐平息下来。

另一方面，田氏的运气也相当好，现在的晋国已经处在分裂的边缘，楚国已经被打残，吴、越两国正斗得你死我活，谁也没精力来干涉齐国的内部事务，大家只能眼睁睁地看着齐国君王被架空、被孤立，甚至没人站出来说一句公道话。这是一个最适合篡位的时代。

在国内，田成子继续收买人心。他沿用父亲"小斗入大斗出"的惯例，继续讨好百姓，对于篡位战争中的"有功之臣"也大肆封赏。

对于齐平公，田成子很露骨地说："施行恩德是大家都欢迎的，您可以去施行；惩恶诛奸是大家厌恶的，让我去做就可以了。"由此自己把国君的职责包揽下来。

他以国君的名义，把安平以东的土地全部赐给田氏，田氏的封地面积从此超过了国君控制的土地。

朝政稳定以后，田成子开始有计划地清除鲍氏、晏氏、阚止等家族的残余势力，彻底完成了对齐国朝廷的换血。

最夸张的是他的后宫。田氏是外来家族，在齐国人丁不旺，为了尽快扩大田氏的人口规模，田成子广纳全国美女，他的后宫佳丽达到上百人之多，而且让手下的宾客们随便出入后宫，跟佳丽们勾勾搭搭。最后这些佳丽们一共生下七十多个儿子，田成子全部认成自己的，田氏的人口数量迎来爆发式增长，迅速占领了朝廷上下的各种官职。

当然田成子对于哪些是自己的亲儿子应该还是心里有数的，实际培养的时候肯定有区别。

通过这一系列明目张胆的扩张，田氏的势力野蛮生长，已经成为齐国事实上的统治者，只缺周天子的一纸证书而已。

到了公元前403年，九鼎一响，三家分晋，周威烈王公然承认魏、赵、韩篡权夺位的合法性，这给了田氏很大的鼓励。

当时执政的是田和，国君是齐康公。田和觉得正式篡位的时机已经成熟了，便在公元前391年公然废除齐康公，五年以后，田和自立为齐君，号称齐太公。

史书上记载齐康公沉溺于酒色，不理朝政。其实这可能是他的自保之道，不这样的话他根本没有活命的机会，何况他本来也没有什么"朝政"可以理。

田和把齐康公放逐到一座海岛上，名义上给他留了一座食邑，当然不久以后这座食邑也被没收了。齐康公在岛上过着野人般的生活，自己在斜坡上挖洞为灶，勉强收集野菜野果为生。

公元前379年，饥寒交迫的齐康公终于死在了海岛上，立国六百多年的齐国至此绝祀。

田氏不费一兵一卒，以"和平演变"的方式窃取了齐国政权，国际国内竟然都一片平静，没有任何人站出来伸张正义。因为这时候已经是战国，周礼的余晖早已散尽，这是强者为王的时代，大家都在忙着争权夺利，谁还管什么正不正义呢？

对于老百姓来说更无所谓。既然田氏能把国家治理得更好，何必纠结于谁当国君呢？

不过田氏篡位还需要最后一道程序——周天子的盖章认证。田和便向魏武侯等人提出请求，希望他们去周天子那边帮忙提出立自己为诸侯的建议。

前几年齐国刚刚被三晋联军狠狠教训过，田和对于三晋特别是魏国的实力是很服气的，所以有事情也求他们帮忙。

魏武侯很慷慨，直接去找周安王说明来意，周安王哪敢不听？何况不听也没用，人家来求册封是给他面子，又不是真需要他，于是做个顺水人情，随手发个诏令，册封田和为齐侯。

公元前386年，田和得到官方认证，田氏齐国正式建立。

又一个乱臣贼子大摇大摆地登上了国君之位。

第三章 艰难维持的霸权

秦国的亡国危机

魏文侯凭借自己超凡的才干,从重重包围中,为魏国杀出一片广阔天地,他的儿子魏武侯同样雄才大略,继续着父亲的称霸之路。

早在当太子的时候,魏武侯就显露出卓越的才能。河西之战中,他是魏国主要的将领之一,曾带领魏军打下繁、庞两地,占领了秦国大片领土。攻打中山国,他随同乐羊出征,共同完成了这次艰难的远程作战,之后被封为中山君,由李克辅佐,坐镇一方。

以军功成名的魏武侯,登基以后自然也是个雄武的君王,对于周围的群魔小丑,他毫不犹豫地给予军事打击。再加上魏国的军事力量本来就称雄天下,无人能挡,因此形成了四面出击的态势。

首先就是继续文侯时代的河西之战。

前几年秦国被魏国欺负得很惨,河西之地整体丢失。这给秦国统治者造成了极大的刺激,他们被迫学习东部国家的先进经验,开始变法。

例如公元前408年,秦国实行"初租禾",这是某种程度的土地私有化,跟当年鲁国的"初税亩"类似。但"初税亩"是一百八十多年前的政策,秦现在才来实行,由此可见秦国的落后。

又如,秦简公亲自颁下命令,朝廷中百官要随身佩剑,这是为了鼓励整个国家的尚武风气。

但秦国的这些所谓"变法"基本属于邯郸学步，在东方国家看来就是个笑话而已，根本不足以使他们强大到可以打败魏国的程度。

不过秦国人可是认真的，他们以为自己真的强大了，从公元前401年开始，他们就卷土重来，想要从魏国手中夺回河西。

魏国根本不把他们瞧在眼里，继续用吴起守着河西。兵来将挡水来土掩，不管秦人如何拼命，始终无法在吴起手上占到一点便宜。

秦简公在公元前400年过世。继任的秦惠公继承父亲的遗志，继续把收复河西作为国家战略来执行。

之后若干年，秦国一直在拼命进攻河西的守军，屡战屡败，屡败屡战，终于在公元前389年引发了一场大决战。

那一年，秦国组织起五十万人的超大规模军队，直扑河西的魏国堡垒，按照当时的人口来说，秦国基本全民出动了，实实在在赌上了国运，对于河西之地是志在必得。

魏国那边，吴起不仅是军事天才，也是治国的能臣，他在西河郡推崇儒学，发展经济，加强城防，经过十几年的经营，早已把西河郡建成了坚不可摧的军事要塞。

而且吴起特别善于笼络军心。据说当初魏武侯来西河郡召开庆功大会，吴起主持宴席，他把军士们按照军功分为三类：立上功的坐前排，使用金银器皿，享用猪、牛、羊三牲；中等功劳的坐中排，器皿逐渐减少；没有功劳的坐最后面，席上都是普通器具。庆功宴开完以后，就在太庙外面赏赐有功者的父母妻子，也是严格按照功劳来区分。对于死难者，政府每年都会派使者去慰问和赏赐他们的父母。

赏罚如此分明，大家都愿意去为国立功，西河守军的战斗力也因此远远超过普通军队。

现在秦魏决战在即，正是建功立业的好时机，一听说秦军到来，魏国将士们不等上级下达命令，自己先纷纷穿上甲胄准备战斗，片刻之间便集结起上万人。

秦军主攻的方向是阴晋城，已经在城外扎下营寨。

吴起向魏武侯请求，派五万名没有立过战功的步兵上前线，自己亲自率领他们杀向城外的秦军。魏武侯同意，并且增派五百乘战车、三千名骑兵助战。

这支精锐之师杀向前线，锐不可当，在吴起的指挥下，迅速攻破秦军防线，打退了十倍于自己的秦军，造就了历史上一次惊人的以少胜多的战例。（这次大胜只记载于《吴子》中，不一定可信，而且这一年吴起可能已经离开魏国了，但秦国这几年遭到惨败是事实。）

秦国收复河西的努力因此遭遇重大挫折，十几年的励精图治付诸东流，这是对他们的重大打击。

屋漏偏逢连夜雨，秦国国内的政局也不稳定，君王换了一个又一个。

秦惠公执政十三年之后也英年早逝。秦国连续五任君主都死得很早，活得最久的秦简公也才执政十四年而已，这后面是否有不为人知的内幕，很难说，但对秦国的伤害是显而易见的——国君频繁更换，政策无法连续执行，政府班底也是严重不稳定，整个国家也就持续处在不稳定状态中；国际上又正好处在一个大变革的时代，秦国自然就被抛到了后面。尽管秦简公、秦惠公都是奋发有为的君王，却也挽救不了秦国的颓势。

秦国的厄运还没结束。秦惠公之后，继任者是不到两岁的秦出公，由他的母亲小主夫人执政。主少国疑，权臣当道，孤儿寡母独撑大局，这是把国家引向动乱的标准配置，各方势力自然不会放过这个机会。

当年秦灵公死后，他的叔叔悼子（秦简公）趁乱夺到君位。灵公的儿子公子连年方九岁，逃出了秦国到魏国去避难。

魏文侯父子都认为公子连是一张可以利用的好牌，所以不仅收留了他，还给他很优厚的待遇，盘算着以后可以送他回秦国继承君位，以此控制秦国国政。

公子连就这样一直留在魏国等待机会。

到了秦出公的时候，小主夫人没有政治根基，服不住群臣，据说她任用外戚和宦官，遭到大臣们的集体反对。不过事实上也有可能是反过来的，正因为群臣不配合，小主夫人才只好提拔外戚和宦官，这就更加剧了双方的矛盾。

魏武侯看到这一幕，认为扶立秦君的机会已经来了，便学当年秦穆公扶助晋文公的做法，派军队把公子连护送回秦国去抢夺君位。

这是魏国历史上犯下的最大错误。

四面出击的魏国

这时正是消灭秦国的最佳时机，魏国只要凭借西河这个根据地，居高临下，大军直接冲入渭河平原，灭秦易如反掌。吞并秦国以后，魏国领土倍增，西有岐、丰龙兴之地，中部依山带河，东部扼守中原核心地带，天下一半地利已经握在魏国掌心，一旦把这些领土整合完成，一统天下便只是时间问题了。

但魏武侯却在秦国最虚弱的时候放过了他们，放过了千载难逢的一统天下的机会。从那以后，魏国地理上的劣势就渐渐开始显露出来。

魏国被齐、楚、秦三面包围，最怕的是长期跟三方保持低烈度冲突，那样会一直在无谓的战争中消耗国力，何况北方的赵国也常常不合作，偶尔也来捞一把，就更严重了。

只有迅速吞掉秦国，打开包围圈，才能破解这个困局。

可是魏武侯却认为秦国已经被打残，以后不能构成威胁了，而且穷山恶水的地方也没什么价值，不必吞并他们，真正有价值的地方是中原。所以吞下河西以后，就把战略重点放到东部，重点向楚国和郑、卫等中原小国要土地。

这是重大的战略错误！失去了河西地区的秦国必定不会善罢甘休。所以秦国存在一天，跟魏国的对峙就会持续一天。秦、魏对决最终变成了持久战，使得魏国永远不能完全从西部战线抽身，永远处于两线甚至多线作战的局面。

而齐、楚两大国的势力范围已经跟魏国重合，大家互相抢土地，冲突在所难免。在以后的岁月里，魏国将会一直面临三面受敌的窘境。

唯一能依靠的就是赵、韩两个亲兄弟。三晋联手，可以无视一切敌人，所以团结赵、韩就成了关系到魏国国运的大事。

好在这两兄弟暂时都还没有跟魏国叫板的实力,只能乖乖地聚集到魏侯麾下,共同对敌——

韩国是"战国七雄"里面最弱的,因此从头至尾都只能唯魏国马首是瞻。

韩国从建立的时候起,就是一个被围困的国家,他们的发展方向只有一个:就是向东南方的郑、宋扩张。因此初期的韩国,唯一的任务就是跟郑、宋两国特别是郑国掐架。

韩国人自己也信心满满地把郑国当作自己砧板上的肉,一心想要尽快吞掉他们,打开向外扩张的通道。但尴尬的是,他们居然打不过郑国!

韩、郑两国你来我往,形成持久的拉锯战。在公元前400年,韩国甚至连国都阳翟都被郑国军队包围了,真是丢尽了战国七雄的脸。

同一时期,韩国也在时时敲打宋国,但似乎一直没有占到过大便宜。直到公元前385年他们打进宋国首都,活捉了宋悼公,算是扬眉吐气了一把。

再说赵国,它跟魏国的关系很微妙。一方面,魏国的邺(yè)县牢牢卡着邯郸的咽喉,挡住赵国向中原扩张的路径,所以赵国一直有打掉魏国的冲动;另一方面,赵国的土地传统上是偏远地带,人烟稀少,经济落后,又时刻面临北方蛮族的威胁,没有能力正面对抗魏国,所以只能咽下这口气,勉强跟魏国保持合作。不过这种合作是不对等的,赵国并没有从三晋联盟里面获得多少利益,好处都让魏国占去了。

三晋合作的典型案例,除了公元前405年联合讨伐齐国,俘虏齐康公以外,还有多次围攻楚国的战争。

公元前400年,三晋联军进攻楚国,打到乘丘。

七年后,楚国报复,攻打韩国。

公元前391年,三晋再一次合作,在大梁和榆关大败楚军,打得楚国人丢盔卸甲,抢到大片土地,抢来的大梁后来还成了魏国首都。

三晋联军继续推进,直逼楚国腹地,楚国朝野上下一片惊恐,楚悼王无奈之下只好让人带着大量财宝去秦国请求援助,秦惠公派兵袭击韩国,三晋只好回头救援,这才让楚国侥幸逃脱。

楚悼王同时也在联络齐国,希望齐、楚共同抗击三晋。

三晋随后跟秦军在武城展开大战,同时齐国也出动,派兵攻打并且占领了魏国的襄陵。

这时候魏国把主要矛头对准秦国,在公元前389年发动了著名的阴晋之战:五万魏军大败五十万秦军,彻底取得了河西之战的胜利,齐、楚、秦三国联盟因此如鸟兽散。

这几年,三晋在魏国带领下,同时抗击齐、楚、秦三个大国,并且还略占上风,这是惊人的成就。魏国风头一时无两,成为毫无争议的霸主。

但随后魏武侯就犯了另一个重大错误——赶走了伟大的战神吴起。

吴起变法

吴起是什么时候、因为什么原因离开魏国的?这是一个谜案。根据各种记载来看,应该是吴起特立独行的性格得罪了某些权贵,遭到诋毁,魏武侯又没有及时打圆场,导致吴起一怒之下撂挑子走人。

有人说排挤吴起的人是王错,也有人说是公叔痤(cuó),还绘声绘色地描述了公叔痤谗毁吴起的故事。

据说当时公叔痤担任魏国的相国,还娶了公主为妻,可谓志得意满。

但他担心吴起威胁到自己的地位,就想办法要打压一下吴起,于是有人给他出了一个主意——

公叔痤对魏武侯说:"吴起有鸿鹄之志,我们魏国是小国,又跟秦国挨着,只怕没法长期留住他。"这是在暗示吴起有可能逃往秦国。

魏武侯问他怎么办,公叔痤就说:"可以把公主许配给他,他如果有心长期留在魏国,肯定会答应这门亲事,如果没有长期打算,多半会拒绝。"

魏武侯于是照着他说的做,准备找一个公主嫁给吴起。

公叔痤回去以后马上邀请吴起来家里赴宴,在宴席上跟自己的公主老婆一唱一和地演戏,老婆假装很嚣张地欺负他,给吴起留下了深刻印象。

过了几天,魏武侯果然来向吴起提亲,吴起想起公叔痤受老婆气的样子,魏国公主都那么彪悍吗?他自己可是杀妻的人啊,怎么能忍受?于是当即推掉了魏武侯的婚约。

这下吴起"有二心"的说法就坐实了,魏武侯开始冷落吴起。

吴起在魏国待不下去，只好逃离。

公叔痤的相位从此也就稳如泰山，无人可以撼动了。

这段记载可信度不高，但吴起确实在公元前390年前后离开魏国来到了楚国。

吴起离开西河郡，到达岸门的时候，命人停下车，回首望着苍茫大地，感慨不已，对下人说："西河是可以称王的基业，魏侯要能真正信任我的话，灭秦指日可待。可惜魏侯听信谗言，以后西河终究会归于秦国的。"

魏武侯没能留住人才，这一方面他比魏文侯差了太多。

楚悼王却是有雄心有眼光的君主，马上收留吴起，并给予重用。

他先任命吴起为宛郡太守。宛郡是楚国北方重镇，让吴起治理这里，一是为了证明他是真心投靠，二是让他积累一定的政绩，好堵住那些反对者的嘴。

吴起之前治理的西河郡情况比宛郡复杂百倍，现在治理宛郡当然易如反掌。所以仅仅一年时间宛郡的情况就焕然一新，悼王顺势把他提拔为令尹，直接位居百官之首。

悼王如此急于任用吴起，是因为楚国这时太需要变革了。

楚国立国已经有六百年，是真正的老大帝国，但是各种陈腐的制度早已不适合这个时代了。特别是从昭王复国以后开始，广泛实行"封君制"，分封了大量的世袭贵族。这些贵族一方面数量众多，另一方面"世袭罔替"，子子孙孙传下来，滚雪球般越滚越大，逐渐把楚国的土地和财富都裹挟了过去。他们占着大量财富，却不为国出力，基本属于食利阶层，国君和政府反而挨穷受困，这是楚国衰落的最重要原因。

悼王继位的时候，楚国基本上已经只剩下大国的空壳，悼王的父亲声王据说死于"盗"，是被犯罪集团所杀，可见楚国国内混乱到了什么程度。

国际上，魏国首先"抢跑"，第一个推行了变法，然后凭借强大的国力，带上赵、韩两个兄弟一路横扫，所向披靡，多次把楚国揍得鼻青脸肿，黄河以南的土地基本全部沦丧，最后楚国甚至要向老对手秦国求援。但秦、楚的势力范围也有重叠，也是潜在的对手，哪里能一直靠秦国来救援呢？

所以悼王继位以后痛定思痛，把革除国内的积弊放到了最重要的位置上。

要革新国家，最直接的方法当然就是向魏国这个主要的对手学习，魏国强大的关键在于变法，那么楚国自然也需要尽快走上变法的道路。

这时候吴起的到来，对于悼王来说简直是老天的恩赐。吴起是国际上赫赫有名的常胜将军，又是西河郡太守，对于魏国的军事与内政都极其熟悉。通过这样一个人物，把魏国的成功经验搬到楚国来，尽快把楚国拖出泥潭，这样的前景，想想都令人兴奋。

年轻有为的悼王与雄心勃勃的吴起一拍即合，立即在楚国展开变法。

有魏国的经验在前，楚国的变法更加成熟也更加深入。

根据楚国的实际情况，吴起变法的主要方向就是削弱贵族们的势力。

首先就是废除贵族世袭制。

新的法令规定，贵族的爵位只能传三代，到了第四代，如果没有新的功劳，爵位会被废除。这就杜绝了贵族子弟尸位素餐的情况。

对应的，也会加强对官员的考核，对于做不出政绩的庸官，果断罢免，把位置让给真正有才干的人。对于那些不干实事的冗余部门，也尽量裁减，以提高政府的效率。

裁下来的大堆脑满肠肥的富二代们怎么办呢？吴起抛出一个狠招。他对悼王建议，楚国地多人少，人口又都集中在几个富庶地区，南方大片土地空着，不如把那些吃闲饭的贵族子弟们迁到南方荒地上去，既安置了这些人，又能开拓边疆，还可以增加粮食产量。

这几招对贵族们的伤害可想而知。

还有就是军队改革。吴起利用在魏国的经验，用同样的方式改革和训练楚国军队，把当前最先进的战法传给楚人，楚国军队的战斗力也迎来爆发式增长。

为了保证政策的延续性，吴起禁止纵横家们到楚国来游说，强调多干实事，少说空话。

外交方面，坚持远交近攻的策略，交好齐、秦，猛攻三晋，重新跟三晋展开对郑、宋等小国的争夺战。

这一套新法令实行以后出现了立竿见影的效果，楚国上下的风气焕然一新，几年之后就再度抖擞精神，开启了对中原霸权的争夺。

楚国变法的同时，秦国也迎来了自己的新君王——一位历尽劫波、老谋深算的强势政治家，他把秦国从亡国的边缘拉回来，逐步走上了康庄大道。

秦国崛起的开始

公元前 385 年，信心满满的魏武侯派人护送公子连从河西重镇阴晋出发，沿着秦、魏之间的传统路线，来到秦国郑城的关隘，准备回秦国争夺君位。

公子连非常清楚自己现在的身份。所以表面上对魏武侯表现出无比的感激，甚至在出发前信誓旦旦地保证：只要魏武侯还在，秦国就不会主动挑起跟魏国的冲突。

这番话正好说到魏武侯心里去了。魏武侯这时候目光完全放在中原那边，之所以大力支持公子连回国争位，就是希望他以后成为一个亲魏的君主，保证魏国西部大后方的安定。

双方盟誓以后，公子连就踏上了回国的征程。

不料守关的官吏右主然却相当不开窍，公然拒绝这位未来可能的国君入关。他对公子连一行人说："臣有自己的底线，不能侍奉两位主人，公子请自便吧。"就这样把他们挡在了关外。

对于公子连来说，这个后果是非常严重的。秦国国内立即知晓了魏国护送公子连回国的消息。小主夫人如临大敌，下令全军战备，阻止公子连入秦。

这样一来，公子连他们从常规道路入秦的可能性就没有了。

他们思前想后，只能冒险绕一个很大的弯子，绕到西北方狄人控制的乌氏寨，从那里入秦。

这是一段极其夸张的长途奔袭，相当于绕着秦国转了半圈，前后要走上十多天，周围都是居心叵测的蛮族，而且要经过义渠国的领地，一路上潜伏着无数危险。就算最后走到了目的地，也会给秦国政府留下充分的准备时间，那时候即使他们成功进入秦国，还有取胜的机会吗？

但军事史上有一个奇怪的规律：有时候看起来最艰难的路线，却是最容易成功甚至是唯一可能成功的路线。

公子连他们决定冒险一试，经过一段异常艰难的长途跋涉，终于来到了乌氏寨门口。

守关的是叫"菌改"的庶长，他没多说什么，直接开门把公子连他们接进去——也可能公子连本来就跟他联络好了，所以才绕到这里来入秦。公子连一行终于成功进入了秦国。

秦国朝廷震恐，小主夫人紧急派军队到乌氏寨拦截公子连。

但秦国贵族阶层根本不支持秦出公母子，而且很可能已经跟公子连串通好了。他们本来是按照朝廷的命令前往乌氏寨"击寇"，快走到的时候却突然改口说"我们是来迎接新主人的"，于是全体倒戈，跟公子连的军队会合到一起，共同杀向雍城。

变故来得太突然，秦国政府措手不及，迅速被排山倒海的叛军击溃。小主夫人和秦出公被叛军杀死，尸体被扔到河里，公子连大获全胜，新一任秦君终于登上历史舞台了！

公元前384年，秦献公登基。乌云散尽，光彩重新照耀大地，八百里秦川获得新生，秦国的黄金时代就此拉开了帷幕！

秦献公流亡国外三十年，尝尽了世间冷暖，对于人情世故有了深刻了解。跟长在深宫妇人之手的书呆子国君不同，他有极深的城府和精打细算的谋略，这一点类似于当年的晋文公。

首先就是懂得扛起"政治正确"的大旗。

据说他登基以后想要立即杀掉当初阻拦他回国的右主然，并且要大力封赏菌改。

下人赶忙进谏："万万不可！这是在鼓励大家都打开关隘放叛乱分子进来，后人会依葫芦画瓢。"

献公于是接受建议，下令赦免右主然的罪行，然后给了菌改一些金银财物的赏赐，但偷偷降低他的爵位，削了他的权力。

史书上于是夸赞道，献公"所归善，虽恶之赏；所归不善，虽爱之罚"，就是说，按照行为的善恶，而不是对自己是否有利来决定赏罚。

这样一通表演下来，全国都知道了：新主人是心明眼亮的君王，会真正根据大家的表现来决定赏罚，拍马屁是没用的，干好本职工作才是正道，谁还敢不尽心尽力？

然后，献公下令废除延续了几百年的人殉制度。这是秦国迈向文明的标志性事件。

人殉制度损耗了秦国无数人才，闹得怨声载道，也给东方各国造成了"蛮夷"的印象。这一制度的废除，赢得国际国内的一致赞赏，大家都夸赞献公是有德的仁君，他的形象进一步树立起来，地位也就更稳固了。

献公对秦国真正的贡献，是紧随楚国的步伐，开始了秦国版的变法。

在魏国三十年的生涯，献公目睹魏国通过变法一跃而为天下第一强国的过程。这给他留下了极其深刻的印象，因此他毫不迟疑地把魏国的先进经验带到了秦国。

秦国变法的关键举措也是摆脱旧贵族对朝政的羁縻。

秦国虽然没有楚国那么庞大腐朽的贵族阶层，但这个问题也是不容小觑的。献公对付他们的办法很干脆——迁都。

按照经验来说，每一次迁都都是对国家上层势力的大洗牌。旧贵族的财富和特权都会受到削弱，给新兴阶层腾出上升空间。

献公即位的第二年就把首都从雍城迁到了栎阳。这里更靠近东方，更危险也更有挑战性，所以也是一种主动出击、直面挑战的姿态。

秦国历史上的每一次迁都都是向东部迁移，都在进一步逼近东方各国，表现出一个处在上升阶段的、雄心勃勃的国家特有的活力。

另外就是把蒲、蓝田、善明氏这些西部边远地区改建为县，郡县制的全面推行，增强了君王对国家的控制力。

然后，鼓励商业贸易，建立规范的市场，抽取营业税，秦国的商业开始走上正道，为国家增加了大量税收。

改革户籍制度，五户人家为一伍，增加了国家的税收和兵源。类似的制度其实早都在东方国家实行了，秦国现在终于补上了这个缺漏。

相比起魏、楚等国家来说，秦国的改革还是很初级的，仅仅属于查漏补缺的性质，是追赶东方先进国家的一小步。这样的改革当然不足以真正使秦国强大起来，只是使秦国开始走上了正轨而已。

但秦献公有一点做得很不错：他的改革是逐步实行的，不像楚国吴起的变法那样雷厉风行，而且比较温和，没有一杆子打翻一船人的暴烈举措。再加上秦国的旧贵族势力本来也比较弱小，所以秦献公的变法很顺利地推行了下去。

现在，秦、楚两个大国都进行了变法，魏国的先发优势已经不存在，是时候挑战一下魏国的霸权了。

三晋联盟破裂

吴起的到来，给楚国注入了全新的活力，楚国开始再度向外扩张。

吴起率领全新的楚国军队，首先对南方的百越部族发起打击。战神出马，所向披靡，落后的南方蛮族们哪是对手？楚国很快征服了这些蛮族，把洞庭、苍梧一带的领土永久纳入了楚国版图，国土面积大幅增加的同时也解除了后顾之忧。

接着掉头向北，正面挑战魏国。

这时候北边的局势却发生了出人意料的转折——三晋联盟破裂了！

三晋里面魏、赵两国的关系一直比较微妙，两国明明是竞争对手，迫于魏国的压力，赵国却不得不在后面做个小跟班。但三晋每次对外出击得到的好处基本都被魏国占了，赵国一直陪跑，所以两国实际处于面和心不和的状态。

终于在公元前386年，两国的矛盾彻底爆发。

这一年赵国发生了两件大事。

其一，迁都到邯郸，明确表露出向南方进军的意愿。但从地理上来说，魏国的东郡牢牢扼住了邯郸的咽喉，这就很尴尬了，两国之间难免升起一些火药味。

其二，赵敬侯的堂兄弟公子朝谋反，被赵敬侯打败，逃到魏国寻求援助，魏武侯竟然派军队帮助公子朝攻打邯郸，两国从此公开撕破脸。名不正言不顺的魏军在邯郸城下被赵国军队打败，只好灰溜溜地退回国内。

横扫天下的魏军多年以来第一次吃到败仗，而且是败在曾经的小弟手下。虽然他们可能没有派主力部队参战，但也不能否认，魏军的战斗力已经发生了惊人的下滑，这时候距离吴起离开魏国才四年而已。

也是在这一年，魏武侯受田和所托，向周安王提出请求，成功使田和被立为齐侯，所以这时候魏国和齐国处于蜜月期，共同阻挡赵国的扩张。

赵国要向南进军，自然就需要从齐国虎口夺肉。之后两年，赵国连续跟齐国发生战争，并且都取得了胜利，看起来赵国的南下之势简直无法阻挡了。

自信心爆棚的赵敬侯正式开始侵占中原的计划，他首先把目标定在卫国身上。他们在卫国首都北面的刚平修筑了一座军事堡垒，作为侵略卫国的前沿阵地。

赵国非常重视这次战争，倾举国之力，"车不舍，人不休"，发狠要一次性拿下卫国。围攻卫国首都的时候，赵国士兵大规模登上卫国城墙，捣毁卫国城门，卫国一度陷于极度危险的境地，眼看就要被灭国了。

卫国是天下的核心区域，各国势力都在这里交汇，赵国吃独食的嘴脸立即在国际上搅起巨大的漩涡。

魏国立即行动，和齐国组成联军援助卫国。两大国合作的力量是可怕的，卫国战场的形势瞬间逆转，不仅打退了赵国的进攻，还一路反攻，推倒刚平堡垒，打进赵国境内，一直打到中牟，反过来占了赵国大片土地。

由于邯郸就在赵、卫边境附近，这时候轮到赵国担心自己被灭国了。

吃了大亏的赵敬侯这时才意识到外交的重要性，只好紧急向楚国求助。

楚国这时刚刚经历了吴起的变法，焕然一新，正要找魏国的麻烦，接到赵敬侯求救的信息，立即派出吴起，率领新一代楚军杀奔魏国。

吴起没有直接去攻打前线的魏军，而是越过黄河，从他们后方突袭魏国本土。

两国在州西展开大战。这是吴起训练起来的两支军队的交锋，新一代楚军大获全胜，一路推进，一直打到了大梁北边。

魏国国土不连续的弱点在这时暴露无遗。楚军前锋相当于从魏国东部领土的西边插进去，硬生生把魏国分割成了两半。西边是魏国的主体部分河东郡，包括了首都安邑；东边是魏、赵、楚、齐等国交锋的主战场，卫国前线的军队也在这里。

对于魏国来说，这是极其凶险的形势，他们也陷入亡国边缘了！

赵国也马上扑过来趁火打劫，从北边攻进魏国本土，烧毁棘蒲，打下黄城。

魏国东部领土在楚、赵的南北夹击下，几乎全部沦为焦土。

这一连串战争延续了三年之久，是战国初期破坏力最大的战争，作为主战场的魏、赵两国都遭受到巨大的打击，几年前不可一世的三晋在风雨中摇摇欲坠。

魏国的霸权事实上已经凋零。

这之后的魏国只能称为强国，或者偶尔算得上天下第一强国，但已经算不得霸主了。

魏武侯为几年前逼走吴起后悔了吗？也许是吧，但即使后悔也已经太迟了，魏国已经永久失去了一统天下的能力。

新兴的楚国成了这一系列战争唯一的赢家。

但随后楚国后院起火，一场惊天的变乱拯救了战火中挣扎的魏国。

吴起的报复

楚悼王和吴起的变法太过于猛烈，在楚国旧贵族中引发激烈的反抗。尤其是昭、景、屈三个掌握实权的大家族，对吴起简直恨之入骨，屈宜臼就曾当面攻击吴起的政策。

但楚悼王推行变法的态度相当坚决，驳回一切反对声浪，强行把这些政策推行了下去。

有悼王这座大靠山，吴起尽管拉够了仇恨，却没有人能动得了他分毫。

当时谁也没想到，这座靠山会倒得如此之快。

就在前线楚军接连取得大捷，一路向北推进的时候，郢都的楚悼王却暴毙身亡。

前线的吴起立即赶回国内，准备料理悼王的后事。以吴起的聪明才智，他不可能不知道这次回去会面临的风险，但他是有情有义的人，悼王对他的知遇之恩他永远不能忘记，不管有多少危险在等着他，他也毅然决定回到郢都。

郢都那边的老牌贵族们早就准备好了，正在磨刀霍霍地等着他，不仅为了出一口恶气，也为了彻底打断变法的进程。

悼王的遗体停在大堂上，吊唁的人络绎不绝，众人一边伏地痛哭，一边偷偷拿眼睛瞄外面的情况。一看到吴起进来，所有人同时掏出兵刃扑向吴起，灵堂上箭如雨下，铺天盖地地向吴起射过去。

吴起知道今天已经无法逃脱，眼里如同要喷出火来，大吼道："今天叫你们知道我的谋略！"他不进反退，大步冲到大堂中央，伏到悼王的遗体上，大叫："群臣叛乱，谋害我王！"

贵族们个个咬牙切齿，既恨极了吴起，也怕极了吴起，但众人的情绪已经无法克制，所有人继续疯狂射击，箭矢遮天蔽日，如飞蝗一样扑向大堂中央。

不知道过了多久，有人喊一声"够了"，大家才渐渐地停了下来，这才看清楚灵堂上的情况：现场一片狼藉，从停灵的木榻，一直到供桌上，每一个地方都密密麻麻地插满了箭矢，吴起和悼王的尸体上更是千疮百孔，血流满地，几乎没有下脚的地方。

众人这才回过神来，知道闯下大祸了，赶忙把悼王的遗体清理出来，重新入殓。

但已经太迟了，太子臧看到现场的情况后，怒火中烧，暗暗下了报仇的决心。

太子臧随后登基，是为楚肃王。

肃王即位后第一件事就是调查吴起遇害案，父王的遗体受辱，这是绝对不可能原谅的罪行。他大肆搜捕当时参与叛乱的贵族们，所有射中悼王遗体的人全部灭三族，总共灭了七十多家，成百上千人因此为吴起殉葬。吴起用一生最后一个计谋，成功为自己报了仇。

不过也有可能肃王本身就想干掉这些桀骜不驯的贵族们，而"为父报仇"是绝对过硬的理由，谁也没法反对，贵族们也就只好自认倒霉了。

反对变法的人们都被清理掉了，不过失去了悼王和吴起的楚国，也已经没有能力进一步把变法推进下去，楚国的变革之途戛然而止。

好在变法的核心是清除旧贵族势力，这个目的已经达到了，所以变法的主要成果还是在的,楚国的国力依然处在稳步上升的通道中。

不过军事上就不同了。失去了吴起的指挥,楚国军队的战斗力顿时跌了一个大台阶。中原混战的局面因此发生明显的变化,魏国得到喘息的机会,准备重新找回自己的霸权。

中原迎来了新的实力均衡。

艰难维持的第一强国

国际社会的焦点仍然在三晋,他们和周边国家的混战还没有停息。

而魏国第一强国的地位也在这样一种混乱局面中艰难维持着。

楚悼王末期,赵、楚联手夹击魏国,不仅对魏国造成沉重打击,赵国自己也摇摇欲坠。危急中的魏、赵两国可能达成了某种协议,两国摒弃前嫌,握手言和,三晋再次在表面上联合起来。不过这一次,赵国的地位就高得多了,三晋联合体从魏国带两个小弟,变成了魏、赵双雄相爱相杀的格局。

公元前380年,齐国发兵攻打燕国,打下燕国的桑丘。

这侵犯到了赵国的利益,赵国提出请求,三晋又一次组成联军抗击齐国。三兄弟联手,再度表现出天下无敌的战斗力,迅速打退了齐国的侵略。

两年以后,齐国卷土重来,想找回场子,结果又被三晋打退,直接攻进齐国本土,一直打到灵丘才撤军。

这几次战争说明三晋,特别是魏国,依然拥有傲视天下的实力,不管是齐国还是楚国,暂时都还没法与他们争锋。

但三晋毕竟不是一个国家,不可能真正统一步调,所以也没法把这种实力转化为实际的收益。几年的战争打下来,基本上大家都在原地踏步,丝毫没能改变自己被齐、楚、秦三方夹攻的恶劣局面。

其中反而是最弱小的韩国捡了大便宜。

从立国开始,韩国就专心致志地啃郑国和宋国这两块硬骨头,想尽快把它们吞掉,以打开向外的通道。这个思路是对的,但问题在于韩国的实力实在太弱,甚至跟郑国都基本打成平手,况且还有楚、魏等国在竞争,要吃掉这两个小国实在是心有余而力不足。

终于在公元前380年以后，韩国迎来一次千载难逢的机遇。

首先是吴起被杀，楚国变法终止，楚肃王展开大清洗，全国上下鸡飞狗跳，对外暂时处于防御姿态。

紧接着齐国也出了大事，田午弑杀自己的哥哥齐侯剡，自立为君，是为田齐桓公，齐国也陷入短暂的混乱状态。

赵国更是遇到大麻烦，二十多年前被消灭的中山国再次复国，直接威胁赵国本土，赵国焦头烂额忙着灭火。

魏国也很忙，除了跟赵国时不时地"打情骂俏"以外，趁着楚国内乱的机会，在前375年，他们发起对楚国的袭击，双方在榆关展开激战。

正好郑国内部也发生了"太宰欣"的动乱，国力严重下降。

所以韩哀侯抓住这个机会，派出大军攻打郑国，一鼓作气吞掉了这个重要的老牌诸侯国。

位居天下中央的郑国，立国四百三十一年，前后二十六君，经历了无数次血腥的战乱，在晋、楚、齐三大国的夹缝中艰难生存到现在，如此苦难深重又坚强的国家，却灭在了战国七雄中最弱的韩国手上，实在是世事难料啊。

韩国随后把首都迁到新郑，国土大幅扩张。但他们仍然处于各国包围中，地理条件仍然是各国最恶劣的。

对于韩国这次吃独食的行动，魏、赵都来不及反应，他们正在处理北方中山国的威胁。

之前公元前406年，一代雄主魏文侯派军队远程奔袭，消灭了中山国，中山桓公却幸运地活了下来，之后可能被封到中山的故土上，小心翼翼地接受着魏国的统治。

公元前381年前后，魏、赵大火拼，两败俱伤，中山桓公趁机发动故国遗民造反。

中山国有一个独特的优势，就是他们的国土挨着赵国，却被魏国统治。现在魏、赵正在全力对决，楚国的军队甚至把魏国本土拦腰砍成两半，这种情况下，魏、赵双方都没有能力阻止中山遗民的反叛，中山遗民的复国战争很快大获成功。

中山桓公赶走魏国占领军，接纳遗民，收服故土，继续以顾城为国都，重新建立了中山国。

等魏、赵从战乱中抽身出来的时候，新的中山国已经屹立在他们身旁，他们只能重新开启消灭中山国的工程。

对于中山复国，最紧张的是赵国，这个蛮夷之邦紧挨着他们，双方又是世仇，肯定不可能和平共处，所以赵国第一个出手。公元前377年和376年，赵敬侯两次发兵攻打中山国。

据说被灭国之前的中山桓公是一个昏庸的君王，不理朝政，不恤民力，才招致了亡国的祸患。现在重新登基以后，历尽磨难的中山桓公已经变成了一个勤勤恳恳的有为之君。

另一方面，现在的魏国已不复当年勇了，国力有了很大的下降，赵国连年征战，也是疲惫不堪。

所以双方一交手，赵国立即发现形势跟当年不同。这个刚刚从废墟上恢复的国家，战斗力竟然相当强悍，自己虽然国力和人口都远远超过他们，却从他们手上占不到任何便宜。

同一时期，魏国可能也有所行动，也打过中山国，但还是没能获胜。

在这个关键时刻，穷兵黩武的赵敬侯突然去世。他当政十年，年年都在发动对外战争，虽说这是赵国拓展生存空间必需的步骤，但如此频繁的战争，肯定会大量消耗国力。而且跟魏国翻脸也是很不明智的举动，直接造成了三晋被外人围攻的局面，所以这几年魏、赵国力的大幅下滑，赵敬侯有很大的责任。

他的儿子赵成侯登基，继承父亲的遗志，继续强势向南方出击，当然首要任务还是除掉中山国这个眼中钉。

屋漏偏逢连夜雨，这时候国内的公子胜跟赵成侯争夺君位，赵国内乱爆发。

这下可就便宜中山国了。中山桓公心里乐开花，一面下令全国积极备战，一面提拔乐池担任大将，准备对赵国开战。

乐池是乐羊的孙子，乐舒的儿子，因此史书上记载的中山国君把乐舒做成肉羹给乐羊吃的故事不一定真实。

公元前 374 年春天，中山国反客为主，派乐池主动进攻赵国，彪悍的狄人军队所向无敌，一路打下了灵寿、番吾、房子等重要城邑，恢复了许多被赵国侵占的领土。这以后很多年，赵国在跟中山的战争中都占不到便宜，可见他们的武力之强。

中山桓公随后把都城迁到灵寿，并且修筑长城防范中原国家的打击，中山国自此进入全盛时期。

赵、魏等国无可奈何，只好接受了中山复国的事实，中山国也因此成为跟战国七雄并立的第八个强国。

另一方面，赵国的主要扩张方向还是在中原，卫国依然是他们眼里的大肥肉，必欲吞之而后快。

公元前 372 年，卫慎公过世，卫声公继位。这时候魏国正在联合燕国、鲁国、卫国等一起进攻齐国，赵国趁这个机会发起突袭，瞬间攻入卫国国内，接连打下卫国七十三座城邑（这个数字可能有夸张，卫国未必有这么多城池），准备一举吞并这个国家。

这是公然挑衅。魏武侯大怒，马上带领诸侯联军掉头打向赵国，不仅把他们赶出了卫国，还攻入赵国本土，最后在北蔺大败赵军。这给了赵成侯当头一棒，赵国南侵的步伐也只好放慢下来。

不过这也看出魏国的对外战略之混乱，基本上是逮谁就打谁，四面出击，没有一套明确的扩张计划，这方面他们比韩、赵都差得远，可以说是七雄里面最盲目的。而且他们不善于谋略，什么"借力打力""拉一派打一派"，这些花样在魏国的外交账本上是不存在的，他们秉承祖先的传统，以赳赳武夫的姿态在国际上暴走，把铁拳砸向一个又一个的敌人。

所以魏国虽然有天下第一的国力，却被自己硬生生浪费掉了，没能把这种国力转化为实际的利益。

连年战乱对国力的损耗确实很明显，魏文侯多年励精图治的结果，正被魏武侯悄无声息地消耗掉，这一切都注定：在战国历史上，魏国这个"霸主"终究只是昙花一现而已。

公元前 370 年，一辈子都在马背上打天下的魏武侯病逝。死前两年他在打赵国，死前一年还在打楚国，他一生的作为确实当得起一个"武"字，可以说为国家耗尽了心力，可惜并没有给魏国带来什么积极的东西。

魏武侯的离世带来一个出人意料的严重后果——当初秦献公受到魏武侯的帮助回国争位，临走之前，曾当面向魏武侯表示感激，保证在魏武侯在世的时候不跟魏国发生冲突。

所以魏国这些年才可以无视西部大后方，全力以赴地在中原争夺霸权。

但仔细分析起来，从两国的休战中真正受益的其实是秦国。魏国四面出击的这些年，秦国人却在和平状态中静静建设自己的国家，加上秦献公的变法，秦国国力一直在稳步提升，不紧不慢地追赶着东方各国。

现在魏武侯离世，秦献公的保证已经自动作废，秦人正在磨刀霍霍，准备参与到中原大乱斗中来。

公元前 370 年前后，秦国悄然登上了中原争霸的舞台。

第四章　席卷各国的变法浪潮

河西烽烟再起

河西地区的沦陷对于秦国人来说是绝对不可以接受的。这几十年来，他们一直念念不忘地想着要收回故土。他们已经等得太久了，所以秦献公跟魏武侯的约定刚作废，秦军就急不可耐地奔向了日思夜想的河西故地。

这时候东方各国早已经改天换地了。

战神吴起早已离去，威震天下的"魏武卒"虽然依旧强大，却缺少了最重要的精神领袖。魏、赵、韩、齐四国连年混战，打得不可开交，楚国和中山国还时不时来插上一脚，处在四面强敌包围中的魏国还有当年抗击秦师的勇气吗？

魏武侯过世后，魏国立即发生严重危机。

武侯没有嫡子，生前没有立继承人，两个儿子公子䓨（yīng）和公子缓争夺君位，魏国内乱爆发。

公子䓨的势力更强大，很快占据了邺郡、上党等地，并且坐镇安邑，掌握着半个魏国。公子缓只好亲自去邯郸向赵成侯求救，赵成侯答应帮助他攻打公子䓨。

魏国的大夫公孙颀又去游说韩懿侯，让他跟赵成侯联手共同进攻魏国。

于是赵、韩两国组成联军，杀向安邑，攻打公子䓨的支持者。魏国军队敌不过两国联军，被围困在浊泽。

当时的形势极端凶险，公子䓨眼看就要被活捉了，赵、韩两国却发生了分歧。

赵国希望扶立亲赵的公子缓继位，让魏国割让土地给赵国；韩国却希望保留公子䓨的政权，把魏国一分为二，分别让两个公子统治，这样魏国就再也威胁不到赵、韩两国了。

说穿了，赵国是希望建立一个亲赵的、又弱小的魏国，以后再慢慢来吞并，这就没韩国什么事了；韩国却希望把魏国对半分，一家一半。最后的结果就是两家谈崩，韩军连夜撤走，留下赵军，赵国人眼看魏国一旦反扑过来自己扛不住，也只好赶紧撤走了。

两个心怀叵测的国君终于没能成功合作，魏国逃过这次危机，公子䓨随后发动反攻，打败公子缓，一举拿下了整个魏国。

公元前370年，公子䓨成功登基，就是后来的魏惠王（他这时还不是"王"，为了表述方便，我们直接称其为"惠王"）。

浊泽之战把三晋之间的自私贪婪、勾心斗角暴露无遗，所谓的三晋同盟在这以后彻底分崩离析，连装都不必装了。

这次动乱也明显反映出战国时代诸侯们的特点：不讲道义、只讲利益，为了争权夺利，一切罪恶阴谋都可以摆到光天化日之下来公开讨论。

既然两个小兄弟都这么不留情面，魏国这个老大哥也就彻底撕破脸了。惠王即位的第二年就发兵，在马陵打败韩国，在怀地打败赵国，给了这对难兄难弟一个狠狠的教训。

这也说明，魏国只要内部团结，战斗力还是相当惊人的，他们的力量暂时还是天下第一。

赵、韩两个坏小子分裂魏国没成，手痒难耐，过了几年拿西周国练手，把它分成了两个国家。

公元前440年，周考王在王畿给了他弟弟王子揭一块地盘，分封出来一个周国（只是名字叫周的诸侯国，跟周王朝是两个概念，相当于是在周王畿内部划出来的一个国中国）。

到了公元前367年，周国的公子根发动叛乱，赵、韩两国强势干预，把周国分成两个：西边的叫西周国，由西周惠公统治；东边的叫东周国，让公子根统治，称为东周惠公。

所以现在周王畿就分成了东周国和西周国两块，名义上都归周王管。

赵、韩为什么要去干这么无聊的事？这很难解释，也许是为了平定周王室的内部纷争，也可能只是受了魏国的气要找地方发泄吧。

这也说明魏、赵、韩三兄弟这些年实在跟无头苍蝇似的，没有任何长远的规划，兴头来了就随便发动一场战争，干一些莫名其妙的事，消耗着自己严重过剩的精力。

就在三晋搞一些过家家似的小把戏的时候，一头恐怖的巨兽已经来到了他们的西部边界。

公元前366年，魏国和韩国联手在洛阴附近的武堵筑城，这里紧挨着秦国，按照当时的情势来说，魏、韩不大可能主动挑衅秦国，应该是在修筑一座防御工事，属于常规操作，所以两国当时也没料到秦国会反对。

不想秦献公直接派兵推平了他们的要塞，魏、韩联军大败而逃。这是休战二十年以后秦国第一次在河西发动军事行动，战斗力爆表。三晋这才惊恐地发现：秦国这头巨兽似乎苏醒过来了！

其实几年前秦国就跟赵国发生过小规模的冲突，当时三晋没当一回事，现在才终于看清楚形势，可惜已经太迟了。现在的秦国，兵精粮足，同仇敌忾，国力跟二十年前已经不可同日而语，作为三晋最强大的敌人，正牢牢站在黄河西岸，准备东进。

晋家三兄弟悔之晚矣！

秦师初入中原

秦国苏醒，直接威胁到的就是魏、赵、韩三兄弟。其中魏国因为占据着河西大片土地，首当其冲成为秦国进攻的目标。

惊恐的魏惠王紧急调整国策，从东部战场抽离，开始把兵力部署到河西地区，以应对秦国的威胁。

秦献公一声冷笑，在公元前364年，发起对魏国的大规模打击。数万虎狼之师直扑西河郡，经过二十年休整的秦军锐不可当，魏军一触即溃，秦军一路猛追，如风卷残云，把魏国人赶过黄河，一直追到黄河以东的石门。

这是一场惨烈的歼灭战。秦军大胜，斩首六万，三晋震恐。赵国紧急派军援助，这才止住了魏军崩溃的形势，秦军大肆掳掠一番，扬长而去。

秦穆公过世两百六十年后，秦国人终于再次大规模侵入黄河以东，直逼中原，中原各国都在瑟瑟发抖，天下人真正见识到了秦师的威力。

龟缩在洛邑的周王室也被震动了，周显王赶紧战战兢兢地派人去"祝贺"秦国的胜利，并且亲自赏赐黼黻（fǔ fú）以"褒奖"秦国的功劳，甚至把秦献公封为"伯"，跟当年的秦穆公一个级别。

一个诸侯攻打另一个诸侯，天子赶忙奖赏侵略者，这就是靠拳头说话的战国时代。

魏国还没缓过气来，第三波打击又来了。公元前362年，秦军打到河西的少梁，赵国再次紧急救援，但这次魏、赵联手也挡不住如狼似虎的秦师，秦军再次大败魏赵联军，打下庞城，活捉了魏国重臣公叔痤。幸亏当初秦献公流亡魏国的时候公叔痤对他不错，为了报恩，他把公叔痤放回去了。

少梁是魏国在河西最早和最重要的基地，是统御河西压制秦国的大本营。少梁之战的失败，说明魏国在河西的统治基本已经全线溃败了，当年吴起他们千辛万苦从秦国嘴里抢下来的河西之地，几年之间就被秦国给夺了回去。（这里的史书记载可能有错漏或者夸大的地方，因为后来秦国又经过多次战争才彻底夺回河西。）

正当秦国步步紧逼、魏国在河西的统治摇摇欲坠的时候，老天帮了魏国一个大忙：正紧锣密鼓地筹划进攻魏国事宜的秦献公突然崩逝。秦孝公继位，秦国的攻势暂时缓了一缓，魏国终于能够喘一口气了，河西地区迎来了短暂的平静。

秦献公是秦穆公以后秦国最伟大的帝王，他带领秦人兢兢业业地建设国家，成功把秦国从百年的衰落状态中拽出来，扶上了阳关大道。

说来也巧，从那以后，秦国的每一代君王都是励精图治的明君，他们的国家几乎一直走在正确的道路上，国力一直稳步提升，这是非常惊人的成就。山东各国虽然偶尔也有神来之笔——出一两个强人，把国力猛然拉上去一大截，但不能持久。在这场国家之间的长跑比赛中，他们渐渐被秦国赶超，最后被秦国远远甩在后面，再也追不上了。

而所有这一切成就追根溯源，都要归结到秦国第一个励精图治的君王——秦献公身上。

秦献公过世的消息传来，魏、赵、韩三兄弟同时松了一口气，以为可以过一段安稳日子了。但他们万万想不到，这不是结束，而是开始，一个更加传奇的人物即将登场，他将亲手教导天下君主应该怎样治理国家。

改变历史的奇人

公元前361年，秦国的三轮军事打击刚刚过去，魏国朝堂上的重要人物公叔痤就病逝了。

公叔痤是个老谋深算的政治家，不仅会为国出力，也会适时地替自己考虑，其中最典型的例子就是他对商鞅的刻意雪藏。

商鞅是卫国国君的后裔，本来叫公孙鞅，后来被封在商邑才被称为商鞅。他年轻的时候流落到魏国，在公叔痤手下谋了一个中庶子的官职。

商鞅是个奇人，他精研法家学说，一心向李悝、吴起等人学习，想要干出一番惊天动地的事业。

他对于治国之术有一套自己的想法，对于当前各国存在的问题洞若观火，并且知道该如何去解决它们。

他也是个做事不择手段的人。只要能达到自己的目的，什么仁义道德全部靠边站。

凭着这股狠劲，年轻的商鞅理应在魏国政坛崭露头角。但他没有。只是一直默默无闻地在公叔痤手下当差。

公叔痤也知道商鞅对于国家的巨大价值，但一直稳着不吭声，因为商鞅一旦冒出来，一定会威胁到他自己的地位，所以直到生命的最后时刻公叔痤才向魏惠王推荐了商鞅。

当时魏惠王去看望病榻上的公叔痤，特地问起以后谁可以接替他的职位？公叔痤毫不犹豫地说："我手下的商鞅，他有奇特的才干，大王应该把整个国家托付给他。"

魏惠王觉得这个说法也太夸张了，有这么一个奇人存在我怎么会从来没听说过，看你现在病入膏肓的样子，是不是头脑糊涂了才说出这种话？也有可能惠王怀疑公叔痤夹带私货，或者商鞅的治国谋略他已经听说过了，但看不上，总之，惠王没有答应公叔痤的请求。

公叔痤看到这情形，马上又补上一句话："如果大王不能任用他，请立即杀掉他，防止他被别的国家所用。"

惠王更觉得他说话颠三倒四，所以更加不相信商鞅的才干。

惠王走了以后，公叔痤思前想后，又觉得对不起商鞅，万一惠王真的把商鞅杀了，岂不是自己的罪过。于是把商鞅找来，对他说："我向大王推举你，他没答应。我为了国家利益就建议他杀掉你，但出于私人情义，我又得把这件事告诉你——你赶快逃走！"

商鞅只是淡淡地说："大王不肯听你的建议任用我，又怎么肯听你的话杀掉我呢？"所以继续留在魏国。

他在观望，万一惠王回心转意了呢？

但公叔痤死后，魏惠王完全没有要提拔商鞅的意思，商鞅知道自己在魏国已经没有出人头地的机会了。这时候正好新登基的秦孝公正在招募天下贤才，商鞅就离开魏国到秦国去了。

商鞅变法

商鞅找到秦孝公的宠臣景监，让他向孝公举荐自己。

秦孝公是年轻有为的君主，当政以后马上想干一番翻天覆地的事业。他决定对国家做出大改动，但需要一个吴起那样的强人来主持，于是颁布了求贤令，向天下招募贤才——这种不拘一格任用人才的习惯后来成为秦国的传统，只要有才干，不论出身、国籍，一概任用。

正是这样一种用人方式，才让落魄贵族商鞅有了直接面见秦君的机会。

商鞅带着李悝的《法经》六卷面见秦孝公，先跟孝公谈论"帝道"，也就是上古明君的那些故事，孝公听得瞌睡连连，摆手说："这都是哪年的事了？

跟我们现在的社会有什么关系？"等商鞅退下去以后，孝公把景监找来大骂："你推荐的一个什么人？说的什么乱七八糟的！"

景监只好找到商鞅，说兄弟你连累我了，商鞅哈哈一笑说："没事，等过几天大王怒气消了，麻烦您再推荐我一次，我下次一定说得合他的心意。"

五天以后，商鞅再次面见孝公，这次说的是"王道"，基本上就是孔子的仁义道德那一套，孝公的脸色稍微缓和一点，但仍然不满意。

下来以后，孝公再次责备景监，景监又找到商鞅，商鞅继续笑着说："再给我一次机会。"

又过了几天，孝公再找到商鞅问政，这次商鞅说的是"霸道"，就是齐桓公以来各位帝王称王称霸的策略，孝公终于表露出兴趣，但仍然没有最终决定。

商鞅知道差不多了，在驿馆等着，果然不久孝公就派人来征召。这次商鞅终于把自己观察到的秦国社会存在的问题、变法的具体措施等等和盘托出，两人促膝长谈，连续谈了很多天，孝公全神贯注地听着，赞叹不止，当即决定任用商鞅主持变法。

过后商鞅对景监说："帝道、王道，大王都不感兴趣，我只能跟他谈论强国之术。今后秦国确实可以强大，但德行终究比不上商、周啊。"

对于战国时代的诸侯来说，国家强大就够了，要仁德有什么用。

这样一种功利性很强的特点也明确表现在了变法的政策里面。

但很多人并不支持商鞅的这些"强国之术"，旧贵族的代表人物甘龙、杜挚等人就坚持说："利不百，不变法；功不十，不易器。法古无过，循礼无邪。"认为国家的旧法度不能轻易修改。

秦孝公放手让商鞅跟他们辩论，商鞅半辈子都在考虑这些问题，思想何等成熟，立即针锋相对地说："商汤、周武王不遵守古法，所以能称王；夏桀、殷纣因循守旧，反而亡国。怎么能认为旧例就一定值得遵守呢？"

这是一场决定秦国乃至所有国家命运的辩论。好在这是秦国，本来就是半个蛮夷，对于"尧舜禹汤"留下来的那些古礼本来就不太在乎，秦国的旧贵族势力又比较弱小，又经过了秦献公的变法，国民对于变革已经比较适应。而孝公本人又是思想开明的年轻君王。在所有因素的综合作用下，变法派获得了最终的胜利。

公元前359年，在秦孝公的支持下，商鞅发布了《垦草令》，开始为变法制造舆论。三年以后，商鞅被任命为左庶长，正式在秦国推行新法度。

这是一次非常成熟的变法。每一项政策都是深思熟虑的产物，完全针对当时秦国存在的问题而制定，因此比之前李悝、吴起的变法更加完善和深刻。

变法的目的就是"强国"，为了达到这个目的可以不惜采取一切手段。

变法的内容异常广泛，涵盖社会的方方面面，简单来说，比较重要的有以下几项：

重农抑商，特别强调发展农业的重要性。对于农耕民族来说，农业是最主要的经济产业，振兴农业就是振兴经济，而经济是国力的基础，是头等大事。

土地制度方面，废除井田制、承认土地私有。

废除贵族的世袭制，削弱旧贵族，铲掉这些社会的杂草，提升整个社会的效率。

这些变革措施跟以前的历次变法差不多。如果仅仅这样的话，秦国也只是会走上魏国的老路而已，但接下来的几项措施却是商鞅变法特有的，正是这些措施使秦国成为了一个特殊又恐怖的国家：

推行严厉的法令，严格控制社会，对民众的自由作出最严厉的限制。例如登记户口，禁止出门旅游，禁止收容外来人口，甚至禁止父子兄弟等一家人住在一起。

把山川湖泊收为国有，防止民众依靠这些资源牟利；禁止买卖粮食，对所有商品征收重税，对商业发展给予最严厉的打压，民众要谋生只能靠种地。

统一思想，压制文化，禁止游说讲学，禁止思想的传播和交流，使民众陷入极度空虚和愚昧的状态，永远埋头当苦力。

禁止奇装异服，一切声色娱乐都不许有，连喝酒吃肉都要打压，迫使民众把所有精力都投入到工作中。

让民众互相监督，实行连坐制度，一人犯罪全体受罚。

奖励军人，制定严格的军功等级，按照军功赏赐爵位，平民翻身的唯一出路就是在战场上拼命杀敌。

公元前350年，秦国又推行了第二轮商鞅变法。鉴于之前楚国变法受到旧贵族反抗的教训，孝公命人在咸阳修筑新宫殿，然后迁都到那里，这样就彻底摆脱了旧贵族势力的束缚，可以更好地把新法推行下去。经过前后两轮变法，秦国社会发生了翻天覆地的变化：社会活力消失了，一切都统一起来，人们不再有个性，不再有思想，每个人都像一颗螺丝钉一样，在自己的岗位上夜以继日地辛勤劳作，不停地创造财富来供养国家机器。整个国家被君王牢牢攥在手中，变成了一台恐怖、高效而强大的战争机器。

这台机器运行的目的只有一个，就是强！更强！

这样的国家是以前从来没有出现过的，这是法家眼中的理想社会。

商鞅终于实现了自己的梦想，按自己的想法打造出一个完美的法家"盛世"。

同样开心的还有秦国的统治者，他们看着一片繁荣的秦国大地，以及土地上日夜劳碌的秦国百姓们，心满意足，这正是他们想要的"盛世"。

然而老百姓呢，谁考虑过他们的感受？没有！没人会考虑！史书上一句"秦民大悦"便轻描淡写地带过了。

可是人们真的"悦"吗？实际上，这样的"盛世"对于秦国民众来说可能更像是一场噩梦，他们被绑在自己祖祖辈辈生长的土地上，失去了最基本的自由，也失去了一切快乐和欲望，人生只剩下无休止的劳作。

而从民众身上压榨出来的强大生产力，最终变成秦国对外扩张的原动力，它将如同钢铁洪流一样向四面八方推进，把秦国人的痛苦撒播到各国人民之中。

所以这也是天下人的噩梦。东方各国以后会感受到的。

当然大国国力的提升肯定是一个缓慢的过程，变法的成果要很多年以后才能逐渐反映到军事实力上。

以秦国现有的军事实力，主要的目标仍然是从三晋那边虎口夺食，河西地区仍是主战场。

而对于三晋，特别是魏国来说，秦国的威胁只是一方面，眼前他们最可怕的敌人还是东方的齐国，新登基的齐威王也是一个雄武的君主，几乎在商鞅变法的同时，齐国也开始推行自己的新政了。

虚心纳谏的齐威王

从"田氏代齐"以后，齐国就一直被强大的魏国压制，甚至被三晋联手欺负，时不时地打到齐国长城，北边的燕国也常常来插上一脚，以齐国的国力，只能勉强应付而已。

好在魏国的实力一直在不断下降，齐国身上的压力逐渐减轻。魏、赵两国又已经公开翻脸；前几年秦献公又猛然发力，连续三次在河西大败三晋，迫使三晋把一部分精力转移到西部，这都给齐国带来了很好的发展机会。

于是在公元前356年齐威王上台以后，齐国迎来了一次重要的变革。

齐威王是田齐历史上最有作为的君王，他跟当年的魏文侯类似，特别有容人之量，而且善于提拔和发现人才，只要对国家有用的人才，不问出身，不论来历，一概给予重用。

所以齐国朝堂上迅速聚集起一群才学盖世的强人，如众星拱月般簇拥着齐威王，共同把齐国推上了强国宝座。

其中最重要的人是邹忌。

传说他善于奏琴，因此得到威王的喜爱，让他住在宫里。有一次威王一个人在弹琴，邹忌不经过禀报，直接推门进去，大声赞扬："大王弹得真好！"

齐威王很奇怪地说："你刚进来，还没认真听，怎么就知道我弹得好？"

邹忌侃侃而谈："琴理中蕴含着治理国家的道理。大弦象征国君，小弦代表百官，琴弦之间的配合有如政令，奏出的乐音就是治理国家的效果。大王的琴音，大弦温润柔和，小弦廉折清悦；拨弦深而回弦缓，回旋往复而不紊乱，这说明政治昌明；琴音和谐稳定，大小配合得当，清朗而互不相害，正是国泰民安的景象。琴音调而天下治，因此说大王弹得好。"

这是拐着弯进献忠言，而且切中要害，说明了治国的基本要点：严整、有序、君臣和谐。一番话说得齐威王心花怒放，当即任命他为相国，位居百官之首。

战国式的君臣关系就是这样，下臣们只有绞尽脑汁，靠三寸不烂之舌，说得君王心悦诚服，才能得到机会推行自己的政治主张。

而各国君王们，也在各种谋士、说客、纵横家令人眼花缭乱的说辞中间，小心翼翼地挑选着自己需要的人才和政策。

关于邹忌讽谏齐威王，最著名的还是下面这个故事。

传说邹忌身高八尺有余，相貌俊美。有一天早上穿好朝服照镜子，看到自己衣冠楚楚的样子，不禁得意地问身边的妻子："我跟城北的徐公谁更帅？"

徐公是齐国有名的美男子，邹忌的妻子想也不想就回答："徐公哪里比得上你？"

邹忌还不放心，又问自己的小妾，回答也是："徐公比您差远了。"

这时有个朋友上门求帮忙，邹忌又问他，朋友也回答："我看徐公不如您。"

过了几天，邹忌偶然见到徐公，顿时震惊，原来他比自己帅得多啊，这才知道身边的人们都没有说实话。

为什么会这样呢？他翻来覆去地想，终于想通了其中的道理："妻子爱我，小妾怕我，朋友有求于我，所以都会言不由衷地奉承我。"

于是邹忌去找到齐威王，把这个故事讲给他听，然后说："连微臣身边的人都不肯说实话，大王富有四海，又长期深居宫中，宫里后妃们都爱大王，朝臣们都怕大王，国内百姓们都有求于大王，他们肯说实话吗？由此可见，大王要听到真实的评论有多难啊。"

威王深有感触，当即发下命令，鼓励全国上下进献治国之策："群臣百姓有能当面指出寡人的过错的，受上赏；上奏折进谏的，受中赏；在市井中议论寡人的过失，被寡人听到的，受下赏。"

于是齐国上下无数人前来提意见，各种奏折铺天盖地，齐国的国政因此得以走上正道，整个国家也走上了富强的道路，人们说，这就是所谓的"战胜于朝廷"。

善于讽谏的大臣远远不止邹忌一个，实际上，这是当时广泛流行的风气，另一个以直言敢谏闻名的人是淳于髡（kūn）。

淳于髡出身低贱,甚至可能是奴隶出身,"髡"指的就是一种剃光头发的刑罚,而且他还是个上门女婿,更说明他的身份之低微。

他的长相很丑,身高不满七尺,看起来滑稽可笑,但人很机灵,多次出使外国都成功维护了国家形象。

这样的人也凭借自己的才能得到了齐威王的重用,可见当时齐国对人才的选拔确实是不拘一格的。

据说齐威王刚刚登基那几年,沉湎于酒色,夜以继日地宴饮,荒废朝政,大家都不知道该怎么劝说他。

淳于髡就去对威王说:"国内有一只奇怪的鸟,停在王庭之中,三年时间不飞也不鸣,请问是什么鸟?"

威王哈哈大笑说:"此鸟不飞则已,一飞冲天;不鸣则已,一鸣惊人。"当即宣布停止各种酒色娱乐活动,开始处理国政。(另一个版本说这是楚庄王的事迹。)

他先把即墨大夫召来,对他说:"自从你到即墨赴任后,经常有人向我说你的坏话,可是我去即墨视察的时候,看到的却是政通人和,民众安乐的景象,可见你是个不善于逢迎,只会埋头干实事的人。"于是封他为万户侯。

威王又找到阿城大夫说:"自从你去了阿城,每天都有人在我面前称赞你,可我看到阿城治理得一片混乱,赵国和卫国来进攻,你也没能及时营救,你用了多少钱贿赂我手下的人替你说好话?"说完,当即下令把阿城大夫和那些替他说好话的人一起煮了。

消息传出来以后,举国震惊:原来大王是如此英明的人,看来搞小动作是瞒不过他的,从此人人都踏踏实实做事,再也不敢欺上瞒下了,齐国因此迅速由乱入治。

关于齐威王和他直言敢谏的忠臣们的故事还有很多,这些故事基本上都是那些鬼头鬼脑的纵横家们杜撰出来的,或者有很多夸张的成分,可信度不高,但却能说明几个事实:

其一,齐威王的朝堂里人才济济。

再有,齐威王确实是个特别能虚心纳谏的君王,他任用忠直耿介的下属,广开言路,使得国家上下的风气焕然一新。

还有，他也不是一个墨守成规的君王，求新、求变是他执政的特色。

这时候的齐国，刚刚完成"田氏代齐"的政权更迭，如同一只破茧重生的蝴蝶，在阳光下缓缓扇动翅膀，正准备大展宏图，开始一段崭新的生命旅程。

这个国家正值它最好的青春年华，齐国举国上下洋溢着对新时代的憧憬和向往，求新、求变是这个时代所有齐人共同的追求。

事实上，威王当政以后不久，就任用邹忌开展了齐国版的"变法"，东方传统强国终于跟在魏、楚、秦之后，也开启了自己的变革之路。

齐国的"变法"比较温和，基本上采用一些传统的强国策略，例如修订法律，加强对官员的考核，澄清吏治，广开言路，鼓励言论自由，加强军备等等。

这些策略不会立即让国家脱胎换骨，但也避免了尖锐的利益斗争，所以齐国没有出现秦国和楚国那种鸡飞狗跳、大动干戈的情形，而是在潜移默化中逐渐改变着社会，缓缓地来到了一个新时代。

——如果要在战国时代选一个国家来居住的话，一定要选齐威王时期的齐国，那是一个政通人和的国度，举国上下都透着一股温和的、阳光明媚的气氛。

伴随着开明的政治政策，齐国也形成了极为宽松、自由的学术和思想言论环境，所有这一切，都在稷下学宫这座伟大的高等学府中集中表现出来。

诸子百家的黄金时代

当年魏文侯创建西河学派，把魏国变成了天下学术中心，齐国可能受到他们的启发，在齐威王继位前后几年建立了稷下学宫。

这是官方主办的中国第一座高等学府，齐国政府极为重视，广招天下名士，为他们建造了恢宏的宫殿，因为学宫建在临淄的稷门附近，便称为"稷下学宫"。

当时天下各路专家学者聚集到稷下学宫，一面互相交流研讨，一面传播自己的学说。鼎盛时期，学宫里的学者有上千人，其中成就最高的是邹衍、淳于髡、田骈、接予、慎到、环渊等七十六人，齐国政府给这些人都赏赐了府第，封为上大夫，并且特许他们不用处理政务，只要讨论学术问题就行了。

就是说，国家养着这些人，让他们专门研究各种学说，创造一切可以创造的理论。

他们中很多并不是齐国人，而是来自各个国家，例如慎到是赵国人，而环渊是楚国人，对于他们，齐国政府表现出无与伦比的包容姿态，来者不拒。

他们的出身也五花八门，不少人都是平民，甚至还有淳于髡那样的贱民，但只要有真才实学，国家就收留。

在政府的大力扶持下，各种学术思想自由碰撞，迸发出耀眼的火花，从春秋时代开始萌芽的百家学说，到这时终于得到雨露的滋润，刹那间百花齐放，猛然爆发出一个空前绝后的黄金时代。

这是华夏文明的黄金时代，也是自由思想的黄金时代。各种奇思妙想在这里争奇斗艳，所有聪明的头脑都在全速运转，考虑一切可以考虑的问题——从宇宙、哲学，到普通人的日常生活，中国人的聪明才智被充分调动起来，短短几十年间形成的各种学派，成了后世两千多年间人们反复研究的主题。

例如伟大的孟子，在儒家中具有仅次于孔子的重要地位；还有荀子，创立了儒家的一个独立流派；邹衍，阴阳家的创始人，创立了阴阳五行学说；慎到，法家的代表人物之一；以及环渊，老子的弟子，有说法认为《道德经》可能就是他写的。

不过稷下学宫的主流学说还是"黄老之学"。

黄老之学是从老子的思想延续下来、又吸收了其他各家流派特别是法家思想形成的一种学说，是道家的主要学派之一。

齐国政府在创立稷下学宫的时候夹带了一点点私货——他们祖上不是靠篡位上台的吗？为了给自己篡位的举动找一点理论支持，他们声称自己（陈国宗室之后）是黄帝的后人，而原来的吕氏国君（姜太公之后）是炎帝的后人，炎帝是黄帝的手下败将，所以田氏偷走吕氏的齐国似乎也就说得过去了。

而且老子是陈国人，田氏也来自于陈国，推崇老子也就间接拔高了自己。

黄帝时代流传下来的治国理念，跟老子的道家学说结合，产生了黄老之学。比起老庄之学，黄老之学更讲究实用，他们在老子思想的基础上继续发展，主要探讨如何用道家思想治理国家，因此衍生出许多有价值的治国理念。

例如他们倡导"无为而治"，要求统治者保持政策的连续性，不要翻来覆去地折腾老百姓，要"与民休息"，要"轻徭薄赋"，减轻民众的负担，让国家得到休养生息的机会。而统治者自己也要公正严明，维持一个清廉的政府。

一个廉洁、高效、稳定，又拥有强大经济实力的国家，当然能在乱世中立于不败之地。

在烽火连天的战国时代，这样的治国理念可以说是对症下药，很适合齐国这样地理条件优越的大国。

但仔细一想，这样的治国理念，跟秦国的商鞅变法是刚好相反的，商鞅使国家强大，人民却极端痛苦，黄老之学也让国家强大，却尽量给予老百姓舒适的生活，这样一比较，高下立判。

但黄老之学真正大放异彩是在两百年后的西汉年间，直接带来了"文景之治"的盛世，那是另一个故事了。

先说回战国时代。

稷下学宫研究出来的这些学说，不仅给齐国带来文化上的繁荣，也给齐国政府的施政提出了许多有用的先进理念，又引来和培养出许多顶级的治国人才，可以说充分回报了齐国政府对他们的投资。

更不用说他们对于后世的巨大贡献，真正是功在当代利在千秋。

因此，建立稷下学宫是齐国政府最英明的一项决定，后世两千年的中国人都应该感谢开明而目光远大的齐国政府，以及伟大的齐威王。

经过这些大刀阔斧的改革举措以后，齐国的国力登上了新台阶，一跃成为天下瞩目的强国，魏国的强敌因此又多了一个。

另一方面，变法的浪潮还在漫延，魏、楚、秦、齐之后，一直懵懵懂懂混日子的韩国也猛然觉醒，也开始了自己的变法之途。

申不害变法

申不害本来是郑国的一个小官，郑国被韩国吞并以后，他凭借自己的才学，继续在韩国做官。

按理说，这样一位敌国的"罪臣"注定是没有可能受到提拔的，但神奇的是，申不害不仅在韩国受到重用，还最终当上了韩国朝廷里的一把手。

关于申不害是如何上位的，有这样一个故事。

公元前353年，魏国大规模进攻赵国，包围邯郸，陷入亡国危机的赵国向齐国和韩国紧急求援。

当时韩国国君是韩昭侯，他不知道该不该答应赵国的请求，很为难，就询问申不害的意见。

申不害这时刚得到韩侯宠幸，一时也猜不透主人的心思，于是就耍了一个花招。

他若有所思地说："这件事关系到国家安危，不能轻易决断，请容微臣考虑考虑。"

申不害回去以后就找到两个以能言善辩著称的大臣，赵卓和韩晁，向他们说了韩侯的烦心事，并鼓动他们："以你们的地位，向大王提建议一定会得到采纳，这是为国尽忠的好机会呀。"

两人一想也对，便赶忙去向昭侯提出自己的观点，在昭侯和他们讨论的时候，申不害却在暗中偷听，并特意记下昭侯说的话。没过多久他就去回复韩昭侯，完全按照昭侯说的来提建议，韩昭侯果然大喜，觉得他说的非常合自己的心意，从此便对他刮目相看。

后来申不害接连得到提拔，成为韩国国内一人之下万人之上的狠角色。

从这个故事能明显看出申不害的个人特色：喜欢耍小聪明，或者说，喜欢玩弄权术。他正是靠这一招在韩国政坛大展拳脚，无往而不利。

而在他的学说里面，"权术"正是最核心的部分。

申不害本属法家，但又精通黄老之学，也是稷下学宫的知名学者之一，他以法家治国，但融合了道家以及其他诸子百家的思想。

公元前351年，韩昭侯紧跟国际潮流，任用申不害在韩国主持变法，申不害的学术思想终于有了实践的机会。

申不害的变法跟商鞅变法有一些相似的地方，两人都强调法制，但跟商鞅不同的是，他更推崇所谓的"术"，也就是治国的技巧。

他首先要求厘清君王跟大臣的关系，也就是所谓的"正名"。君王必须有绝对的权威，要能严格控制属下，"操杀生之柄"，把杀伐决断的权力牢牢控制在自己手里，上下尊卑关系绝不允许逾越。这一点跟当初孔子强调的"君君，臣臣"有一点类似，但发扬光大了。

他认为，只有当君有君威、臣有臣纲时，政权才能保持和谐稳定。

这种观点其实是来源于春秋以来接连不断的弑君狂潮。无数的国家因为权臣作乱而陷入混乱，为了防止这种情况，就必须加强君王的集权统治，对手下的大臣们严防死守。

因此需要澄清吏治，加强对大臣的考核与监督，一方面保证他们的忠诚，另一方面也需要把那些光吃饭不干活的酒囊饭袋清理出去。

申不害主持变法以后，立即着手打压侠氏、公厘、段氏三个大家族，收回他们的特权，推倒他们的城堡，没收他们的财富以充实国库。

这种打压老牌贵族的做法也算例行公事，在所有国家的变法措施里面都出现过。

对官员的考核，申不害提出了"正名责实"的要求。所谓"责实"，就是严格规定各级官员的职责，要求他们必须做出实际的政绩。

而国君呢？只要控制好下面的官员们就够了，其他事情放手让他们去干，就是所谓的"无为而治"，这是来源于黄老之学的思想。

那么国君怎样才能做到这些？这就涉及到申不害的思想里的核心部分——"术"的使用。

他认为国君必须掌握高明的统御之术，要善于驾驭下属，准确鉴别他们的忠奸贤愚，不至于被他们蒙骗。

说白了，领导的任务就是不停地跟下面的人斗智斗勇，把他们全部玩弄于自己的股掌之上。

这一点就跟商鞅背道而驰了，商鞅强调国家制度的建设，通过完善的法令法规来限制每个人的行动；申不害则要求统治者自己有足够的权谋，善于把控局势，至于是不是符合自己订的法律，那就不用管了。

更进一步说，只要能把"术"推广开来，一切有利于维护自己统治的伎俩都可以拿来用，哪怕是一些上不得台面的阴谋诡计。

有两件轶事可以说明这一点：

韩昭侯有一次剪指甲，故意留了一片捏在手里，然后对下人们说："我刚刚剪下来的指甲有一片找不到了，你们去找一下。"

下人们赶紧行动，翻箱倒柜，掘地三尺，哪里找得到？有个人灵机一动，偷偷把自己的指甲剪下一片献上去，装模作样地说找到了。韩昭侯立即就试出了他是个不老实的家伙，不久以后就找个借口把他撵走了。

还有一次，昭侯听人汇报说，南门外有头小牛闯进了农田，正在啃麦苗，于是把这个消息隐瞒下来，然后发布命令，要求城内官员去各地检查，看看有没有家畜偷吃禾苗的情况。

官员们查了一通，都没发现情况，来汇报以后，昭侯大发雷霆，命令他们重查，过了好久，终于在南门外找到了吃禾苗的牛。

于是大家都赞叹领导料事如神，什么事情都瞒不过他。昭侯也成功检验出了下臣们执行任务的能力。

这就是申不害推崇的"术"。

"以术治国"作为"以法治国"的补充本来是没有错的，但如果使用得过分了，难免搞得人心惶惶，下人们也会学着多一个心眼，没事也用"术"来对付一下领导，这样反而会形成欺上瞒下的风气。

而且这样的政策要求统治者必须是英明的，如果下一任统治者不够英明呢？怎么继续把"术"玩下去？怎么驾驭那些已经学精了的下属们？

韩国正好出现了这种情况。韩昭侯确实有经天纬地之才，所以能把这些策略玩得转，但他之后的韩国国君再也没有那样的才干，申不害教给他们的那些小聪明也就玩不下去了，甚至反被下属们用"术"给玩了。

所以"以术治国"终究还是输给了商鞅的"以法治国"。

再说回申不害的变法上来。除了在权力斗争上的发明创造以外，申不害也确实做了不少利国利民的实事。

例如他大力发展韩国的军工行业，特别是兵器制造行业，韩国的强弓劲弩一时间蜚声国际，军备质量位居各国之首。他也主张多开垦荒地，增加农业产量。总之目标就是富国强军。

经过韩昭侯与申不害这对君臣的共同努力，弱小的韩国迎来了难得的振兴局面，在申不害当政期间，各大国都不敢来侵犯韩国，这是韩国历史上唯一的黄金时代。

第五章　中原霸主争夺战

惨淡经营的魏惠王

公元前350年前后,魏国周边各国都在摩拳擦掌地练肌肉,为下一轮群殴积蓄力量,处在风暴中心的魏国也丝毫没闲着。

魏惠王是一个充满雄心壮志的君王,他上台以后推行了一系列大刀阔斧的改革,魏国的风气焕然一新。

首先是重新审视对外战略。魏国这些年来一直没有明确的扩张目标,到处结仇,终于陷入了四面受敌的窘境,尤其是秦国的一轮猛攻,实在让人吃不消。魏惠王痛定思痛,开始制定明确的扩张战略。要破解魏国的困境,首先得重新拉拢赵、韩两个亲兄弟。于是魏惠王多次跟赵侯、韩侯会盟,谈判的结果,三国重新和好,停止了相互间毫无意义的争斗。

三晋的领土犬牙交错,互相掣肘,不仅阻碍着彼此的发展,也是造成三兄弟冲突的原因之一。

所以魏惠王跟赵、韩两国进行了多次领土交换,用对方需要的领土交换自己需要的领土。这样三晋的领土都各自整合到了一起,特别是魏国,本来被分割成东、西两部分,现在成功连成了一片,并且占据了一些重要战略位置,地理形势得到很大的改善。

对于这几年骤然崛起的秦国,魏惠王采取怀柔的策略,一方面在两国边境修长城,加强防御,另一方面积极跟敌人谈判。而秦国那边正忙着推行商鞅的新法,暂时没心思对外发动战争,两国便暂时达成妥协,河西那边也终于清静下来了。

他也尽量笼络中原小国。公元前356年,宋、卫、鲁、韩的国君都到魏国来朝觐,几位国君把酒言欢,现场气氛一片祥和。

对于国内,惠王也是个比较负责任的君王。他大力兴修水利工程,发展农业,发布各种惠民措施,例如把国家控制的沼泽开放给民众使用(跟秦国正好相反)……种种政策都使老百姓得到了实惠。

军事上,惠王任用庞涓。这是吴起之后的又一个传奇将领,魏国的军事实力顿时大涨,看来好像有再回巅峰的趋势了。

凭借这一系列行之有效的政策,尽管强敌环伺,魏国的强盛依然在延续。

当孟子来到魏国的时候,魏惠王对他说:"我治理国家确实够用心了,周围哪个国君都不像我这样尽力的。"

这话尽管是他自己说的,但"用心"确实是对于他的最准确的评价,惠王虽然才能平平,但在治国方面确实尽心竭力了。

在惠王早期的政策里面,最重大的一项举措是迁都。

魏国的首都本来在安邑,那里靠近河西,受到秦国严重威胁,而且又容易被人割断和东部地区的联系,所以惠王登基以后不久就把国都迁到了东方的大梁。

经过李悝变法以后,魏国的经济重心已经逐渐移到了东部。大梁位居天下中心,四通八达,周围河流遍布,方便与中原各国的经济文化交流。魏国迁都到这里以后,又对周围的河流湖泊进行了大改造,把这里建成了富甲天下的中原经济中心,这次迁都,对魏国整体的经济产生了很大的促进效果。

因为国都在大梁,从此以后,魏惠王也被称为梁惠王。

不过迁都还有另一层含义——在魏惠王的眼里,秦国的威胁可以暂时放一边,魏国关注的重点仍然在中原。

更直白地说,魏国一直盯着的是齐国。魏惠王对外一系列的和解政策都绕开了齐国,齐国就是他留下的突破口,是他扩张的主攻方向。

对于这一点,魏国毫不掩饰。公元前356年,齐威王刚刚登基,魏惠王就趁着齐国国丧的机会，纠集起魏、赵、韩三国军队共同讨伐齐国。

当时鲁共侯等人正在魏国访问。显然魏惠王想重演当年魏文侯联合三晋打压齐国的策略，再配合鲁、卫、宋等小国，形成对齐国的包围圈。

齐国是魏国三大敌人里面最好欺负的一个，先从他们下手，撕开一条突破口，接下来再对付秦、楚就好办了。

现在大刀已经举起，只等着对齐国砍下去了。

但不凑巧的是，魏惠王遇上的是田齐历史上最英明的君王——齐威王，精明强悍的齐威王是那么好对付的吗？

在齐威王面前，魏惠王一步都不能走错，一旦露出任何破绽，都可能招来敌人针对性的打击。

但偏偏这个破绽就出现了。

两大国对决的关键时刻，一对同门师兄弟的个人恩怨改变了中原争霸的结果。

田忌赛马

传说战国的时候有一位不世出的奇人，叫"鬼谷子"。

他拥有通天彻地之能、神鬼莫测之机，诸子百家，无一不晓；三教九流，无所不通，尤其擅长纵横之术。他虽然隐居深山、采药修道，却对天下形势了若指掌。

他的弟子也都是震烁古今的盖世奇才，其中有齐国人孙膑和魏国人庞涓，两人学的都是兵法。

两人求学多年，对于六韬三略都已经了然于胸了。

庞涓早有凌云之志，听说魏国在招募贤才，便赶忙下山寻找机会，他跟孙膑一向情谊深厚，临走时和孙膑约好：以后发达了把他也引荐过去，一同做官。

孙膑是孙武的后人，精通家传的孙子兵法，胸中的谋略远超庞涓，但他并不急于求取功名，所以仍然留在山上进修。

庞涓到魏国以后，果然很快受到魏惠王的重用，在一系列的对外战争中都取得了惊人的成就，成为政坛上一颗冉冉升起的新星。

庞涓按照当初的约定，写信让孙膑到魏国，声称要引荐他，与他共享富贵。

孙膑收到信，兴冲冲地来到魏国。但这其实是庞涓的阴谋，他知道孙膑的才能超过自己，如果孙膑得到惠王的任用，自己的地位难免受影响。

他瞒过惠王，设计陷害孙膑，对孙膑使用酷刑，挖掉了他的膝盖骨，这样孙膑便无法骑马打仗了，自然也就当不了将军。

但毕竟有同门情谊在，庞涓最终并没有杀掉孙膑，只是把他囚禁在魏国。

不久以后，齐国使者到访魏国，孙膑偷偷求见他，向他说出自己的遭遇。齐国使者发现孙膑确实才学过人，因此暗中把他救出来，带回了齐国。

不过这些故事毕竟只是传说。史书中对于孙膑和庞涓的身份记载很模糊，他们甚至可能根本就不是鬼谷子的弟子，也未必是同门师兄弟。孙膑在魏国遇害的事，应该有很多外人不了解的内情，我们唯一能确定的是：孙膑在魏国不仅没有受到重用，反而被打成罪臣，在受刑以后偷跑到了齐国。

这件事是魏惠王一生最严重的错误之一，他不仅错过了一位经天纬地的奇才，更把这个奇才推给了最大的敌人。

孙膑到齐国以后终于等到一次机会展示自己的才能。

这是历史上最著名的一次"策对论"的应用。

当时，孙膑投在朝中大将田忌手下当门客，田忌经常跟各位公子们赛马，但他的马比那些公子们的要差一些——毕竟大家地位不一样，所以在比赛中他经常输。

孙膑仔细观察，发现双方的马匹相差得其实不远，每一轮比赛下来田忌都只输一点点，于是便对田忌说："别着急，我找到必胜的办法了，下一次直接押个最大的赌注！"

比赛是三局两胜制的，所以孙膑让田忌用自己最差的马去跟对方的上等马竞赛，然后用自己的上等马跟对方中等的比，用中等的马比对方下等的。

田忌照着做，只有第一场输掉了，后面两场都胜了，果然赢得了比赛，拿到千金的赌注。

公子们都很惊奇，自己的马明明比田忌的强一些，怎么就输了呢？这事在贵族中间引起轰动，大家都议论纷纷，最后齐威王也听说了，把田忌找来询问真相。

田忌说出了孙膑的策略，齐威王很惊讶，原来国内藏着这样的异人，立即召孙膑来面谈。孙膑倾尽所学，大谈兵法与策略，说得威王大喜过望，当即任命孙膑为军师。

孙膑终于依靠自己的才能得到了统治者的赏识，接下来便是为自己报仇也为齐国争霸的时间了！

孙庞斗智

齐国这些年国力明显提升，早就想挑战现有的国际秩序了。

齐威王对中原的一批小国又拉又打，让他们来朝拜自己，以造成事实上的霸主地位。

但魏惠王那边也做得很不错。小国们首鼠两端，在朝拜齐国的同时，也去朝拜魏国，所以魏国跟齐国之间出现了直接竞争的局面。

如果没有赵国来横插一脚，这种温和的竞争大概会持续很久。

但赵国从来就是三晋里面比较爱搞事的一个，他们总想向中原扩张，又总是被魏国挡在北边，特别是魏国的小弟卫国，早就是赵国眼里的大肥肉，赵国花了许多心思想吞下他们，却总是被魏国拦下来。

魏国一直罩着小弟卫国，赵国就一直小偷小摸的，时不时来捞一把就跑，双方达成了一种不稳定的平衡。

公元前354年，赵国又搞了一次小动作，偷袭卫国，夺取了两座城邑，然后按兵不动，等着看魏惠王的反应。

不料这次魏惠王决定不忍了，经过这几年的励精图治，魏国国势强盛，军事实力也已经基本恢复，惠王认为可以趁这个机会狠狠打压一下赵国的气焰。

但魏国四面是敌，特别是齐、楚两国正在虎视眈眈地望着这边，怎么敢随便动手呢？

这时候千里之外一件微不足道的小事却意外成为战争的导火索。

当时楚宣王正在召集小国诸侯们会盟，鲁恭公也去了，宣王对鲁国献的酒不满意，认为味道太淡，说的话就有点难听，惹得鲁恭公羞愤难当，当场发火说："我们可是周公的后裔，行的是天子的礼乐，我来向你献酒已经是屈尊了，你还这样骂我？"说完转身就走。

楚宣王勃然大怒，当即纠集起楚国军队去攻打鲁国。而打鲁国，齐国任何时候都会帮忙的，所以齐国也马上派兵去帮助楚军。

魏国这边，魏惠王看到齐、楚都被调开了，终于下定决心，命令庞涓带兵攻打赵国，一场大战就这样意外爆发了。

魏国决定抢在齐、楚赶过来前速战速决，因此出手异常犀利，很快就包围了赵国首都邯郸。

谁能想到，鲁国的酒味太淡，竟会引发一场邯郸保卫战，史称"鲁酒围邯郸"。

赵国的力气只够欺负小国，在强大的魏军面前完全不堪一击，一时感到无法招架，只好向齐、楚两国呼救。

齐国收到赵成侯的求救信息后，对于是否要救援赵国有些犹豫。以邹忌为首的一派反对出兵，以另一位大臣段干朋为首的一派则认为应该趁机打掉魏国的上升势头。

魏国如果成功兼并赵国，将会成为齐国的严重威胁，考虑再三之后，齐威王决定先丢开鲁国的事，出兵救援赵国。

但齐国的目的在于遏制魏国，赵国亡不亡他们并不关心，所以并没有直接派兵去解邯郸之围，而是很阴险地拖延了一下，继续看着魏、赵两兄弟扭打在一起，互相消耗国力。

齐国就这样等了几个月，等到赵国终于扛不住、邯郸即将沦陷的时候，终于出手，派出田忌、孙膑紧急驰援。

但他们并不奔向邯郸，而是冲向魏国南部的平陵。

平陵管辖的地区很大，兵多将广，打这里是很不划算的。而且平陵南边是宋国，北边是卫国，作为夹在中间的狭长地带，行军时很容易被截断粮道，从兵法上来说，这次行军非常明显地暴露出了齐军统帅团队的无知。

这正是孙膑的计谋，他就是故意想让庞涓以为齐军统帅不懂兵法，进而轻敌大意，赶紧从邯郸撤回来捏这个"软柿子"。

孙膑向田忌提议，用两支比较业余的军队去攻打平陵，这正是田忌赛马"以下驷与彼上驷"的打法，齐军果然大败而逃。然后又把军队分成两支，一支去骚扰庞涓的军队，故意显得凌乱不堪，另一支乱哄哄直奔大梁，做出自不量力以卵击石的样子。

齐国军队看起来人数稀少而且没头苍蝇似的乱窜，不趁这个机会消灭他们，更待何时？这时魏国军队已经攻下邯郸，庞涓留下一部分军队防守，带领魏军主力，扔掉所有辎重，急行军杀回魏国，准备全歼齐国军队。

庞涓上了大当！

赵国刚刚被打败，实力还在，这时候撤走军队，赵军马上满血复活，奋起反击，魏国北方告急！

楚宣王也在这时出手了，派出大将景舍打入魏国南方。

韩国那边，奸诈的申不害揣摩着韩昭侯的意思，向昭侯提议援助赵国，韩国也加入围攻魏国的战队。

秦孝公反应更快，早已经派兵杀入西河郡，斩首七千，直接拿下了魏国的西河大本营少梁城，直逼河东郡。

国际反魏同盟再度成立，魏国人的噩梦又一次来临了。魏惠王励精图治这么多年，一直小心翼翼踩钢丝，不料一步错步步错，不经意间就陷入了四面被围攻的境地。

庞涓以为齐军的主攻目标是大梁，孙膑却早已经在桂陵设好了伏兵，专等庞涓来临，大梁那边的军队只不过做做样子。同时另一支齐军正纠集着宋、卫军队猛攻襄陵，更加让庞涓看不清形势。

魏军主力包围邯郸半年，现在又匆忙赶回大梁，疲惫不堪，行经桂陵时又正中埋伏，遭到惨败，而主将庞涓也被齐军活捉了。

这次失败来得太突然，它发生在魏国国势蒸蒸日上的时候，不仅魏国人自己被打懵了，其他国家似乎也还没做好瓜分魏国的准备，所以反魏同盟一闪即逝。

这时，韩昭侯听取申不害的建议，主动朝见魏惠王，献上美玉，赔礼道歉，表面上再次跟魏国修好，继续玩弄两不得罪的外交策略。

韩国的倒戈重新壮大了魏国的声势，魏国随后就调集魏、韩联军打退了在襄陵的齐、宋、卫联军，孙膑也没敢进一步去打大梁，他知道时机还未成熟，所以在桂陵获胜以后就向魏国提出休战，撤走了军队。

楚国军队也很快撤走，魏国随后向秦军还击，收服了少梁，反魏同盟全线退散，魏国天下第一的国力暂时还得以保持。

两年以后，魏惠王与赵成侯在漳河边签订合约，赵国割让泫氏、濩泽等地，魏国从赵国撤军，赵国复国，双方回到起点，齐国也释放了庞涓。

但魏惠王苦心经营多年的努力算是白费了。魏国的上升势头自此被打断，单挑齐国的战略也就此作罢，齐国从此成了魏国翻不过去的一座大山。

虚幻的霸主梦

桂陵之战后，魏国被迫调整对外政策，军事上全面处于防御姿态，外交上积极活动，拉拢周边各国，企图"不战而屈人之兵"，以和平的方式保持自己的国际地位。

事实证明这个思路是对的，魏国因此摆脱了连年战乱的局面，迎来了难得的几年和平，国力逐渐恢复过来。

随着国力的恢复，魏惠王膨胀的心态也恢复了，重新做起了天下霸主的美梦。而且他已经人到中年，也很怕这一生再没机会当霸主了，越来越着急。

怎么才能实现霸主的美梦呢？

要称霸，得有几个标志性的成就：首先，打败至少一个超级强国，这一点魏国现在当然做不到；其次，会盟天下诸侯，让诸侯们推举自己当盟主；再有，能带领诸侯们假模假样地去朝觐周天子就更好了。

后两条看起来似乎还有戏，可以试试。

军事上不能称霸，做一些力所能及的表面文章或许可以？急不可耐的魏惠王觉得自己可以用这种方式曲线"称霸"，于是积极张罗起来。

公元前344年，魏国召集天下诸侯在逢泽会盟。

这次会盟的目的诸侯们都清楚得很，就是魏惠王希望过一把"盟主"的瘾。

这些春秋时代的老祖宗们就玩过的招数，现在看来显得可笑又不合时宜。

魏惠王想必也知道这一点，但他没办法，这是目前的局面下他能"称霸"的唯一方式。

对于小国们来说，叫你一声"盟主"又不花钱，你一高兴，还能分给我一些好处，何乐而不为？所以小国们对于这次会盟都表现得非常积极，全体配合表演。

不过对于大国来说就不是么回事了，他们考虑的问题要更多。

赵国前几年差点灭在魏国手上，不敢造次，所以也乖乖来参加会议。赵肃侯亲自莅临，与各路诸侯把酒言欢。

最让人意外的是秦国。他们竟然是这次会盟最积极的成员之一，秦孝公派出公子少官来参加会议，赶着魏惠王叫"盟主"，殷勤备至，诸侯们都看傻了。

而齐威王、楚宣王、韩昭侯则公开不给面子，抵制了这次会盟。

最终，有十二个国家参加了这次会盟，这是一百多年来中原各国君主们第一次聚到一起。现场旌旗蔽天，刀枪林立，各国的战车与随从队伍绵延数十里，一时间，仿佛又回到了天下诸侯共襄盛举的春秋时代。

会议讨论的结果，魏惠王不出意外地"得到"大家一致的推崇，被推举为诸侯盟主。

盟坛上的魏惠王锦衣华服，威风凛凛。他望着台下乌压压的人群，内心非常激动——魏国开国百年以来，一路纵横天下，无人能挡，却始终差一个霸主的名号，这一切，现在终于由他来实现了。他对得起这个国家，也对得起文侯、武侯这些先祖们。

秦国的商鞅也来了，他在台下看着这一切，嘴角浮出一丝诡异的微笑……

仅仅当盟主是不够的。会盟过后，惠王马上领着十二国车马开向洛邑，他要按照传统，带领诸侯朝觐周天子。

听说这个消息，就连周显王都被唬了一跳。诸侯共朝天子？这是哪个时代的事了？周王室祖上多少代人没见过这种阵仗了？他自己都说不清。

但诸侯们既然要来，周显王当然不敢拒绝，当即从箱底翻出来一堆发霉的白旄黄钺，赶紧叫人布置仪仗，准备迎接这帮不好惹的大爷们。

十二国的车马堵塞了洛邑的大街小巷，整个王畿都轰动了，围观的人们蜂拥而来，男女老幼花团锦簇，真个是摩肩如云，挥汗成雨。

这是魏国的盛筵，魏惠王是这场表演中唯一的明星，端坐在宫殿里的周显王反而无人关注。

惠王在车上看着这一切，他一生的事业终于完成了。他感到自己仿佛站在一座高高的山顶上，辽阔的江山在他眼前展开，巍峨壮丽，气势磅礴，那君临天下的美梦，令人忍不住沉醉。

魏国的权势至此达到顶峰，可惜这也是他们最后的辉煌了。

称王的把戏

当天夜里，商鞅悄悄找到魏惠王，阴恻恻地说："恭喜大王，终于得到了万民拥戴。不过，依外臣之见，大王离称霸天下似乎还差点什么。"

惠王很疑惑地问他："还差什么？"

商鞅凑过来，小声说："大王想想，为什么百年来都没人带领诸侯们来朝觐周王？那是因为大家根本不在乎这个什么狗屁天子！大王带领诸侯拜见天子，这是大王的至仁至德，但齐国、楚国那些人可不这么想，大王的举动在他们面前还是显不出您尊贵的身份。"

"只有一种方法真正配得上大王霸主的身份——那就是称王！至少不能比那个楚王低！"

"不仅如此，还要建九旒（liú）之旌，从七星之旟（yú）。然后北取燕、赵，东扼齐、鲁，南伏楚、韩，并吞八荒，威服诸夏，这才是真正的万世之基业呀！"

一番话说得魏惠王茅塞顿开，连连点头称是。

于是在这一年晚些时候，朝觐过周天子以后，魏惠王终于彻底放弃了韬光养晦的政策，对天下发布公告，改元称王，与天子比肩，出行仪仗也完全按照天子的规格执行。

周朝立国七百年来，第一次有中原诸侯称王，不仅在事实上，也在形式上抛弃了跟周天子的君臣关系。

齐威王、楚宣王听说这个消息以后，勃然大怒，匹夫无罪怀璧其罪，魏国明明没有统领天下的实力，却敢自大到自以为威服诸邦的程度，要不杀一杀他的威风，我们两大强国的脸面往哪儿摆？

正在兴头上的魏惠王完全没有意识到自己已经犯了众怒，还沉浸在天下霸主的喜悦中，他开始掰着手指头数哪些国家没来参加这次会盟，作为"盟主"，他有必要带人去打掉这些刺头，给大家树立一个正面的榜样。

齐、楚两国暂时不好惹，但韩昭侯这个老小子不来捧场就说不过去了。所以魏惠王下定决心，先打韩国，给那些公然不服从"盟主"的国家一个教训。

逢泽会盟两年之后，魏惠王派大将穰疵（ráng cī）领军进攻韩国的南梁，主动挑起了战争。

马陵之战

韩国的反应当然是马上向齐国求助。

齐国再度上演十年前"救赵"的腹黑剧本，口头上答应韩国的请求，要他们死撑，实际上却按兵不动，看着魏、韩两国互相消耗国力。

魏军连续获得五场大胜，一路攻入韩国腹地，韩国在战火煎熬中苦苦等待着齐国的救援，一封又一封的求援信发往临淄，却如泥牛入海。可怜申不害殚精竭虑多年经营的成果就这样一次性被消磨掉了。在韩国即将崩溃的时候，齐国终于出手。公元前341年初，齐威王任田盼（fén）、田婴、田忌为大将，孙膑为军师，高调援助韩国。

孙膑仍然采用"围魏救赵"的战术，不顾远处被包围中的韩国，直接扑向魏国的大梁。

魏惠王这才发觉事态严重，赶忙撤走攻打韩国的兵力，调动魏军的主力部队前去迎战齐军。

魏军的将领是太子申和庞涓，太子申是将来的王位继承人，年纪还小，不通兵法，把他派上战场有可能是个阴谋。这可能涉及到魏国宫廷内的权力争夺。

据说太子申行军途中经过宋国的时候，曾有宋国大臣劝他不要上战场，他也犹豫了，当即想回国，马夫却强行赶马，把他硬给带上了前线。

这事听起来难以置信，但不管真相是什么，有一点是明确的：战争还没开打，魏军统帅团队内部的犹豫和畏战情绪已经若隐若现。

齐军那边，孙膑看出魏国人非常骄傲，看不起齐国的战斗力，所以将计就计，仍然使用故意示弱诱敌深入的策略，在跟魏军交战初期表现得疲弱不堪，迅速败退。庞涓带着魏军急速追赶，希望这一次能真正打掉齐军的主力，除掉齐国这个最大的对手。

齐军边打边撤，孙膑使用了著名的"增兵减灶"之计：远程行军的队伍每天都要在营地埋锅造饭，军队开走以后留下的土坑数量就大体反映出士兵人数。孙膑命令士兵们第一天挖十万个灶坑，第二天挖五万个，第三天减少到三万个。

庞涓一路追击，每天占领齐国的营地以后，都会数他们留下的灶坑，看到数量迅速减少，便以为齐军人心涣散，士卒都逃了一大半了，大喜过望，于是更加开足马力追赶上去。

终于在第三天傍晚时分来到叫"马陵"的地方，这是一座狭窄的隘道，两旁峭壁耸立，只有中间一条羊肠小道勉强可以通行。

隘道中烟水迷蒙，难辨方位，魏军只得排成长队鱼贯前行。到了山谷深处，前方赫然矗立着一棵大树，树皮被人剥掉了一大片，上面有一行白森森的小字，士兵们不禁打起火把凑近了去读，只见树上写着："庞涓死于此树之下"！

庞涓猛然惊觉，赶紧命令全军紧急撤退，可是已经太迟了。随着一声号角响起，四周喊声雷动，火光映红了天空，只见左右山峰上密密麻麻全是齐国军马，草丛中跪着无数弓弩手，霎时间万箭齐发，如飞蝗一般射向隘道中央。

魏国士兵疯狂夺路而逃，自相踩踏而死者不计其数。庞涓无法阻止，只好带着一群亲信拼死突围，但孙膑早已摸清周边地形，每一处出口都派了专人把守，庞涓的队伍左冲右突始终找不到出路，最终全部被歼灭在马陵隘道中。

绝望的庞涓大叫"遂成竖子之名"，自刎身死，孙庞之争终于以孙膑和齐国的完胜而结束。

魏国的黄金时代也从此永久过去了。

田盼、田忌随后率人掩杀过来，后方的魏国部队瞬间被冲散，最高指挥太子申也成了齐国的俘虏，不久以后被杀。

大梁城中的人们听说前方军队被歼灭，全城震恐，魏惠王紧急调集全国兵马驰援大梁，但根本无法阻挡潮水般涌来的齐军，很快，十万魏军全军覆没，魏国的军事力量遭到无可挽回的重大打击。

齐国的车马在魏国土地上肆意横行，无人能挡，位居天下中心的豫东平原处处烽火，民众仓皇逃窜，魏惠王几十年辛苦经营的繁华地带沦为一片焦土。

而这还只是噩梦的开始，齐国的第二拨军马也很快杀过来了。当年晚些时候，齐、宋联军侵入魏国东部，包围平阳城。

赵国立即趁火打劫，从北部攻入魏国东郡，大肆杀戮。

韩国也借此展开反击，把魏国军队全部赶出了自己的国土，随后追击到两国边境，魏国东、南、北三面疆界全线告急！

最致命的攻击来自河西——之前跟魏国假装修好的秦国，暴露出了本来的面目：商鞅带着如狼似虎的秦师以雷霆万钧之势杀入魏国西河郡，直接扑向黄河沿岸的一连串魏国城邑，那些城邑根本没有足够的军力防守，一旦失守，河东危急，魏国西部也即将沦陷。

魏惠王惊慌失措，只得放弃东部的抵抗，调集军马全力驰援西河郡。

这是魏国第三次被敌人四面夹击，只是这次魏国已经没有反击的能力了，灭国之灾近在眼前！

商鞅作法自毙

早在前线魏军陷入韩国泥潭不能自拔的时候，魏惠王就意识到自己上了商鞅的当。

魏国这边跟韩国打得天昏地暗，秦孝公和商鞅那边正捧腹大笑。

大概秦国觉得对魏惠王的刺激还不够，他们决定来个更狠的——公元前342年，秦国太子驷带着戎狄九十二国酋长来到洛邑，高调朝见周显王。

这次朝觐完全依照上一年魏惠王朝觐天子的规格，甚至规模更加宏大，穿着各式民族服装的夷狄们纷纷进入周王宫，匍匐在丹墀瑶阶之下，山呼万岁、百兽率舞,声威远播千里之外,真个是八方向化、万国来朝,好一派盛世气象。

这样的表演当然不是给周王看的,而是为了向世人宣示秦国的国力。

九十二国的戎狄都是已经被秦国征服的部落,他们的到来,代表着华夏威服夷狄的赫赫军威,这格调可比逢泽之会那群各怀鬼胎的乌合之众高多了,天下谁人不服?

这是秦国的伟大成就,秦孝公用实际行动打脸,教会魏惠王怎样做一个让各路诸侯敬重的"霸主"。

可惜魏惠王已经没有机会改正错误了,不久之后就在马陵遭到惨败,国家陷入空前的危机中。

秦国人当然没有忘记自己的河西故土。

魏国在马陵惨败的消息传来,秦孝公立即行动,派商鞅统领大军杀向河西,揭开了最后一次河西之战的序幕。

魏惠王紧急派公子卬(áng)迎战。这是又一次重大的用人失误。

惠王是个做事很认真的君主,他严格按照春秋时代流传下来的贵族礼仪,常常自己亲自领军上战场,或者让自己的儿子们去冲杀在战争第一线,但这样的做法早已不适应当前的时代了。

惠王的公子们普遍不熟悉兵法,缺少统兵打仗的才能,把他们硬塞上战场,不仅给前线指挥官添乱,更增加了这些公子们被杀被俘的风险。

太子申的悲剧刚刚落幕,公子卬又被推上了战场,他的处境比太子申更尴尬,身边甚至没有一个庞涓那样的名将辅佐。

商鞅当年在魏国的时候跟公子卬关系不错,也了解他的性格,他欺负这个公子哥不懂人情世故,诓骗他说:"商鞅能有今天,全靠公子栽培,怎么忍心跟公子为敌?还请公子向魏王说情,允许商鞅跟贵国和谈,我们大家握手言和,怎么样?"

公子卬似乎相信了他的话,也可能是知道魏国现在没有能力抵挡秦国的侵略,于是自作主张,代表魏国跟商鞅和谈,双方谈妥后各自罢兵。

和谈完成,公子卬要撤走的时候,商鞅派人带话给他,邀请他小聚一番,叙叙旧。心地单纯的公子卬竟然一口答应下来,第二天不顾下人的反对前去赴宴，结果伏兵一拥而出，当场把公子卬给劫持了。

商鞅立即翻脸，率领秦军冲向魏军阵营。失去了统帅又毫无准备的魏军瞬间崩溃，大败而逃，把城池白白丢给了秦军。秦国就这样取得了河西之战的开门红。

之后的几年，秦国连出重拳，一拳又一拳地捶向河西地区，招招见血。特别是在岸门之战中，秦军大胜，俘虏了魏国大将魏错，给魏国在河西地区的防御力量造成了毁灭性打击。

魏军节节败退，大片的土地沦陷，疆域被逼退到了黄河岸边。

到这时为止，河西的归属已经没有悬念了。

商鞅也因为河西之战的大胜被秦君封为列侯，封地在商。

这些年商鞅给秦国带来的贡献太大了，几乎凭借一人之力让秦国脱胎换骨。他本人也是位不世出的奇才，文能安邦，武能定国，既能运筹于帷幄之中，又能决胜于千里之外，而且百发百中，从不失手，这样卓绝的才能，足以傲视整个战国时代。

但他又是个有才无德的奸邪小人，只要他认为应该做的事，不管合不合道义，有没有人性都会毫不犹豫地去做。

他给秦人带来的，除了强大，还有痛苦。

被改造过后的秦国，是一台恐怖的战争机器，是东部各国的噩梦，也是秦国百姓的噩梦。

秦国百姓从生下来起就被纳入军事化管理，失去了"人"的属性，沦为战争机器里的一颗螺丝钉，终生辛苦劳作，不得自由，这样的生活当然是谁都不想接受的。

这种痛苦也蔓延到秦国社会各个阶层，甚至顶层的贵族们都不能例外，他们同样没有自由，同样怨声载道，心里恨极了商鞅。

其中最有分量的人物是秦国太子，也就是前几年带领蛮夷去朝觐周王的太子驷。

当年新法刚开始推行的时候，太子驷也触犯了法令，商鞅对孝公说："新法推行遇到阻碍，关键的原因就在于贵族们不配合，要推行新法，就要先从贵族们开刀，杀一儆百。现在太子犯法正好是一个警告贵族们的机会，但太子不能受刑，可以让他的师父顶替。"

于是把太子的老师公子虔和公孙贾抓起来，往脸上刺了字。

从此贵族们全都战战兢兢地遵守法令，新法也因此很顺畅地推行下去了。

这件事情商鞅的做法严格来说没错，是在为国家利益考虑。但太子驷感到自己受到了深深的侮辱，一直对商鞅怀恨在心。

公元前338年，正当秦军在河西地区所向披靡时，一生励精图治的秦孝公忽然病逝，太子驷继位，是为秦惠文王。

人人都有私心，君王也不例外。虽然知道商鞅对国家的巨大贡献，但惠文王还是忘不了当年的仇恨，心里总琢磨着怎样报仇。

新君继位也给了那些心怀不满的贵族们机会。他们被孝公和商鞅压了这么多年，现在终于有机会出口恶气了。虽然他们不敢公开反对新法，但拿商鞅开刀总是可以的。

所以商鞅瞬间成为朝廷上下所有人的靶子，人人都把矛头对准他，弹劾他的奏折堆山填海，层层叠叠地堆到惠文王面前。

新登基的秦惠文王正要安抚人心以便坐稳这个位子，何况他也没必要替商鞅这个仇家挡刀，他冷笑一声，很乐意地将这些攻击商鞅的言论照单全收。

大家看到国君这个态度，更加受到鼓舞，对商鞅的攻击也就越来越离谱，只要对商鞅有害的证据，不论真假，一概上报。

公子虔直接说商鞅"意图谋反"，这是灭族的罪名，惠文王也不加鉴别，马上下令捉拿商鞅。

商鞅见形势不对，先一步逃出了咸阳，准备到老东家魏国那边去避难。

这天傍晚，他逃到秦国边境附近的小镇上，找到一家客栈要投宿，客栈老板要他出示证件，说："按照商君（商鞅）制定的法令，不能留宿没有证件的客人。"商鞅仰天长叹，原来真有现世报啊，只好再次逃走。

他来到魏国边境，请求魏国收留，魏国守关人员记着他诓骗公子卬的仇，不肯放他入境。

他又请求魏国放他去其他国家，魏国人还是不同意，说："你是秦国的通缉犯，我们惹不起秦国，只能把你送回去。"于是强行把他遣送回秦国。

商鞅再次逃走，来到自己的封邑，他已经被逼上绝路了，只能孤注一掷，带领商邑那点可怜的兵力去攻打北边的郑县，希望用鱼死网破的方式迫使惠文王放他一条生路。

惠文王立即派兵镇压，小小的商邑哪能跟国家军队叫板，叛乱迅速被讨平，商鞅也在战乱中被杀死了。

惠文王把商鞅的尸体拖回咸阳，五马分尸，游街示众，并且灭了商鞅全族，咸阳城内一时间锣鼓喧天，人人称贺。

这位替秦国改天换地的一代名臣，最终落得个死无葬身之地的可悲下场。

而秦惠文王踩在商鞅的尸骨上，成功笼络到人心，巩固了自己的统治地位，秦国接下来的霸业将由他来完成。

不过他心里很清楚，商鞅一点错都没有，商鞅的新法更是国家强大的保障。

所以商鞅虽然身败名裂，但他的新法令却没有被废除，秦惠文王顶着旧势力的压力，继续坚持推行新法，后来的秦国统治者也都沿着这条道路继续走下去。从此以后，秦国的强大就再也不可阻挡了，山东各国的命运不再由他们自己把握，而是捏在秦国的手里，天下人的命运也将由秦国来决定。

三晋和齐、楚来来回回打了这么多年，都想争个第一，未曾料到最终却是西陲之地的秦国摘得了胜利的果实。

第六章　智慧的火花

魏惠王求贤

魏惠王听说商鞅被杀的消息，心情复杂，他知道自己失去了一名多么优秀的顶级人才，不仅如此，还有孙膑，以及当年的吴起，这几个人哪怕留下一个，魏国的国运都会完全不同。

但现在后悔有什么用呢？魏国已经不是当年那个魏国了，已经不可能再恢复当年的强国地位。现在的任务是紧急调整国策，摆脱被各国围攻的处境。

还好，在魏国最危急的关头传来了秦孝公过世的消息。随后秦惠文王诛杀商鞅，秦国暂时在忙着处理内部纷争，这给了魏国喘息的机会，他们终于暂时摆脱了亡国危机，可以抽空想一想国家将来的走向。

魏国的首要问题还是错过了太多人才，所以魏惠王重新平静下来，虚心求访贤才。

这时候宋国人惠施很及时地来到了惠王身边。

惠施又被称为惠子，是名家学派的开山鼻祖，也是国际上赫赫有名的政治家，在诸子百家里面也是名头比较响亮的一位。

他跟当时各个流派的学者一样，喜欢展现自己的诡辩技巧，耍嘴皮子的功夫一流，特别是跟他最好的朋友庄子在一起的时候，两人常常你来我往地抬杠。

有一次两人在河边散步，庄子看着河里的鱼说："这些鱼游得这么从容，肯定很开心啊。"

惠施马上抬杠："子非鱼，安知鱼之乐？"

庄子还击："子非我，安知我不知鱼之乐？"

两人谁也没想到，这样一次随便说着玩的抬杠，竟会在后世成为诡辩术的一个著名案例。

类似的惠施耍嘴皮子的故事还有很多很多，这些小故事是战国时代最亮丽的风景之一，但这些只是他用来混饭吃的微末小技而已，他真正的才华还是在治国方面。

魏惠王早就很仰慕惠施的才干了，所以魏国的相国白圭刚一过世，惠王就迫不及待地向惠施发出邀请，请他来魏国接任相国之位。

惠施和所有胸怀天下的学者们一样，一直在等待赏识自己的君王，一听说魏惠王要任用自己，顿时开心得跳起来，当即赶车飞奔到魏国，由于赶得太急，过河的时候甚至掉进水里，多亏附近的船家相救才捡得一条性命。当然，他也不忘跟船家抬杠一番，又留下一篇经典言论。

惠施这样急于"当官"，当然不是因为看重功名利禄，而是因为当时诸子百家们正在激烈争夺话语权，都迫切希望自己的学说得到君王的接纳，好把自己的施政理念推广开去。

魏惠王作为国际舞台中央的明星级君王，当然成为了各家各派争夺的主要对象，惠施只是其中一人，同一时期，另外一位著名学者也在想尽办法跟魏惠王接触。

这人就是战国时代最重要的大儒——亚圣孟子。

孟母教子

儒家学派从孔子开始，开枝散叶，经过一百多年的成长，到战国中期已经成为国际上最重要的学派之一，弟子遍布天下，涌现出许多奇才，孟子是其中最杰出的代表者。

他本来是鲁国孟氏的后裔，也就是当年那个祸乱鲁国的庆父的后人。尽管三桓（孟氏、叔孙氏、季氏）已经在鲁国掌权，但孟子的家庭属于没落贵族，穷困潦倒。特别是他父亲死得早，他母亲一个人带着年幼的他在邹国生活，家境就更加困难了。

但孟子的母亲却是一位贤德的妇人。她非常看重儿子的教育，不管生活多么困难，都一心一意要把儿子培养成经天纬地的大才。

据说他们母子最早居住的地方靠近墓地，周围天天有办丧事的队伍吹吹打打地经过，没多久，孟母就发现自己的儿子跟那些人学起来了，带着左邻右舍一群小孩，在墙角扮成"孝子贤孙"，对着"灵牌"又是跪拜又是哭喊的。

孟母说："这样不行啊，得把孩子教成什么样啊？"所以赶紧带着孟子搬走了。

他们搬到市场旁边，附近是一群杀猪匠。没过多久，孟子又学他们的样子，跟小孩们扮演屠夫和买肉的，你一言我一语地讨价还价。

孟母说："这样也不行，这里不是可以长久居住的地方。"又带着孟子搬走了。

这次来到一座孔庙附近，每个月初一十五，都有许多官员来这里祭拜，他们严格按照周礼的规定，揖让进退，处处符合礼仪。孟子也跟着他们学待人接物的礼节，很快变得彬彬有礼了。

孟母才说："这里才是适合居住的地方呀。"于是母子二人在这里常住了下来。

"孟母三迁"也成为教育后代的最著名的典故之一。

孟母教子的另一个准则是"以身作则"。

也是孟子小的时候，有一次邻家杀猪，他看到后问母亲："他们杀猪干什么？"

母亲随口答道："给你吃的。"

孟子听了很高兴，整天盼着隔壁送猪肉过来。

孟母看到这情形就后悔了，说："我当初怀这孩子的时候，席子不放端正不坐，肉切得不整齐不吃，就是为了培养他正直的人品。现在我带头教他骗人，这不是太不应该了吗？"

于是孟母拿出辛苦省下的钱，去隔壁把他们的猪肉买了一些回来给孟子吃，以兑现自己的承诺，亲自向孟子示范了什么叫"言出必践"。

另一则著名的传说是说明孟母如何"劝学"的。

孟子年少的时候在外面求学，有一次回家，母亲问他："最近学问有什么长进？"

他不经意地回答："跟以前差不多吧。"

孟母正在织布机上纺织，听说这话，拿起一把剪刀"咔嚓"一下就把正在织的一匹布剪断了，然后训斥他说："做学问就像织布，一旦断掉，再要补回来就要多花很多功夫了。你一时懈怠，会导致前功尽弃啊。"

孟子大受震动，从那以后便认真钻研学问，一刻也不敢懈怠了，最后终于成长为一代大儒。

……

孟母教子的故事还有很多很多，真假不必去追究，关键是后世的儒家通过这些故事在传达他们的理念——教育的理念，做人的道理。

大同世界的梦想

到孟子这个时代，儒家思想已经发展得非常完备了，从教书育人，到治国齐家，都有一整套理论，儒家的弟子们也是成千上万，遍布各国。

这是一个百家争鸣的时代，每一个学派都在想尽办法扩大自己的根据地。要做到这一点，就需要把自己的学说推行给各个大国的君王，只要自己的学说被他们接纳了，学派扩大起来就容易了。

而各国君王们也面临巨大的生存压力，他们最关心的是："你这个学说对我有什么用处？"

为了说服他们，以孟子为代表的这一代儒生，对孔子的学说进行了改造和优化，淡化了礼仪教化的那一方面，更加强调解决现实问题，特别是治国的问题。

应该怎么治理国家？孟子给各国君主开出的药方是"仁政"。

在春秋战国的黑暗时代，人民受尽荼毒。

周王室已经没有实权了，各路诸侯和他们手下的当权者们各行其是，仁义道德都被抛到脑后，每个人都用尽一切手段为自己争夺利益。

这些上位者一方面压榨百姓，让老百姓在饥饿线上挣扎，一方面又驱赶着这些饥肠辘辘的百姓在战场上互相厮杀，而战争的起因可能是一些非常可笑的理由。战争的结果，人民死伤不计其数，土地大片地荒芜，换来的仅仅是统治者的虚荣——他是"霸王"了，他征服敌人了。但即使是这样的虚荣也只是昙花一现而已，转眼就被另一个统治者踩在了脚下。

春秋三百年，无数个霸主走马灯似地换，现在他们在哪里？除了给人民留下无尽的痛苦，还有些什么呢？

而这些高高在上的统治者也有自己的痛苦，他们也被各种力量裹挟着，身不由己地卷入无休止的阴谋、内讧、弑杀、战乱，他们一刻也不能休息，只要稍微放松警惕，就可能沦为竞争对手的盘中餐，身死国灭。

"春秋之中，弑君三十六、亡国五十二，诸侯奔走，不得保其社稷者，不可胜数。"

这三百年也是全体统治者的血泪史。

这个社会从上到下，每一个人都无比痛苦。

那么，我们会问，这样的社会不是很荒唐吗？我们怎么才能改变这一切呢？

孟子认为，要改变这种极不合理的局面，就需要推行"仁政"。把仁义的观点撒播到每一个人的内心深处，特别是统治者的内心。

仁者爱人，"仁政"就是要求统治者爱惜民力，善待民众，对内不压榨民众，对外不发动侵略战争。

具体来说，就是要建立节俭高效的政府，轻徭薄赋，使民以时，与民休息，同时减轻刑罚，澄清吏治，维护社会的和谐稳定。

在这个基础上，大力发展经济，特别要注重农业生产。统治者要积极劝课农桑，兴修水利，安排好人力调配，规划好山林湖泊的使用，为农业生产提供最有利的保障。

统治者要积攒钱粮五谷，用来防范荒年，赈济灾民，安置无业闲散人员，维持社会治安。

还要关照孤独鳏寡等弱势群体，完善社会福利，使得民众老有所养，幼有所教，每一个人都能得到妥善的安置。

而民众拥有和平安宁的环境，享受到富足闲适的生活以后，也会拥戴那些仁义的统治者，帮助统治者保家卫国，国家便因此得以长治久安。

这样，上下一心，人人安居乐业，共同缔造出一个繁荣而稳定的社会，达到天下大同的终极理想。

那么，怎样推行"仁政"呢？这就是儒家弟子们义不容辞的责任了。

后世的大师曾经这样总结过儒家的理想：

"为天地立心，为生民立命，为往圣继绝学，为万世开太平。"

人民很痛苦，世道很黑暗，所以我们要尽力去改造这个社会，赴汤蹈火，在所不惜。

从当初孔子创立儒学起，这个学派就把改造社会、造福万民作为自己最主要的目标。

要达到这个目标，一方面是要竭力向统治者游说，说服他们去推行"仁政"；另一方面是所谓的"学而优则仕"，儒家弟子要尽量进入统治阶层——不是为了荣华富贵，而是借机亲自去推行自己的治国方略，去铲恶锄奸，维护公道和正义，把黑暗的世道改造成儒家梦想中的大同世界。

只有这样，人的一生才有了意义。

所以儒家是一个特别热衷于做官的学派。"修身齐家治国平天下"，几千年来无数儒家信徒们为了这个目标殚精竭虑，宵衣旰食。基本上，除了治学、授徒、著书的学者以外，所有的儒生，终其一生都在官场上施展拳脚或走在考取功名的路子上。

这是至圣先师留下的伟大传统，现在，孟子也在沿着这条道路砥砺前行。

无法实现的王道

当初孔子为了推行自己的主张，带着弟子们周游列国，亲自游说各国君王，虽然最后失败了，后世的儒家学者们却继承了他的衣钵，继续向君王们推行自己的学说。

孟子复制了孔子的人生道路。

早年他钻研学术,办学授徒,发展出自己的一整套理论体系,也招揽到一大批追随者,在国际上渐渐积累起了名气。

中年以后,他带着手下的弟子们,驾着浩浩荡荡的车队,在各国之间穿行,游说列国。

当时中原两大国魏国跟齐国正拼得很凶,孟子的游说对象便主要瞄准魏惠王和齐威王,以及后来的齐宣王。另外,他也向宋康王和滕文公推销过自己的学说。

这些君王们正在为国内外危机四伏的局面焦头烂额,他们也在急切地寻访贤才,希望找到振兴国家的方略。

所以他们对于孟子的到来是非常欢迎的,总是给予孟子特别高的礼遇——一方面希望他给自己提出有用的建议,另一方面也希望在国际上留下"爱才"的名声,吸引更多人才的到来。

这是一个君王与大师相映成辉的时代,天下最聪明的一群人正面交锋,思想的碰撞,爆发出耀眼的火花。

《孟子》这本经典里面,记载了孟子游说各国君王的许多言论,为后人所津津乐道。

孟子到魏国,魏惠王见到他大喜过望,激动地抓住他的手问:"先生不远万里来到鄙国,是要教导寡人怎样争得利益吗?"

孟子摇头说:"大王何必考虑利益?大王只想'怎么才有利于国家',下边的大臣们就想'怎么才有利于我的封邑',老百姓就想'怎么才有利于我自己',人人都在为利益考虑,但人心是不满足的,最后都在互相争夺利益,国家不就乱了吗?依在下之见,大王最应该考虑的是'仁义',大王考虑仁义,下边的人们也都在考虑仁义,整个国家都讲究仁义了,人与人之间才能和谐相处,这才有利于大王的国家呀。"

这正是孟子一心一意推行的"仁政"理论。

魏惠王又向孟子请教"仁义"的问题。

孟子问:"用棍棒杀人和用刀杀人有什么区别吗?"

魏惠王回答："没区别。"

孟子又问："用刀杀人和用政令杀人有区别吗？"

魏惠王回答："也没区别。"

孟子接着说："如果一个国君的后厨里有肥肉，厩里的马都喂得很肥壮，路上却满是饥饿的百姓，这不相当于率兽食人吗？野兽相互残杀，人类都觉得很残忍，一国之主却率兽食人，又怎么能被称为人民的父母呢？"

这是劝告惠王要善待百姓。

又一次，魏惠王说："我治理国家够用心了，我看周围几个国家，没有谁比我做得更好。但他们国家的人口却不减少，我国的人口也不增加，这是什么原因呢？"

孟子回答："就好比战场上有两个士兵，一听到锣鼓响了，前边开战了，吓得掉头就跑，其中一个跑了五十步停下来，另外一个跑了一百步才停下来，跑五十步的那人就嘲笑跑了一百步的，说他胆小。大王您怎么看呢？"

魏惠王说："这怎么行？明明两个人都胆小，五十步的哪有资格嘲笑一百步的。"

孟子说："国家之间也是这样呀。大王只有在魏国推行'王道'，确实做得比别人都好了，才能指望别国的民众都到魏国来。"

马陵之战过后，魏惠王对孟子感慨说："先生也知道，当初魏国多么强大啊。结果传到我手里，在东边被齐国打败，连我的儿子都被杀了；西边被秦国夺走七百里土地；南边又输给楚国。寡人深以为耻，想要报仇雪恨，却不知道该怎么做。请先生赐教。"

孟子回答："古人说'地方百里可以称王'，魏国如此优越的条件，大王如果施行'仁政'，减轻刑罚，减免税赋，使人民专心务农，闲暇的时候照顾父母家人，培养孝悌忠信的品质，那么人民一定全心全意替您打击敌人的军队。反观秦国、楚国那边，他们不爱惜民力，使人民疲于奔命，父母冻饿，妻子离散，他们的人民怎么肯尽力为国家卖命呢？所以说，'仁者无敌'，大王只要施行'仁政'，必将无敌于天下。"

……

这些言论最后并没有得到魏惠王的认可，魏国没有实行"仁政"，孟子没能在魏国实现自己的理想。

他又来到齐国，当时当政的是齐宣王。

齐宣王问他："当初齐桓公、晋文公是怎么称霸的？先生能讲讲吗？"

孟子回答："孔门弟子都不谈论齐桓、晋文之事，在下也没听说过，如果大王一定要问的话，请允许在下谈谈称王之道。"

宣王问："那么怎样才可以称王呢？"

孟子答："'保民'则可以称王。"

宣王问："像我这样的情况，可以保民吗？"

孟子答："可以。在下听说，有一次有人牵着一头牛从大殿前走过，大王您看到了，听说他们要杀这头牛来祭祀，就让他们放过这头牛，换了一只羊来祭祀，结果老百姓都说大王吝啬，连一头牛都要节省，大王还记得吗？"

宣王说："没错，是有这事。不过老百姓误会了，我是看那牛吓得瑟瑟发抖的样子，不忍心，不是舍不得一头牛。"

孟子说："这正说明大王有仁爱之心。君子对于禽兽，见其生，不忍见其死；闻其声，不忍食其肉。大王亲眼看到牛害怕的样子，所以牛能引发大王的恻隐之心，别人当然不明白这个道理。"

宣王高兴地说："先生真能体察人心呀。我自己都没想到这么多，您这样一说我才明白了，但是就凭这一点就说我有能力实行王道吗？"

孟子说："请让在下打个比方，有人说'我能力举千钧，却举不起一根羽毛；我能明察秋毫，却看不见一车柴草'，大王您会相信他吗？"

宣王说："我当然不信。"

孟子说："对，这叫做非不能也，实不为也，那人不是举不起一根羽毛，也不是看不见一车柴草，而是他不去那样做。现在大王能对一头牛施以恩惠，却不能'保民'，是因为大王自己不肯那样做。大王没能施行王道，也是因为大王不去做，而不是做不到。"

宣王问："不去做和做不到怎么区分？"

孟子说："把泰山夹在胳臂底下越过渤海，大家都说'我不能'，这是真做不到；如果是为老年人折一根树枝，说'我不能'，那就是不去做。大王没能施行王道，就好比是为老年人折树枝，是自己不去做。俗话说：'老吾老，以及人之老；幼吾幼，以及人之幼。天下可运于掌。'大王如果能推己及人，推恩于四海，把施予禽兽的恩惠施到老百姓身上，自然就能达成王道，大王请好好考虑一下！现在呢？大王大兴甲兵，驱使老百姓去跟别的诸侯国作战，大王觉得这样很痛快吗？"

宣王笑笑说："我哪里会觉得这样痛快，只是为了实现我的愿望而已。"

孟子问："敢问大王的愿望是什么呢？"

宣王笑了笑，不说话。

孟子又说："是大王的食物不够甘美吗？还是衣着不够轻暖？又或者是声色之娱不能满足您，或者下人不够讨您欢心？"

宣王说："这些都不是。"

孟子说："那就是为了争夺疆土呀！为了制服秦、楚，称霸于天下。但恕在下直言，大王目前的做法，只能称为'缘木求鱼'，甚至比'缘木求鱼'更加危险。"

宣王问："为什么呢？"

孟子回答："大王试问，如果邹国（孟子的祖国，一个附属于鲁国的小国家）与楚国作战，谁能获胜？"

宣王说："当然是楚国胜。"

孟子说："大王也知道，小不可以敌大，寡不可以敌众，弱不可以敌强。四海之内的土地，大王具有其中九分之一，现在想要以一服八，岂不就相当于邹国跟楚国作战，难道不危险吗？大王如果听在下的，施行仁政，使得天下士人都想来您的朝廷，天下的农民都想来您的田间，天下的商贾都想来您的市集，天下的旅人都想来您的国家，各国对君王不满的人都来投靠大王。如果做到了这些，天下谁能与您为敌？"

宣王恍然大悟地说："寡人懂了，还请先生指教，具体怎么施行'仁政'？"

孟子说："有恒产者有恒心，要实行仁政，就要让老百姓有足够的财产供养父母妻儿，抵御饥年荒岁。在五亩宅院的周围，都种上桑树，五十岁的老人就可以穿绸缎了；鸡狗猪羊等家畜，按照时令喂养，七十岁的老人就有肉吃了；百亩之田，按照农时来耕种，八口之家都可以吃饱饭了。然后再积极办学，推行礼仪教化，教导民众孝悌忠信，则人人都可以安居乐业了。实现了这些以后，便是王道呀。"

……

孟子在齐国受到极高的礼遇，齐宣王很多事情都向他请教，甚至想在临淄城里专门为他建一座学院，由国家拨款来奉养孟子和他的弟子们，但却终究不肯施行孟子竭力推崇的"仁政"。

齐宣王有他自己的苦衷。

那个时代，国家之间的生存竞争达到白热化，每个国君都活在朝不保夕的恐惧中，他们迫切需要解决的问题是：怎样活下去，怎样不被这个乱世所吞噬。

孟子的"仁政"学说，虽然可以使国家长治久安，但却解决不了君王们眼前面临的生存危机，他们需要的是商鞅变法那样立竿见影地振兴国家的政策，而不是不知道哪年哪月才能实现的"王道"。

国君们虽然也知道孟子学说的价值，但他们不可能真的去执行，只能对孟子表示尊敬而已。

何况孟子有些言论已经走得太远了。

例如有一次齐宣王问道："商汤流放夏桀，武王伐纣，这样的行为算是弑君吗？"

孟子回答："贼仁者谓之贼，贼义者谓之残，残贼之人谓之一夫。闻诛一夫纣矣，未闻弑君也。"就是说：不讲仁义的君王只能称为独夫民贼，人民有理由抛弃他，谁诛杀这样的暴君，谁就是在为民除害，不算弑君。

这样的言论让各国君王们瑟瑟发抖，春秋战国的君王们最忌讳的就是以下犯上的弑君行为，这将从根本上威胁他们的生命安全，不管什么理由，是绝对不能容忍的。

但孟子毫不忌讳，直接说出自己真实的想法，君王们的心情可想而知。

还有"民为贵，社稷次之，君为轻"，这样惊世骇俗的言论远远超越了那个时代，君王们听了会怎么想——"原来你忽悠我施行什么'仁政'，都是为了那帮泥腿子，不是为了我啊？"

有这样的想法在，君王们怎么可能接受孟子的提议呢？

他们只能捋着胡须，面带微笑地说："先生真是正直之人呐……"

所以包括孟子在内的整个儒家学派，虽然竭尽全力地游说各国君王，却终究只能劳而无功。

这个时代并不是属于儒家的。

孟子是绝顶聪明之人，他当然明白这个道理，但他不肯向现实妥协。

"富贵不能淫，贫贱不能移，威武不能屈，此之谓大丈夫。"秉持"浩然之气"的孟子，怎么可能因为现实的残酷就巧言令色去讨好权贵呢？

尽管在各国君王那边屡屡碰壁，孟子也没有改变初衷。晚年的孟子回到祖国，广收门徒，继续传播"孝悌忠信"的思想，同时跟弟子们合力著书，把自己跟各国君王们讨论的话题都记录下来，凝结成伟大的《孟子》，成为那个黑暗时代留给后世最珍贵的遗产之一。

既然这个时代不能接受我们，就让我们把这些智慧的火花封存到卷帙里，让后人去评判吧。

无独有偶，同一时期，另一个派别的信徒们也在竭力阐发自己的观点，希望用另一套方式来改造这个社会。

底层民众的理想

儒家的创立者孔子是贵族出身，本身也是统治阶层的一员，所以儒家思想是从统治者的角度看世界，从社会顶层来思考怎么治理国家。

诸子百家里面的墨家却刚好相反，是从底层百姓的角度来看世界。

墨子，名翟，宋国君王的后代，也是殷商王族的后裔之一，但他们家族到他这一代已经沦为平民了。

墨子的生平后人并不清楚，但从种种迹象分析，他应该是一个手工业者，可能是个木匠，在那个时代是地位比较低下的一类人。

早年他曾拜在儒家门下，但儒家那一套烦琐的礼仪很快就让他厌烦了，他一个干粗活的匠人，你让他天天去研读周礼，这个礼节那个礼节的，他怎么读得下去呢？

所以墨子很快就离开儒家学派，开始用自己的方式思考人生。

他处在社会底层，日常接触的都是咋咋呼呼的粗人，对于什么"克己复礼"之类的一点兴趣都没有,也不会去考虑怎么管理民众,而是从民众的角度提出他们对统治者的诉求。

最基本的一个要求,就是要平等,你们这些官老爷不能欺压我们这些老百姓,墨子把这个理念称为"兼爱"。这一点跟儒家的"仁"有类似的地方,但更强调平等的意味。

老百姓最痛苦的事情是什么?是无休止的战争。所以墨子又提出"非攻",抵制一切侵略战争,为了做到这一点,就需研究防御的技术。

所以墨家对于战争中的防守策略有很深入的研究,甚至可以说,这个学派的人都是军事技术专家。同时,他们游说各国的一个主要目的就是制止战争。

其中最著名的是公元前439年左右,墨子与鲁班的那场对决。

当时楚惠王让鲁班造出攻城的云梯,准备攻打宋国,墨子听说以后,从鲁国日夜兼程,飞奔到楚国郢都,找到鲁班,说服他跟自己一起见楚惠王。

墨子对楚王说:"有一个人,自己有华丽的轩车,却想去偷邻居的破车;自己有锦绣衣裳,却想偷邻家的破衣服;自己有白米肥肉,却想偷邻人的糟糠。大王觉得这是个什么样的人?"

楚王说:"那人怕有偷窃的癖好吧?"

墨子又说:"楚国方圆五千里,宋国只有五百里,好比轩车与破车;楚国有丰富的自然资源,宋国只有些野鸡野兔,好比膏粱与糟糠;楚国有许多名贵的木材,宋国却连棵大树都没有,好比锦绣与短褐。既然如此,大王何必损害自己仁义的形象去攻打宋国呢?"

楚王说:"你说得也有道理,但鲁班已经为寡人造好云梯了,打下宋国轻而易举。"

墨子说:"未必!"于是把鲁班请过来,让他坐下,自己把衣带解下来,围成城池的形状,以竹片模拟工程器械,让鲁班当场演示攻城的方法,自己来模拟防守的办法。

鲁班用尽各种方法,一遍又一遍地进攻,都被墨子守住了。

最后鲁班无计可施,只好停下来,说:"我有对付你的办法,我不说。"

墨子说:"我知道你用什么办法,我也不说。"

楚惠王听得莫名其妙，问他们："到底有什么办法？"

墨子说："他所谓的办法，就是让大王现在把我杀掉，就没人去帮助防守宋国了。不过，在下出发之前，已经让弟子禽滑厘带着三百门徒，还有我们的守城器械，到宋国去帮他们防守城池了。"

楚王和鲁班听到这话，都无可奈何，看来要打下宋国确实不容易，只好放弃了这次侵略战争。

"非攻"是墨家最核心的思想之一，只要制止了战争，就可以减轻民众大多数的痛苦。只可惜，在列国激烈拼杀的战国时代，他们从来没能实现这个目标。

《墨子》中记载的这个故事，也只不过是墨家的一家之言而已，吹嘘的成分更多，要靠这样的方式制止战争，实际上根本不可行。

另外，墨家是由社会底层民众构成的，所以讲究"节葬""节用"，鼓励大家过简朴的生活，禁止礼乐，反对儒家那些奢靡繁复的礼节。

他们还讲究"非命"，不相信命运决定论，鼓励通过个人的奋斗改变命运。

他们也反对以出身论英雄，反对世家大族对社会资源的垄断，鼓吹"尚贤""尚同"，以才干选拔人才，让普通百姓都有出头的机会。

他们认为一切政府官员都应该按照才能来选拔，甚至连天子和"三公"都应该是选出来的——"选天下之贤可者，立以为天子……又选天下之贤可者，置立之以为三公"，这是公然要推翻封建世袭制！在当时可以说是大逆不道的言论。

也许因为墨家的这些言论都是在跟当权者作对，他们的生存环境也就格外险恶，墨家处处注意保护自己，久而久之，竟然锻炼出了一种极其严密的社会组织。

在诸子百家里面，墨家的组织结构是最严密的。

他们的领袖称为"钜子"，每一代钜子都由上一代钜子指定，代代相传，每个成员都必须绝对服从于钜子。

他们门派内部有严格的纪律，甚至有自己的法律，"墨者之法，杀人者死，伤人者刑"，钜子腹䵍（tūn）的儿子杀了人，都被他依墨者之法行刑。

为了门派的利益，必须牺牲个人利益，甚至要"赴火蹈刃，死不旋踵"。被派往各国做官的门徒，必须推行墨家的主张，还要定期向组织捐献俸禄。

他们也有严格的分工，例如"墨侠"，就是专门负责惩恶锄奸的墨家侠者。

他们生活极端清苦，摒弃一切物质享受，为集体的利益日夜奔波，终生操劳。

公元前四世纪的中原大地上，一队队的墨者，穿着粗布衣裳，蹬着破旧的草鞋，披着斗篷，佩着刀剑，迎风冒雪，在各国之间奔走，为了实现自己的社会理想投入一场又一场的战斗中。他们强悍的战斗力和强大的凝聚力，使得自己成为各国都不能忽视的一股军事力量。

但在上层人士看来，这群墨者就是一群极端的黑社会分子，不仅疯狂而且危险。特别是在讲究"天命"的儒家看来，墨家完全离经叛道，简直跟邪教差不多。

站在墨家的角度来看，儒家则是祸国殃民的反动学说，儒家的很多观点都是他们严厉批评的。

《墨子》中有专门批判儒家的《非儒》一章，在这一章里，墨家对儒家全面开火，骂得他们体无完肤，甚至对孔子发起了人身攻击。

例如，他们编了一个段子。当初"孔某人"不是被困在陈国和蔡国之间几天吃不上饭吗？手下的弟子们都想尽办法去找吃的，其中就数子路最有本事，竟找来一头小猪，煮了给老师吃。这猪是怎么搞来的？不用想也知道，"孔某"也不问，就欢天喜地地吃掉了。子路又用别人的衣服换来一壶酒，"孔某"还是不问怎么来的，就给它喝掉了。

后来，师徒一行人时来运转，终于回到鲁国。鲁哀公接见"孔某"，这时"孔某"又摆出了贵族派头，"席不端不坐，割不正不食"。

子路很疑惑地问老师："当初被困的时候，您什么东西都吃，现在怎么讲究起来了？""孔某"回答："小声点，我悄悄说给你听。以前是为了活命，现在是为了讲仁义啊。"

最后，墨家评价说，"孔某"这种人"污邪奸诈"。

可以想见，儒家门徒听到这样的故事是什么表情。

所以儒、墨两家经常展开激烈的骂战，墨子甚至激烈地认为"儒之道足以丧天下"！

到了汉朝以后，儒家逐渐得到了统治者的推崇，墨家的生存空间被压缩，最终消失在历史长河之中。

墨家的衰亡是华夏文明的重大损失。

他们的理念正好是华夏文明缺失的那一块，特别是他们对科学的钻研精神，更是其他学派无法替代的。

乱世隐者

正当各家学派为了争得统治者的支持激烈交锋的时候，最老牌的道家却隐居在世外，默默看着他们掐架。

跟孟子大约相同的时代，道家也出了一位圣贤级的学者。

庄子，名周，殷商后裔，宋国国君之后。

他一生卓尔不群，飘然于世外，史书上记载他与世俗唯一的纠葛是做过一段时间叫"漆园吏"的官，但没多久就归隐田园了。

大概在当时庄子的名气已经很大了，各国君王都想招纳他，但庄子都不屑一顾。

最有名的是有一次楚威王派人带着大批的财宝去聘用他，让他辅佐自己。庄子丝毫不动心，说："千金的确是厚礼，卿相也是尊位。不过你见过祭祀上用的牛吗？人们好吃好喝养它那么多年，到了时间，披上锦缎，赶进庙里，准备杀了祭天。到那一刻，即使它自己想当一头自由的牛，能做得到吗？你快回去，别脏了我这里，我终身不仕，只想游戏于污渎之中，不想受国事羁縻。"

庄子就是这样一种人，对于功名利禄，他带有极度的反感，认为那会束缚自己，使自己不得自由。

实际上，对于世俗社会的一切琐事他都厌烦，他早已看得很清楚："人生天地之间，若白驹之过隙，忽然而已"，何必将如此短暂的一生，投入那追名逐利的无聊游戏中。

在他看来，世人的奔忙都毫无意义，他们的一切辛劳都是因为看不开，看不透，被世间五色迷住了眼睛，被裹挟在滚滚红尘中，浑浑噩噩，为财、为色、为名、为利，起早贪黑，殚精竭虑，愁白了青丝，耗尽了年华，追求的那些目标，终究却不过是镜花水月而已。

与其如此，不如超然于物外，做一个散淡闲人，劈材、喂马、饮酒、种花，看潮起潮落，云卷云舒，看着日子静静地过去，享受数十载的安闲时光，纵然清贫，却得自在。

逍遥自在，就是他最大的追求。

当初庄子在濮水边垂钓，楚王派人去请他出山，他问来人："楚国有一只神龟，活了三千岁却被杀了，楚王把它的遗骨用华丽的锦缎覆盖，用竹笼装着，珍藏在太庙里。这只神龟是愿意这样被供起来呢？还是愿意在泥水中自由自在地摇摆？"

使者回答："愿意在泥水中摇摆。"

庄子说："那也是我想要的生活啊。"

正因为如此，虽然庄子一直受到各国君主的敬重，却终生不再出仕，只是居住在陋巷中，笑看世间冷暖无常。

不过并不是每个人都能理解这些，世上的人多数是像惠施那样醉心于功名利禄的"禄蠹"，怎么会有人连当官都不愿意呢？他们想不通，他们甚至怀疑庄子是故意装成淡然的样子。

魏惠王聘用惠施为相以后，有一次，庄子去大梁看望惠施，惠施不知从哪里听来的消息，说庄子是来跟他争夺相位的，所以紧张得不得了。

庄子知道以后，找到惠施说："南方有一种叫鹓雏（yuān chú）的鸟，从南海开始往北海飞，一路上，如果不是遇到梧桐树，它就不会停下来；不是竹子的果实，它就不吃；不是甘甜清洁的泉水，它就不喝。有一只猫头鹰捡到一只腐烂的老鼠，正好鹓雏从头顶飞过，猫头鹰赶忙对天大叫，防止它来抢夺自己怀里的老鼠。现在你也想拿着魏国的相位，对我大喝吗？"

惠施听了惭愧不已，这才知道自己以小人之心度君子之腹了。

不过这个故事是庄子在自己的书里写的，不一定公道，也有可能是庄子拿好友开个玩笑而已，但总的来说，惠施对于功名的追求在他看来太滑稽了。

惠施跟庄子是一对很奇怪的组合。两人是无话不谈的至交好友,庄子甚至在自己的书里多次拿惠施"开涮",但他们对世界的态度却是完全相反的,一个毫无保留地"出世",一个热切地追求"出将入相",这样的两个人怎么能成为朋友呢?也许这就是所谓的"君子和而不同"吧!

不仅对于功名利禄毫无兴趣,庄子对于世间一切都看得很淡然,甚至包括生死。

当陪伴庄子多年的妻子死去后,惠施去他家吊丧,看到他叉开两腿坐在地上,拍着一只破瓦盆,放声高歌,没有一点伤心的样子。

惠施奇怪地问他:"你的妻子死了你都不伤心吗?"

庄子说:"人从天地自然之中来,出生之后,才有了形体,现在又失去形体,回复自然界之中,这是自然的变化,与春夏秋冬四季的变迁多么相似啊!况且她就要离开这里安睡于广大的天地之间了,想到这里,还有什么好哭的呢?"

惠施听了,也无可奈何,摇摇头走了。

到后来庄子病重的时候,弟子们围在床前大哭,准备厚葬他。他说:"我将要以天地为棺椁,日月为美玉,星辰为珠玑,世间万物为随葬品,我的葬具已经非常丰盛了,哪里还需要再加?"

他把世上一切都看破了,在人世匆匆走一遭,飘然远去,留给后人一部超凡绝俗的《庄子》,千年万载,永远散发着迷人的光芒,智慧的光芒……

但这个世界还在运转,惠施那样的人依然在孜孜不倦地追求着自己的梦想,世人还需要他们来拯救。

第七章　合纵连横

魏国的转变

事实证明，惠施的到来，对于魏惠王和惠施自己都是一件非常幸运的事。

他给魏惠王提的第一条建议就是：认清形势，摆正自己的位置，去向齐威王认个错。

马陵惨败后，魏国在东方已经完全被齐国压住，不再具有跟齐国对抗的本钱，所以必须调整政策，承认自己不再是一流大国，向齐、楚这种真正的大国服软，甚至归附他们，心甘情愿地当小弟。

魏惠王心里恨极了齐威王，一度想倾尽全国兵力去拼命，以报杀子之仇，但他终究还是保持了理智，向现实低头。

在强大的武力威慑面前，一切仇恨都只能自己暗暗咽下，这个世界就是这样残酷。

他接受了惠施的建议，卑躬屈膝，穿着下臣的服装，亲自去向齐威王赔罪。百年来威震天下的魏国终于拜倒在齐国脚下，从此正式告别强国行列，沦落为二流国家。

齐国从来就不是个野心很大的国家，所以对于魏惠王表现出来的诚意欣然接受，两国在很短的时间内就从不共戴天的仇敌变成了邦交友好国，魏国也终于成功摆脱了被各国围攻的局面。

之后几年，通过惠施和田婴的撮合，魏、齐两国多次会盟。魏惠王每次都表现出极度的谦卑，齐威王对于魏国这种顺从的态度也很满意，两国走得越来越近。

终于在公元前334年，两国再次在徐州会盟，向国际社会发布了一条惊人的消息：两国互相承认对方为"王"！史称"徐州相王"。

也就是说，齐国承认魏惠王称王的事实，同时齐威王自己也称王，魏国也承认这个事实。（"威王"和"惠王"都是称王以后才有的称呼，本书为了表述方便，一开始就这样称呼他们。）

中原两个核心国家终于正式握手言和，并且携手抛弃周天子，结成盟友。

这件事也可以这样解释：齐威王自己想称王，但担心跟几年前的魏惠王一样，在称王后成为各国共同的靶子，所以把魏惠王拉上，两国共同犯错，也就没人敢说三道四了。

为什么齐威王如此谨慎？背后的真相可能是：前几年的马陵之战中，齐国也受伤很重，国力同样出现了明显下降。或者说，中原各国都已经在持续多年的战乱中被削弱了，不再具备称霸的实力，只能抱团取暖。

当然最受伤的还是洛邑那边的周显王。

西周初年的时候，周成王亲自给齐国颁发特权，指定他们为国际警察，可以代天子行权，讨伐有罪的诸侯。现在齐国带头犯罪，公然推翻君臣等级关系，这象征着周王室已经彻底被诸侯们抛弃了，以后人人都可以称王，周王不再有天下至尊的地位，成了小小的洛邑里面的一个土财主。

对于这种局面，周显王无可奈何。说起来他跟齐威王还是老冤家。当初他爹周烈王驾崩，诸侯们都去洛邑吊唁，只有齐威王到得最迟，刚刚登基、血气方刚的周显王派人去齐国责备威王，威王直接甩出"你妈×××"的国骂，使者灰溜溜地逃回成周，把一场丧事闹成了国际笑话。

现在齐威王又搞称王这一出戏，正是旧恨添新仇。但周显王能怎么样呢？只能含羞忍辱咽下这枚苦果，甚至还送礼物到徐州去，"恭贺"齐威王。

如此颠倒伦常，当年孔子担忧的"君不君、臣不臣"的局面终于成为了现实。

但有一个人可不答应这事。

中原集体沉沦

在所有国家里面，楚国是第一个称王的，在他们眼里，自己是跟周王并列的、天下地位最高的两人之一。现在人人都敢随便称王，楚王岂不是变成了一个普通的诸侯？

楚威王为这件事气得跳脚，吃不下、睡不好。前几年魏惠王称王的时候，正赶上楚宣王病逝，楚威王登基，所以楚国没来得及去教训他们，这次齐国称王就正好撞枪口上了。

第二年楚威王就点齐兵马直扑齐国，赵国、燕国也趁火打劫，共同出兵攻打齐国。

齐威王自己也不争气，马陵之战过后不久就听信邹忌的挑拨，迫害田忌，田忌只好逃到楚国去。田忌一走，孙膑可能跟着也受到冷落，从此湮没无闻，同时马陵之战的主帅田盼也被雪藏，改用了不得人心的申缚。

齐国的军事实力因此大打折扣。

据说田忌逃到楚国以后，跟楚威王谈起齐国的将领们，曾这样评论：如果齐国用申缚为将的话，楚国只要发兵五万人，可以立即取他们上将首级；如果齐国用田居为将，楚国出动三十万人，可以跟他们打成平手；如果齐国用田盼为将的话，即使楚威王亲自领兵，发动四海之内的兵马全体出动，也仅能身免而已。

现在齐国偏偏用申缚为将，楚威王身边又有一个对齐国内部情况知根知底的田忌在，齐国怎么能赢？

三国兵马来攻，齐国根本无法抵挡，很快败下阵来，尤其是徐州之战，被楚国杀得很惨，只好向三国投降。

楚威王不好直接针对齐威王，就声称徐州相王是田婴在中间牵线搭桥的，命令齐国立即驱逐田婴。

田婴是齐威王的小儿子，听说楚威王正在四处追杀自己，非常恐惧，赶忙派说客去楚国，劝楚威王说："齐国这次徐州大败，是因为田婴任用申缚而不用田盼，要是驱逐了田婴，田盼肯定马上重新被起用，要打齐国就没那么容易了。"

这当然是楚国很不希望看到的局面。楚威王听了这番话，才打消了驱逐田婴的念头。

但这样一折腾，齐国的脸面早已经全部丢光了。

齐威王称王不过几个月，就遭到如此严重的羞辱，父子二人都灰头土脸，这个"王"称得还有什么意思？更别提争霸主之位了，想都别想。

但这一切其实早在惠施的算计之中。

当初齐、楚两大国共同压制魏国，魏国败下来以后，却只是卑躬屈膝地巴结齐国，完全无视楚国的存在，这是一种高明的挑拨伎俩。

特别是"徐州相王"，一顶高帽子给齐威王戴得晕乎乎的，忘乎所以，更加引起了楚威王的不满，这才引来楚国的大打出手。

至于楚国为什么只打齐国而放过魏国呢？

史书上记载，国际知名的纵横家公孙衍（yǎn）曾经向魏惠王献计"阳与齐而阴结楚"，就是说，对齐国的卑躬屈膝只是表面上的，魏国真正投靠的国家其实是楚国！

所以也不排除楚国一直就是魏国的后台老板，"徐州相王"那一场表演，是楚魏合伙在套路齐国。

但这只是一种猜测，没有明确的证据。

不管怎么说，齐国也被人从一流强国的宝座上挑落下来，跟魏国成了难兄难弟。

魏惠王用惠施和公孙衍的计谋，曲线救国，不仅摆脱了被大国围攻的危险局面，更把齐国拖下水，间接报了马陵之战的仇。

从宏观的格局来看，三晋和齐国打来打去这么多年，互相算计，终于耗尽了彼此的国力，中原国家集体沉沦，携手离开国际舞台的中央，把那个位置让给了后来居上的秦国和楚国。

雕阴之战

魏国尽管成功解除了东部的威胁，但对于西方迅猛崛起的秦国依旧无可奈何。经过诛杀商鞅的短暂内乱以后，秦国重新抖擞精神，再度在河西地区对魏国发起进攻。

魏国现在虽然可以把大部分兵力派去防御西部，但这时双方的力量对比跟以前已经完全不同，魏国根本没有能力阻挡秦军的前进。

公元前333年，纵横家公孙衍来到秦国，被秦惠文王任命为大良造。

纵横家们是那个年代一种奇特的存在，他们具有魔鬼般的智慧，看穿世事，洞悉人心，善于利用三寸不烂之舌煽风点火，挑起或者平息国家之间的纷争；他们对各国局势有极其深刻的了解，能四两拨千斤，巧妙地引导国际局势按照自己的想法走。

他们如同鬼魅一般在列国之间游走，时而相秦，时而助魏，过两天可能又成了齐王的座上宾，或者楚王的阶下囚，你甚至猜不透他们真正帮助的是哪个国家。

只有一点：只要他们走过的国家，必定狂风骤起，雷雨大作，形势发生剧烈的改变。

总之——他们玩弄天下于鼓掌之中。

这些人基本没有国家观念，哪国可以接纳自己的观点，可以赐给自己荣华富贵，他们就去哪国，对于他们来说，帮助敌国进攻自己的祖国也只是家常便饭。

公孙衍就是纵横家里的一个佼佼者。

他是跟商鞅一样能文能武的绝顶人才，他的辅佐使秦国如虎添翼。而且他本来是魏国阴晋人，长期在魏国生活，对魏国内部的情况了如指掌，可以提出一些有针对性的打击策略。

他担任大良造以后，立即带兵展开了对魏国的新一轮进攻——雕阴之战。

当时魏国在河西的土地主要有：北部的上郡，有重要城市雕阴；中部的西河郡，这是争夺河西的主战场，总部在少梁，拱卫着河东的魏国主体部分；以及黄河拐弯以后，南部的上洛地区，这里有重要的崤函通道，扼守着秦国的生命线；另外在黄河拐弯的凸起部位，黄河与华山中间，还有最重要的阴晋城，牢牢卡在秦国通向中原的道路上。阴晋背后是焦、陕两座小城，以及上洛地区。

公元前331年，秦军绕过魏国重兵把守的西河郡，两路出击，公孙衍向北攻打雕阴；秦惠文王的弟弟樗（chū）里疾向南攻打阴晋。

两座城池直线距离超过四百余里，同时攻击两地，会让魏国无法互相照应，给军队调集带来巨大困难，而且魏军也吃不准秦军进攻的重点在哪里。

商鞅变法以后秦军的战斗力有惊人的提升，早已超过名动天下的魏武卒。

秦国整个国家都在围着军队运转，把战场上的胜负摆到了最高位置。对于秦国的平民来说，"立军功"基本是改变命运的唯一方式，而战场上不出力的话，会面临非常严重的惩罚。因此，战场上的秦军，人人争先，个个拼命，这样一支军队的战斗力是恐怖的。

秦军的统帅方面，公孙衍和樗里疾都是称雄于当世的奇才，他们联手出击，基本天下无敌。

再加上有秦国强大的国力做后盾，后方补给与增援的部队源源不绝，数万雄兵以雷霆万钧之势推向东方，这一股钢铁洪流推到哪里，哪里便地裂山崩，无解！

对于魏国来说，这场战争只是无谓的抵抗。

魏国守卫河西的将领是老将龙贾。他有舍身为国之心，也有正确的判断和决策，他认为雕阴是这场战争的关键，把主力调去全力防守雕阴。他猜得很对，但在绝对的力量面前，一切技巧都会失效。

这是一场不对等的战争，或者说，只是一场屠杀。史书上只冷冷地记着，秦国"虏龙贾，斩首八万，取雕阴"。

名动天下的魏武卒在这一战被彻底打残，魏国在河西地区的军事力量遭遇毁灭性打击，从此无法再恢复，也无法再防御上郡与西河郡，整个黄河以西已经是秦国的囊中物。

南部战线的情况稍微好一点。樗里疾没有一直猛攻阴晋，而是绕到阴晋后方，沿着黄河推进，拿下了焦邑、曲沃等城池，把阴晋变成了一座孤城。上洛之地因此接近沦陷，并且直接威胁河东地区，魏国西部疆土全线告急！

秦国要地不要人，每占领一座城池，就赶走或者杀光当地民众，然后让秦人来居住，把这片土地纳入秦国境内，就这样一口口地咬掉魏国身上的肉。

魏国人不仅身体被打垮了，精神也已崩溃，忘记了自己曾经气吞山河的豪迈。他们放弃一切抵抗，颤巍巍地匍匐在秦师脚下。

这只是开始，从此以后，如狼似虎的秦师就成了三晋儿女的噩梦，他们这一代人，和他们的子孙几代人，注定都要倒在秦师的屠刀之下，以整个民族的鲜血祭奠大秦帝国的军魂，这是无可摆脱的命运。

魏国放弃抵抗，他们主动割让公孙衍的家乡阴晋给秦国，希望换来秦国的原谅。

阴晋是扼守河西与上洛之地的战略要地，当年吴起正是在这里以五万魏武卒大败五十万秦军，创造了战争史上一个惊人的神话。谁想到，无数热血战士以生命换来的土地，现在却要作为贡品用来换取敌人的怜悯。

但秦王会答应吗？

这时，一个奇人来到秦国，使得秦、魏两国之间的关系，乃至于天下局势，出现了奇妙的转折。

张仪相秦

张仪也是魏国人，据说他也是鬼谷子的学生，钻研纵横之术。

当时纵横家们都游走在各国之间，哪国能任用自己，就替哪国服务，张仪也曾去过楚国、赵国等很多国家，试着推行自己的主张，但都没有得到赏识，只有东周国的昭文君特别欣赏他。

东周国跟周王室关系密切，可以说是周王室的左膀右臂。虽然这时候的周王室已经毫无存在感了，连带着西周国和东周国也都夹在大国中间受气，但昭文君却是个胸怀天下的雄主，一心想重振周室。

张仪经过东周国的时候，昭文君试着挽留他，但这样的小地方当然留不住张仪。昭文君于是恳切地对他说：以后如果没有遇到赏识你的人，可以再回我这边来，我们一起干一番事业。并资助他一大笔金钱，帮助张仪踏上了西去秦国的路。

昭文君的知遇之恩，张仪一生都铭记在心。后来他在秦国发达以后，力劝秦王礼遇昭文君，甚至让秦王拜昭文君为师。

张仪刚到秦国的时候，可能也是抱着碰碰运气的想法，想看看自己的观点能不能得到秦王的首肯。只要秦王略微点一点头，以后荣华富贵基本就不用愁了。

他敏锐地看到了当时秦国存在的问题——雕阴之战，秦国把魏国彻底打残，一时威震天下，人人畏惧，看起来已经无敌了，收复河西甚至吞掉整个魏国也只是时间问题。

但在这风光下面却暗藏危机：魏国上上下下都已经被吓坏了，惊慌失措，就像一个溺水的人，在极度的恐惧中疯狂乱舞，任何一根救命稻草都不会放过。

那么魏国有没有救命稻草呢？

有！

南方的楚国依然强大，东方的齐国也勉强可以依靠，如果继续把魏国往绝路上逼，他们可能会抛弃一切国家利益，不计后果地投入楚国或者齐国的怀抱，那么秦国面对的就不再是势单力孤的魏国，而是东方各国的联合体。

这是秦国最怕的局面——合纵。

合者，集天下之力。纵者，由南及北，由北至南。山东六国联合抵抗强秦，是为合纵。

秦国虽然强大，但还没有达到可以独战山东六国的程度，甚至魏、楚联合都够秦国喝一壶的。

这种局面其实已经隐隐地出现了。

前几年"徐州相王"就是魏、齐联合的某种预演。而魏国可能私底下还在投靠楚国，只是因为当时秦国逼得还不够紧，魏、齐、楚都还各自做着称霸的美梦，所以没能成功联合起来。

现在不同了，魏国已经处在亡国边缘，不排除采取一切手段自保，这时候就千万要防范他们跟齐、楚联合了。

魏、齐、楚一旦联合，就会对其他国家形成压倒优势，燕、赵、韩加入他们就是迟早的事，天下绝大部分的土地和人口都在他们手上，那么刚刚崛起的秦国凭什么挡住他们呢？

秦国真正面临的危险就在于此。

要防范这种局面，就要适度放松对魏国的压制，反正他们以后也绝对没有能力单独挑战秦国，不如先养着，以后再杀。

更进一步，最好把魏国拉拢过来做自己的打手，让他们替自己去攻打山东五国。魏国胜，则山东五国被削弱；魏国败，秦国正好趁机去给他收尸。秦国自己一点力气都不用出，坐看他们自相残杀，何乐而不为呢？

这就是秦国应对合纵的方案——连横。

连者，弱结好于强。横者，东来西往，强弱互通。由纵横家出面，说服东方国家投靠西方的秦国，是为连横。

连横一旦结成，秦国不仅能避免被围攻的可能，更可以遥控东方局势，让东方的代言人替自己打天下，自己以逸待劳地积蓄力量，只有必须出手的时候才出手，而一旦出手，则将令敌人无法阻挡。

这才是真正的王者之态，大佬该有的样子！

张仪揣着这一套"连横"的方案去面见秦惠文王，舌灿莲花，一席话说得秦王心花怒放，当即决定任他为相。

在蛰伏了多年以后，张仪终于凭自己的才干得到了君王的认可，而且一步登天，直接登上了权力的最高峰。

这就是纵横天下，气吞万里的战国时代！只要你有纵横之才，能够说得动君王，可以瞬间从一介布衣变为朝廷重臣，甚至呼风唤雨、权倾天下。

"朝为田舍郎，暮登天子堂"在这个时代是真实存在的，而不是传说。

连横初显锋芒

张仪给秦惠文王的第一个建议就是：减缓侵略魏国的脚步，劝说他们投靠自己。

为了实现这个目的，张仪亲自去游说魏惠王。

他向魏惠王说明利害关系：魏国在可以预见的将来都没有能力再防守河西了，何不干脆把河西献给秦国，不仅扔掉烫手的山芋，也换来西部的和平。

作为奖赏，秦国会从军事上资助魏国，帮助他们去攻打楚国，失去的河西土地，可以用楚国那边抢来的土地弥补。实际上，魏国前些年的确从楚国手里抢来不少土地，连首都大梁都是从楚国手上抢的，那可是天下最丰腴的土地！

这样算来，魏国并不会损失太多土地，还能凭空多个大靠山，何乐不为？

而如果魏国敢不答应的话，秦国就跟楚国联合攻打魏国，魏国的亡国之祸近在眼前！

魏惠王还能怎么选择呢？张仪给的这些理由他一条都无法反驳，况且河西几乎已经捏在秦国的手心，要夺过去只需要手上轻微加把劲而已。

魏惠王无可奈何。

公元前330年，魏国把自己手中仅剩的河西土地献给秦国。

公元前329年，魏国把上洛之地献给秦国。

公元前328年，魏国把上郡土地献给秦国。

至此，秦国丢失了三百年的河西之地全部回归，甚至本来属于晋国的土地也纳入囊中，秦人祖祖辈辈梦寐以求的崤函通道也完全落入秦国的掌控之下。秦国的疆域扩张到了黄河岸边，地缘劣势由此扭转，从此再也没人能卡住秦国的脖子，反倒是秦师随时可以冲出函谷关掳掠中原。中原门户洞开，东部各国开始暴露在秦国的兵锋之下。

秦国的军事力量已经达到了空前强大的状态，超过了春秋以来的任何一届霸主，即使是晋国重生也无法阻挡秦师东进了！

同一年，秦国大军渡过黄河，打入魏国河东郡，夺取汾阴、皮氏两座小城，然后从皮氏城以及附近掳走上万民众，加上夺来的百辆战车，一起还给魏国，说："这就是我们给你们的奖励，去打楚国吧。"

秦国用这种方式兑现张仪"帮助魏国攻打楚国"的承诺。

魏国能怎么样呢？只好拿着秦国"赠送"的这些兵源和战车去袭击楚国，在陉山大败楚军。

这是"连横"政策的第一次实践，秦国不费一兵一卒，仅仅靠张仪的策略便夺到大片土地，可以说尝尽了甜头。

惠文王因此对张仪也更加信任，决定坚定不移地把连横政策继续推行下去。

任用张仪，标志着秦国的对外政策发生重大转变，从依靠蛮力攻城略地，转换到凭借巧劲玩转列国。从此以后，秦国不仅在武力上无敌，在外交策略上也开始领先各国。

更进一步说，从连横开始，秦国的目光才放得长远了，不再局限于"收回河西故地""打通崤函通道"这种小打小闹的把戏，而是真正有了一套吞并天下的国家发展战略，并且坚定地照着这个计划走了下去。

张仪这种奇才，一旦上位，任谁也防不住他，他在秦国朝廷里纵横捭阖，把同样才高八斗的公孙衍挤得无处容身，只好逃回老家魏国去，在东方实践自己的"合纵"计划，跟张仪死磕。

各怀鬼胎的山东六国

战国时代的纵横家们多是随行就市，他们几乎都准备了好几套说辞，哪一套能够说动君王，就按哪一套去执行。

公孙衍是纵横家中最顶级的人才之一，嗅觉之敏锐当然也是一流的。现在张仪已经把持了秦国国政，强行向山东六国推行连横，这本来是公孙衍的失败，不过换一个角度看，也是一次新的机会——现在去山东六国推行合纵肯定有市场。

他果断出击，找到山东六国的君主们，凭三寸不烂之舌，努力说动他们联合起来对抗秦国，从此，"合纵"就像燎原的烈火，在山东各国滚滚燃烧起来。

处在抗秦第一线的魏国成为了合纵与连横角力的主战场。

山东六国里面，就数魏国最不坚定，一直三心二意的。

但他们也有自己的难处，毕竟他们才是秦国东侵最直接的受害者，秦师的威猛和恐怖他们有切身的体会。

"合纵抗秦"意味着魏国正式成为两大集团冲突的前沿阵地，其他国家或许可以躲在后面象征性地出点人力物力，魏国却是没地方躲的。

他们的国土将成为战争中心，他们的士兵将为了六国共同的利益浴血奋战，这是魏国人不愿答应的。

所以，魏国自然成了合纵联盟里面最弱的一环。

秦国很清楚地看到了这一点，所以从一开始就把魏国作为突破重点，采取又拉又打的策略。

公元前329年，在张仪的游说下，秦国成功挑起了魏、楚的陉山之战。

公元前327年，秦国把刚刚占领不久的焦、曲沃两座城池还给魏国，三年后，秦国又发兵占领黄河边的陕城，把城里居民全部赶到魏国一边去。

秦国如同戏弄小孩一样，想抢就抢，想还就还，魏国无可奈何，反而还要感激秦国的不杀之恩。

陕城已经远远深入到东方，加上前几年已经占领的汾阴、皮氏等地，秦国实际上全面控制了黄河天堑，并且把河东郡置于自己的手掌之中，整个魏国西部，基本上处于养肥了再杀的状态。

到了这一步，魏国还敢参与合纵吗？所以魏国转眼又成为连横的主要节点之一。

在秦国的玩弄之下，魏国方寸大乱，对东方各国时而打，时而和，甚至跟赵、韩两兄弟都频频开战，三晋之间鸡飞狗跳，几乎又回到了魏惠王早期四面出击的混乱状态。

还好有惠施和公孙衍在。他们一直强烈坚持跟齐国修好，不断推动魏惠王跟齐威王会盟，还把太子嗣派到齐国去当人质，所以两国之间继续保持着徐州相王过后的亲密关系，甚至联手去攻打赵国，夺了赵国一些土地。

对于楚国，魏国也尽量不得罪，把公子高派去当人质。

因此，魏国才没有重回当年被围攻的恶劣处境，这是魏国外交政策唯一成功的地方。

在张仪等人的筹划下，连横政策终于在公元前325年取得重大成果。

那一年夏天，秦国对外发布公告，正式宣布秦君要称王。

称王仪式得有人来捧场，否则就很尴尬了，所以秦国拉来魏惠王和韩宣王，照着徐州相王的做法，玩了一把三国"相王"的把戏。

会上，秦、魏、韩三国君主互相称王，当然，主题是秦国称王。

战国七雄里的三个聚在一起称王，其他国家只能干瞪眼，谁也没法反对，所以这次秦国称王基本没遇到任何障碍，比起当年魏惠王、齐威王称王以后马上被人打的局面，高下立判。

称王只是目的之一，秦国这次会盟更是为了高调向天下宣示：魏国和韩国已经被秦国收服，所谓"合纵"的事情，东方六国想一想就是啦，不要当真。

为了说明这一点，据说秦国在会上做了一件更离谱的事情——在张仪的谋划下，相王仪式结束后，秦王、魏王、韩王登上同一辆车，魏惠王当车夫，韩宣王当车右，共同为秦惠文王驾车跑了一圈。

这一下子，秦惠文王蜚声国际，挣足了脸面，同时，魏、韩两国的脸被丢尽了，明确沦为了秦国的小弟。

这是秦国在外交上的重大胜利。

秦国这样一搅和，东方各国方寸大乱，刚刚组建的合纵联盟如鸟兽散，各国重新回到勾心斗角的状态，例如齐国和赵国这对老冤家就公然开打。

三国相王过后，"称王"的风潮席卷各国，魏、韩两国大概觉得还不过瘾，索性玩个更大的，于是又发起了"五国相王"。

公元前 323 年，由魏国公孙衍发起，魏、韩、赵、燕、中山，五国国君会盟，约定互相称王。

魏、韩刚刚跟秦国连横，转身又跟燕、赵合纵，可见他们夹在大国中间确实压力很大，外交上根本无所谓连横还是合纵，基本属于有大腿就抱，毫无节操。

魏、韩这种态度造成的直接结果就是：无论连横还是合纵，都很难长久维持，总会不停地建立又不停地破裂，国际局势也就一直飘忽不定。

"五国相王"给齐威王造成很大刺激，他发现自己前几年的"徐州相王"已经成了笑话，现在大家都在玩"相王"的把戏，他辛辛苦苦争来的"王位"有什么意思？

更让他肝火旺的是，五国明确把他孤立在一边，剩下的秦、楚都是霸主级的大国，丢下一个齐国自己跟自己玩，这个滋味当然很不好受。

所以齐威王发誓要破坏五国联盟。

但五国联合，势力太大，齐国不好直接攻击他们，只好找其中最弱的中山国下手。

齐国声称：大家都是万乘之国，只有中山国是千乘之国，有什么资格跟我们这些国家并立？强烈要求取消中山国的王号。

齐国断绝跟中山国的来往，并且计划割地贿赂燕、赵两国，三国共同去讨伐中山国。

可是燕、赵两国也不傻，很明显齐国针对中山国只是借口，目的其实是要破坏五国联盟，所以燕、赵一口回绝了齐国的请求。

齐威王看到五国联盟铁板一块，无可奈何，只好先忍下这口气。

到这一步为止，合纵再一次压倒连横，扳回一局。

再说魏国那边，他们的麻烦还没结束。

这几年，他们一方面竭尽全力跟齐国交好，另一方面丢掉一切尊严投靠秦国，再有就是拉起五国联盟的旗号，把三面的危机都化解了。作为一直被各国围攻的国家，他们的求生欲真的是非常强烈。

但命运总是残忍的，即使已经如此努力，魏国还是不能保证安全，就在五国相王的这一年，楚怀王发兵大规模进攻魏国。

楚怀王的霸主梦

公元前329年，楚威王病逝，楚怀王登基。

大概国际社会广为流传的"纵合则楚王，横成则秦帝"给楚国人留下了太深刻的印象，楚怀王从执政起，就把自己国家看作唯一能跟秦国平起平坐的超级大国。他的执政思路很明确，就是跟秦国争夺天下霸权。

楚国确实有骄傲的资本。这些年来，他们一直远离中原战乱中心，除了偶尔跟魏、韩掐架以外，基本都能保持和平，所以国力一直稳步增长。特别是在齐国跟三晋两败俱伤以后，楚国的强大就更加凸显出来了。

再加上他们本来就拥有天下最广阔的土地，人口众多，资源丰富，战略纵深相当可观，因此当年即使被魏国抢走了一些土地，也能很快恢复元气。

楚威王本身也是颇有作为的雄主。当年齐威王称王，他马上发动徐州之战，打得齐国灰头土脸，颜面尽失，楚国也因此压倒齐国，奠定了天下第二强国的地位。

除此以外，威王在对巴国的战争中也取得丰硕的成果，抢到大量土地，甚至攻占了巴国首都江州。楚威王后期，巴国的灭亡已经指日可待，到这时为止，楚国在跟秦国争夺巴蜀地区的竞争中楚国也暂时取得先手。

楚怀王登基的时候，接手的就是这样一个强大的国家。

怀王当政初期，励精图治，任用屈原等贤臣，又恢复了吴起当年的一些法令，国力得到进一步增强。

秦国当然一直在关注这边的情况。直接打压楚国的时机还不成熟，而且也没有合适的理由。于是秦王便采用张仪连横的计谋，挑拨魏国去找楚国的麻烦。

早在楚怀王刚刚登基的时候，秦国就说服魏惠王趁他们政权交接的时机发起陉山之战，大败楚军，给了楚怀王一个下马威。

楚怀王一直记着这个仇。五国相王过后，齐威王那边暴跳如雷，齐、魏关系出现裂痕（五国相王是魏国发起的）。楚怀王立即趁机派柱国将军昭阳攻入魏国，在襄陵大败魏军，占领了魏国八座城池，甚至对魏惠王施压，要他把在楚国当人质的公子高立为太子，这样以后就会出现一个亲楚的魏国政府。

楚国这一系列组合拳可以说相当狠辣，短期利益和长期利益全部考虑到了，在魏国外交凯歌高奏的时候给他们当头一棒，也好让东方各国知道谁才是真正的老大。

但是公子高的竞争对手太子嗣还在齐国。打败魏国以后，楚怀王不肯罢休，想顺势去打齐国，彻底解决魏国的太子人选问题，同时确立楚国对于齐国的优势地位。

这时候纵横家陈轸（zhěn）正好被秦王派去出使齐国，齐威王向他求助，陈轸胸有成竹地说："别担心，我去说服昭阳，让他们退兵。"

陈轸跟张仪一样拥有魔鬼般的智慧，他到楚国军营里求见昭阳，对这个楚国大将说："请问将军，按照楚国的规定，立下重大军功的人会得到什么奖励？"

昭阳说："官封上柱国，爵为上执珪。""上柱国"是最高军事统帅，"上执珪"是最高的爵位，昭阳现在就是上柱国。

陈轸又问:"比这更高的呢?"

昭阳想了想说:"那只有令尹了。""令尹"是楚国最高官职,相当于相国。

陈轸说:"现在楚国已经有令尹了,楚王不可能立两个令尹,还能怎么封赏您?在下为将军打个比方——

"楚国有个人在祠堂里祭祀祖先,赏赐了一壶酒给门客们喝。门客们拿着酒壶商量道:'这酒不够我们这么多人喝,不如我们每个人在地上画一条蛇,先画完的人喝。'于是大家开始在地上画蛇。其中一个人最先画完,他看到别人都还差得远,就想'时间还早,不如给这蛇画上脚',于是接着画。不想后面画完的人过来抢酒壶,两人争起来,后面那人说'蛇本来没有脚,谁让你给它画上脚?',结果最早画完的这人反而没喝到酒。

"将军现在位极人臣,攻打魏国又立下大功,已经够了,再打败齐国楚王也没法赏赐你,反而引起楚王的猜忌,招来祸患,正是画蛇添足。将军何不适可而止,卖个人情给齐国,齐王必然对您心存感激,以后定有好处。这才是'持满之术'呀。"

陈轸对世事人情看得太透了,这番话直击人性的弱点,一下便说动了昭阳。

昭阳果然找个借口对楚怀王说不能打齐国,接着便撤走了军队。陈轸仅仅依靠三寸不烂之舌,便为齐国退掉了数万敌军。

陈轸为什么要帮齐国呢?他本来是齐国人,也许是在为自己的祖国考虑,也许仅仅是想卖个人情,给自己多留条退路——毕竟现在在秦国朝廷里他跟张仪斗得很凶,张仪一直在秦王跟前诋毁陈轸,而陈轸每次都能靠自己的如簧巧舌成功化解危机,但这样下去,两人总有一个会败下来,所以陈轸给自己留条退路是可以理解的。

对于楚国来说,则失去了一次绝好的打压齐国的机会。从此再也无法压制齐国,山东六国出现了齐、楚并列的局面。

对于魏国继承人的干涉也半途而废,公子高最终没能被立为太子,在齐国为人质的太子嗣保住了太子之位,后来继位为魏襄王。在同一时期,齐威王过世,齐宣王登基,延续以前的政策,齐、魏两国继续保持着友好的关系。

尽管如此，楚国的强大还是不可撼动的。这点从秦国对楚国的态度上也看得出来。

前面说过，秦国为了破解合纵，首先对魏国又拉又打，让魏国始终不能全心全意投入合纵阵营。

第二步，就是想办法离间齐、楚和三晋。因为目前直接受到秦国压迫的只有三晋，齐、楚两国暂时还有安全感。

而另一方面，齐宣王和楚怀王在对待秦国的态度上，表现出极度的自私狭隘，白白浪费了自己强大的国力。

修鱼之战

公元前320年前后，秦国与东方合纵联盟的矛盾达到高潮，终于引爆了一场"世界大战"。

这几年，山东六国一直在合纵与连横之间摇摆不定，张仪、公孙衍、陈轸等纵横家也在各国之间频繁活动，希望达成自己的目标。

处在风暴中心的魏国成为合纵与连横较量的主战场。

自从收服魏国以后，秦国就多次派张仪去魏惠王那边游说，试图干涉魏国的对外政策，最后干脆派张仪去魏国为相，张仪同时成为了秦国和魏国的相国。

两个半敌对的国家，竟然用同一个人来辅政，这样奇特的现象恐怕只有在战国时代才会出现。

更离奇的是，张仪最大的对手公孙衍也同时在魏国为相，于是出现了这样神奇的一幕：国际上连横与合纵的头目在同一个朝廷里当同事——魏国既是连横的一个主要节点，又是合纵的发起者和组织者。

这两人都是心狠手辣的阴谋家，他们考虑的根本不是魏国的利益，而是能否实现自己的个人目标，为了达到自己的目标，他们拳打脚踢，吃相相当难看。

头脑清醒、一直主张对外和解的惠施却受到排挤，甚至可能是受到了政治迫害，而被赶出了魏国，到楚国寻求避难。楚怀王不肯收他，最后他只好流落到自己的老家宋国。

于是魏国的对外政策更加激进，在合纵与连横之间快速摇摆。

出现这些现象是因为魏惠王老糊涂了吗？有可能，但也可以这样解释：

齐、楚两个大国在这一过程中表现出极端的自私和短视。他们没有受到秦国的直接威胁，反正天塌下来有三晋扛着，所以他们总想着让三晋去挡刀子；但另一方面，他们又怕三晋彻底倒向秦国，到时候秦国就要来找自己的麻烦，因此又希望三晋能多扛一会儿。

具体到齐、楚两大国，又略有不同。

楚国表现出来的主要是愚蠢——这来自于楚怀王本人的愚蠢，主要特点是好骗，谁都能挑拨他，一点就着。

而齐国更多的是自私和阴险，成天想着在东方国家内部窝里斗——典型的例子：当齐威王看到魏国衰落、赵国渐渐要成为三晋的领袖时，就放过魏国，一直揪着赵国不放，时不时去敲打一下赵国。

有这样两个不靠谱的大国在，山东六国的合纵始终就是一个笑话。

对于三晋，特别是魏国来说，既然你们三个大国都给脸不要脸，那我索性也不管什么合纵连横了，谁来威胁我我就投靠谁，走一步看一步。

这也就可以理解魏惠王为什么同时任用张仪和公孙衍了。

魏惠王毕竟是几十年的老江湖，有他在，还能镇得住这两个人，魏国这艘大船虽然摇摇晃晃，还不至于一头撞到冰山上。

公元前319年，一辈子为国殚精竭虑却没能挽救国家的魏惠王病逝，太子嗣继位，是为魏襄王。

这一下就翻天了。张仪和公孙衍公开撕破脸，最终公孙衍胜出，把张仪赶回秦国主子那边，顺便又把惠施招回来，对国际宣布："那个恶心的家伙被赶跑了，现在我们全心全意地实行合纵！"

被张仪拖延了这么多年，合纵的黄花菜都凉了，为了重新唤起大家的热情，公孙衍他们决定干一票大的——合纵联盟组成国际联军，攻打秦国！

魏襄王这小伙子并不了解他爹这么多年走钢丝的良苦用心，魏国朝廷上下也没人能阻止合纵派的狂妄，只能任由公孙衍这拨人奔走列国，牵线搭桥，最终推举楚国为纵约长，组织起魏、赵、韩、楚、燕五国联军，共同杀向秦国。

这时候齐国当政的是齐宣王，延续一贯阴险的做派，躲着看热闹。

而楚国有大国的实力却丝毫没有大国的心态，依然打着自己的小算盘，也可能因为楚怀王的妹妹芈八子嫁给了秦惠文王（芈八子的具体身份有争议），秦、楚两国算亲家，所以他们出工不出力。

燕国本来就是昏昏欲睡的老大帝国，离得又远，对这次战争也不太上心。

所以五国联军实际上主要是魏、赵、韩三国联军。

这是几十年来晋家三兄弟跟秦国的第一次正面对决，当年三兄弟联手天下无敌，可惜时移世易，现在的三晋早已不是当年的三晋，现在的秦国也不是当年的秦国了。

五国联军来到函谷关前叫阵。联军这边的将领是魏国的公孙衍、赵国的公子渴、韩国的太子奂。

秦国派名将樗里疾迎战。

双方在函谷关对峙几个月，互相试探兵力，都不肯展开决战，就这么相持不下。

不过公孙衍实际上是有备而来的，他暗地里派人去联络秦国北方的义渠国，请他们偷袭秦国关中地区。义渠国是秦国的老对手，一直跟他们纠纷不断，听说要打秦国，当然一口答应。

又据说，当年公孙衍在魏国见到来访的义渠国君，告诉他："我们两国相距太远，以后联络肯定不方便，但请你记住一件事——如果秦国对你们保持军事压力，说明他们国内安定无事；如果秦国送上礼物讨好你们，说明他们遇到大麻烦了，该怎么做，你应该懂的。"

这次五国联军讨伐秦国，秦国为了稳定后方，果然派人送珠宝美女给义渠国，义渠王看到这情景，马上知道公孙衍说的话应验了，于是派出大军直奔关中，响应五国联军，偷袭秦国。

公孙衍的算盘打得非常精。他用五国联军在函谷关拖住秦军主力，然后让义渠军队去偷袭秦国后方，两个战场相隔一千里，秦国必定顾此失彼，很有可能会被迫撤走函谷关的兵力去回防西部边界。那时五国联军一拥而入，直扑关中平原，跟义渠国两头夹击，秦国的麻烦就大了。

这种安排从战术上来说是正确的，然而公孙衍猜中了开头却没猜中结尾，五国联军实在是烂泥糊不上墙，内部一点都不齐心，特别是楚国这个老大哥，从头到尾都在打退堂鼓，严重干扰了军心。

义渠国确实出兵了，在李帛大败秦军，一度让秦国左右为难。

但各怀鬼胎的五国联军面对樗里疾的守军，竟是完全没机会，根本闯不进函谷关，无法进入关中跟义渠军会合。

义渠的国力跟秦国不在一个档次，依靠偷袭勉强得手，后劲却接不上，等秦国缓过劲来以后便开始反击，义渠军队又被赶回老家去了。

公元前317年，西部战场已经平定，樗里疾带领秦军冲出函谷关，直扑关外的五国联军。

五国联军仓皇逃窜，秦军一路追击五百余里，直追到位于韩国腹地的修鱼，这里已经逼近魏国的大梁，是三晋的核心部位，不能再退。

这时候却突然传来齐国出兵攻打赵、魏的消息，三晋联军都懵了——齐国这根搅屎棍不仅不帮助合纵联盟，反而趁人之危落井下石，想借此机会进一步削弱三晋。

齐国跟宋国组成联军，打到观泽，大败赵、魏联军，这对西方战线上的三晋联军的士气造成了沉重打击。

于是在齐、楚两个大国齐心协力地拆台之下，五国联军里面仅剩的三晋联军彻底崩溃，在修鱼遭到惨烈的大屠杀，被斩首八万余人！

第一次合纵失败

这时候雕阴之战已经过去了十四年，刚刚成长起来的新一代三晋儿女跟他们的父辈一样，又一次倒在了秦军的屠刀之下，这是他们无可避免的宿命。

损失最惨重的是韩国，他们这么多年没有经历大战，国力保存得相当好，又有强弓劲弩，自以为可以跟大国掰手腕了，不料却在修鱼之战中遭到毁灭性打击，将领也被活捉，多年积累的实力自信烟消云散。

另一边，刚刚开始崛起的赵国也挨了当头一棒，痛定思痛的赵武灵王开始思考强国策略。

修鱼之战使三晋看清楚了齐、楚的真面目，合纵国家之间的信任感荡然无存，所谓的合纵联盟自然也就各奔东西了。

之后几年，秦国乘胜追击，不断打击三晋：在岸门大败韩军，极度恐慌的韩人只好把太子仓送到秦国，乞求原谅；秦军又占领魏国的曲沃，魏襄王终于认识到东方各国的不靠谱，彻底倒向秦国，心甘情愿地变成了秦国的马前卒。

公孙衍本人也受到沉重打击。最受魏襄王宠幸的田需一直看公孙衍不顺眼，想方设法诋毁他，这次更是把合纵攻秦失败的责任全部归咎到他身上。

公孙衍找襄王辩解，襄王只说："田需是我的股肱之臣，我不会为你疏远他的，不过我也会管住他，让他别妨碍你的计划。"

看到襄王这种和稀泥的态度，公孙衍知道自己在魏国没前途了。只好离开，但他一走，岂不是便宜了田需那帮人？于是他想出个损招——

他去齐国找田婴商量合纵的事。田婴是齐国的温和派，一直都乐于跟魏国和好，于是两人决定重新弥合魏、齐的关系，公孙衍还很热情地请求田婴派个亲信去魏国为相，说这样更加方便两国的合作。

田婴就把自己的儿子田文派去魏国辅佐魏襄王。田文背靠的是齐国，魏国朝廷里哪有人哪敢惹他？田需一伙人哭笑不得，走了个公孙衍，来个更霸道的田文，自己还是没法上位，他们这才知道了公孙衍的手段之厉害。

不过田文的到来对于魏国来说绝对是个福音，他的才能可能不及公孙衍，但威望和号召力则远远超过后者，他还有个更响亮的名号——孟尝君。作为"战国四公子"之一，孟尝君之贤良，天下无人不知，无人不晓，下一阶段的合纵行动就得靠他来主持了。

公孙衍败光了魏国的家底，又跑到韩国做官，想在韩国继续发动合纵行动。秦惠文王听说以后暴跳如雷，立即点起兵马准备攻打韩国，不活捉公孙衍誓不罢休。

不曾想这时候南方传来一个大消息——蜀地大乱，蜀国和苴（chá）国同时来请求支援，攻打韩国的计划就被打乱了。

第八章 大国较量

开国何茫然——早期的蜀国

很早以前,今天的四川盆地和汉中地区有两个古老的国家:蜀国和巴国。他们跟中原华夏民族交流得很少,华夏民族对他们的情况也不太了解,一直到春秋时期双方才渐渐有了一定的交流。

蜀国的历史可以追溯到黄帝时期的蜀山氏。据传,蜀山氏的女儿嫁给黄帝的儿子昌意,他们的后人被封到蜀地,因为善于养蚕,而被称为"蚕丛氏"。

蚕丛氏之后是柏灌氏,柏灌氏之后,有一支部落以捕鱼为生,被称为"鱼凫氏"。

蚕丛、柏灌、鱼凫可能是蜀地的三个王朝,也可能是先后统治蜀地的三个部落或者三个民族,他们之间是否有继承关系现在还不能确定。

这基本上就是中原民族对于蜀国早期历史的全部了解,所以李白说:"蚕丛及鱼凫,开国何茫然!尔来四万八千岁,不与秦塞通人烟。"

正因为地理上"不与秦塞通人烟",导致中原跟蜀地的隔绝,中原民族对蜀国的情况只剩下一片"茫然"。

后来鱼凫氏出了一位叫作杜宇的君王——"杜宇"也可能指的是一个部落或民族,传说是他教会巴蜀民众务农,因此在巴蜀地区被奉作农神。

杜宇统治时期，蜀国开始繁盛起来，疆域大幅扩张，跟中原的交流也渐渐增多。他自称为"望帝"，这是蜀国第一次称帝，因此杜宇也被看作蜀国的开国帝王。

传说杜宇当政时期，蜀国常常遭遇水患。有一个叫杜灵（绰号"鳖灵"）的大臣被任命来治理灾害。他发现洪水不能消退是因为蜀地四面被群山包围，水流不出去，因此他废寝忘食地工作，最终掘开巫峡，使洪水从这里倾泻而出，从而解决了水患问题。

杜宇因为鳖灵的巨大贡献，就效法尧舜禹禅位的故事，把王位禅让给他，自己去西山隐居，鳖灵从此被称为"丛帝"。但这次禅让也可能并不是杜宇的本意。据说他过世以后，含冤带恨，精魄化作杜鹃鸟，昼夜啼鸣，声音凄厉，民众闻之断肠，所以后世也把杜鹃称为杜宇。

丛帝又号"开明"，他废除了禅让制，开启世袭制，他建立的王朝便称为"开明王朝"，最初定都郫邑，后来迁到成都，这是蜀地第一个有详细记载的王朝。

丛帝治水的经历跟大禹太像了，会不会是蜀地的先民根据大禹治水的传说编造了自己祖先的故事呢？这很难说。

开明王朝时期正赶上中原的春秋战国时代，天下动荡，社会巨变，中原社会的飞速进步也影响到蜀地，开明王朝因此快速发展，国力比以前有了很大提高，蜀国这时才真正算得上是一个"王国"了。

蜀地封闭的地形保护着这里。当中原各国打得天昏地暗的时候，这里基本都能保持平静，虽然偶尔也有战争，但基本是跟周围的巴国、苴国等国家打群架，规模不大，比起中原战场的血腥屠杀来说，算相当温柔的。

直到战国中期，秦国经历商鞅变法以后，国势迅速膨胀，在合纵连横的较量中又锻炼出了大局观，滋长出吞并天下的雄心，这才开始盯上蜀地这块大肥肉。

秦国的灭蜀阴谋

蜀地有丰富的资源，是个天然的大粮仓，军事实力又比中原各国差得远，秦惠文王很自然就想到这里可以成为秦国的一处后方基地，为秦国提供兵源和粮草。

正好这两年合纵与连横之争非常激烈，秦国在忙着跟山东六国拼外交战，暂时不好向东部扩张，正可以腾出手来拿下这个后方基地。

恶劣的交通条件仍然是征服巴蜀最大的障碍。为了解决这个问题，秦人动了不少歪脑筋。

据说，秦惠文王让人凿了五只石牛，在石牛身后丢下一些金块，然后对蜀国人宣传说："这几只牛会拉金粪。"

这时蜀地的主人是开明王朝的第十二位帝王，芦子霸王，这位长居穷乡僻壤的君主，也没什么见识，以为是真的，便请求秦国把这些石牛送给他。

秦国人一口答应下来，让蜀国派出五个大力士去秦国搬运石牛。但是秦国和蜀国之间隔着秦岭和龙门山脉，无路可通，为了运送石牛，五名力士使出逆天之力开凿山脉，不久便开出一条连接巴蜀与关中的通道，称为金牛道。

蜀国人把石牛搬回来放在那里，过了很久都没有拉出金子，这才知道上当了。

蜀王大动肝火，但蜀道已经开通，秦军从此可以畅通无阻地进入蜀地，蜀地的天然屏障已经没有了。

但蜀国有那五名力士在，秦国一时半会儿还不敢侵犯他们。

秦王知道蜀王贪恋美色，便又送给他五个美女，想用美人计迷惑蜀王。蜀王还是派那五个大力士去秦国接人。

五名力士带着五名美女回蜀经过梓潼的时候，见到一条大蟒蛇正往一个山洞里钻。五人上前，拽住蛇尾巴，拼命向外拖，费了九牛二虎之力终于把蛇拖了出来。这时随着一声巨响，天崩地裂，山体崩塌，滚落的巨石把五名力士和美女一起压死了。

"西当太白有鸟道，可以横绝峨眉巅。地崩山摧壮士死，然后天梯石栈相钩连。"

秦王听说力士已死，认为消灭蜀国的时机终于成熟了。

这就是"五丁开山"的传说，"五丁"实际上代表着蜀国的工匠们。"五丁开山"的故事真实的含义是：秦国通过外交手段，骗蜀国派出工匠开凿蜀道，蜀道开通以后，秦国马上翻脸，通过蜀道把军队开入蜀地，正式展开灭蜀之战。

公元前368年的时候，当时的蜀王杜尚把自己的弟弟杜葭（jiā）萌封在蜀地北方汉中附近，建立了苴国，也叫葭萌国。

但这两个兄弟国家的关系并不好，经常互相攻打。到后来，苴国甚至跟巴国结盟，一起对抗蜀国，同时它们本身的国土也扩张了很多，四川盆地出现了巴、蜀、苴三国鼎立的局面。

到了公元前316年，蜀国和巴、苴联盟之间爆发大战，蜀国在战争中占了上风，打退了巴、苴两国的军队，苴侯紧急逃到巴国，苴国面临亡国的危险。

苴侯和巴王都向秦国请求援助，惠文王当然不想认真帮他们，只想趁机去蜀地捞一笔，于是找朝臣们商量。

当时公孙衍在韩国，眼看韩国就要变成合纵的中心，秦国正准备去打他们，顺便威逼周王室交出九鼎，从此挟天子以令诸侯。但这时突然传来蜀中大乱的消息，顿时打乱了秦国原来的计划。

秦国朝堂上人们为先打蜀国还是先打韩国展开了激烈讨论，张仪认为应该先打韩国，大将司马错认为应该先打蜀国。

张仪说：争名者于朝，争利者于市。韩国三川郡扼守周王畿的咽喉，正是天下的"市朝"，也就是天下的利益所在，打他们比打蜀国那种偏远地区利益大得多了。

司马错的理由是：攻打韩国和周王室，必然引起东方六国联手反抗，还落下一个"劫天子"的恶名。反观巴蜀地区，拥有辽阔的土地和巨大的财富，"欲富国者，务广其地；欲强兵者，务富其民"，打下蜀地以后，秦国的国土可以大幅扩张，还能抢一大笔财富，而现在蜀地正在发生动乱，秦国可以号称他们的君王是"无道昏君"，以平乱的名义入主蜀地，东方各国无话可说，开疆拓土在此一举，这是千载难逢的机会。

秦王最终接受了司马错的建议，宣布响应苴国的"请求"，派司马错带领秦军从金牛道入蜀帮忙讨伐"昏君"。

秦军丰富的战斗经验不是穷乡僻壤的蜀国可以相比的，战争没有任何悬念，不到几个月的时间，秦军就灭掉了蜀国，杀死了芦子霸王和他的太子、国相等人。

这样一个有百年历史的异族国家，直接吞并会很难消化，所以秦国采取"蜀人制蜀"的策略，先把蜀地降为自己的藩属，然后通过不停地移民，逐步同化、消化蜀地。

秦王找到蜀国的一个王子"公子通"，把他封为蜀侯，让他去"管理"蜀地的居民，同时派陈庄到蜀侯手下为相，名为辅佐，实为监视，又派张若为蜀郡太守，作为蜀地实际的管理者。

一直到后来秦昭襄王时代，才撤掉了蜀侯的封号，把蜀地设置为秦国的一个郡。

蜀地从此永久并入华夏，开明王朝立国三百五十多年，历经十二帝，至此绝嗣。

再说司马错，灭蜀之后，他继续挥师东进，一举灭掉苴国和巴国，把这两国的土地也收入囊中。

消灭巴国，也是阻挡楚国扩张的重要一步，这次行动标志着秦、楚两国对巴国的百年争夺战终于画上了句号。

巴国争夺战

巴国位于楚国和蜀国之间，早在夏、商时期就由当地居民建成，并且长期臣服于商朝。

但与蜀国不同，他们和中原王朝的联系要紧密很多。

武王伐纣的时候，巴国是助阵的诸侯之一。周朝建立以后，分封列国也包括了巴国——姬姓，子爵，由周朝分封的国君统治这一地区，跟中原诸侯一样尊奉周天子，定期纳贡。

所以他们是一个介于番邦蛮族和华夏文化圈之间的国家，有点类似于楚国。

跟中原各国一样，巴国从春秋时代就参与到列国纷争中来，一直跟旁边的楚国、庸国、邓国打来打去。

作为长江上游最大的两个国家，巴国跟楚国的交锋非常频繁，时而为敌，时而合作，其中最著名的一次是灭庸之战：公元前611年，楚庄王联合巴国消灭庸国，瓜分了庸国的土地。

春秋前期，楚国的扩张重点一直在东部，跟巴国以长江三峡为界，暂时相安无事。但到了春秋末期，楚惠王跟巴国爆发大战，把他们彻底赶到长江上游。为了躲避楚国的威胁，巴国甚至多次迁都，最后把首都迁到了江州（今重庆）。

从此以后，巴国在东方只能防守，跟西边的蜀国成为世仇，大大小小的战争数不清。

到了战国初年，楚国开始掉头回来向西方扩张，再一次从巴国手上抢夺土地。巴国只能再往西躲，但西边的蜀国又比巴国强大，巴国开始陷入东西两线作战的尴尬境地，国势也渐渐衰落。

这期间巴国出了一位著名的烈士——巴蔓子。

当时巴国发生内乱，形势极端危急，因为巴国跟楚国有联姻，巴国将领巴蔓子就亲自去楚国请求支援。

楚国当然不会免费帮忙，要求巴国割让三座城池给楚国，才肯发兵，巴蔓子没有请示国君，一口答应了楚国的要求，于是楚国出兵帮助巴国平定了内乱。

事后楚国来讨要三座城池，但割让城池是巴蔓子自己的许诺，巴国政府当然不会同意。

一边是国家利益，一边是做人的诚信，怎么办？巴蔓子说："巴人非常感谢楚国的帮助，但城池是不可能给的，我既然对楚王承诺过，就用我的人头代替三座城池吧。"于是自刎身亡，让人把自己的头颅交给楚国。

楚王被巴蔓子的忠义打动，感叹道："能得到巴蔓子这样的忠臣，还要什么城池？"于是不再索要城池，用上卿的礼节厚葬了巴蔓子的头颅，巴国那边也用上卿的礼节安葬了巴蔓子的身躯。

巴蔓子从此成为巴国著名的民族英雄，被永久怀念。

为什么巴蔓子宁死不肯割让三城呢？据说这三城里面包括鱼邑、巫邑，那里有重要的宝源山盐泉。

巴国的土地基本都是山地，农业不发达，但他们拥有丰富的卤水资源，是内陆地区最重要的产盐地。盐业贸易是利润非常丰厚的行业，是巴国主要的经济来源，当然也引起周边各国的眼红。

巴国境内有三个最主要的盐泉：宝源山盐泉、伏牛山盐泉、清江盐泉。楚国，还有蜀国，跟巴国的冲突也主要是围绕盐泉的争夺。

楚国的策略是一步步蚕食巴国的领土。

早在春秋后期，楚国就已经占领了夷陵附近的清江流域，控制了清江盐泉。

公元前377年，巴、蜀联军攻打楚国清江地区，希望夺回盐泉，但被楚国反击打败。

公元前361年，楚国攻打巴国南部黔中之地，占领了伏牛山盐泉。

到了楚威王时期，楚国大军沿着长江溯流而上，攻占巫山地区，把巴人彻底逼到长江三峡以西，顺势占领了宝源山盐泉。

每一座盐泉的失守，都会打击巴国的经济，三大盐泉全部被占领以后，巴国的国力也就不可挽回地坠下悬崖了。

接下来就很快了，楚国一路向西推进，甚至攻占了巴国首都江州，巴国的生存空间被一再压缩，国力也不断地下滑。

这时候楚国已经占据了四川盆地和汉中的东边。

终于在公元前316年，蜀国、苴国、巴国爆发大战，秦国借平乱的名义，出手消灭了蜀国、苴国，顺道也消灭了巴国，掳走他们的国君，占领了他们仅剩的领土，占据了四川盆地和汉中西边。

三国互相争斗这么多年，却被外来的敌人一网打尽，数百年积累的财富全部沦为敌人的战利品，都为他人做嫁衣了，早知如此何必当初呢？

此战之后，秦国不仅领土翻倍，更占据了成都平原这个重要的产粮地，物资上获得极大的补充，战争的后劲也就更足了。另外，占领长江上游以后，可以沿江而下攻打楚国，从而在地理上拥有了对于楚国的优势。

秦惠文王还记着韩国收留公孙衍的仇，拿下巴蜀以后，终于腾出手来，准备去找他们的麻烦。

不过这时候国际社会又曝出一条大新闻——燕国发生动乱，齐国与燕国爆发大战了！

一次离谱的禅位

先说说燕国跟齐国的百年恩怨。

齐国的地理位置很好，是秦国以外最优渥的，但他们也面临一个很大的困境，就是没有扩张空间。

他们背靠大海，扩张空间天生有限。春秋时代还好，有一堆小国可以吞并，到了战国时期，小国已经被消灭得差不多了，再要扩张土地，就会受到严重阻碍：西边的魏国长期称霸，不可侵犯；赵、韩两国又跟魏国剪不断理还乱，惹了其中任何一个，都有可能出现被三晋围殴的情况；中原的郑、宋、卫几个小国已经被三晋和楚国预定了，试图去吃掉他们也有被各国围殴的风险；南方有楚国这只大鳄挡着，更没法扩张。

这样算下来，齐国唯一可能的扩张方向就是北边了。

北方的燕国一直是个昏昏欲睡的国家，要吞掉他们本来不难，但三晋，特别是赵国绝对不答应，所以齐国绞尽脑汁跟他们斗智斗勇。

从战国初年开始，齐国就一直在找机会从燕国手上抢地盘，但每次都会被三晋强行拦下来，齐国每次都被揍得灰头土脸。但是扩张是必须的，这个时代谁的地盘小谁就要受欺负，甚至被人吃掉，所以下一次趁三晋忙不过来的时候，齐国又出动……于是这样反反复复，双方的拉锯战一直在持续。

齐国几十年的对外关系，就是不停试图扩张又不停被三晋挡回来的历史。

当然这也就能解释为什么齐国会无视秦国这个潜在的巨大威胁，乐于充当山东六国里面的搅屎棍，不停找三晋的麻烦，破坏合纵联盟。

直到战国中期，魏国衰落以后，齐国才终于摆脱了三晋的纠缠，可以比较顺畅地打击燕国了。

但这时候的燕国本身也有了一些实力，再加上赵国强力阻拦，齐国要侵犯燕国还是有很大难度。

前333年，燕文公病逝，燕易王登基，齐国趁着燕国国丧的机会又去侵略他们，这次齐国获得大胜，夺下燕国十座城池。

燕易王没办法，只好派使臣去游说齐宣王："下臣听说，即使快要饿死的人也不肯去吃有毒的食物，因为那样只会死得更快。现在燕国虽然弱小，却是秦国的亲戚（燕易王是秦惠文王的女婿），就好比有毒的食物，齐国吞下燕国的城池，必然会跟秦国结仇。燕国在前做引导，秦军随后长驱直入，必然给齐国带来大祸。

"大王不如归还燕国的城池，燕国必然感激大王的恩德，秦国听说大王因为他们的缘故而归还城池，也会很满意，以十座城池换来两国的交好，正所谓转祸为福，因败为功，请大王三思！"

当时已经逐渐出现了齐、秦争霸的苗头，对于秦国的威胁，齐宣王是很忌惮的，当然不愿意为了十座城池引发跟秦国的火拼，所以听到这番说辞以后就归还了燕国的城池。

后来到了燕易王的儿子燕王哙（kuài）（有一种说法认为燕王哙就是燕易王）的时候，他把一个儿子派到齐国去做人质，让谋士苏代跟着，陪伴质子。

有一次苏代从齐国回来，燕王哙问他："齐宣王这人怎么样？有能力称霸吗？"

苏代回答："齐王不可能称霸，因为他不信任自己的臣下。"

燕国的头号权臣是子之，燕王听了苏代的话，似乎明白了什么，从此更加信任子之了。

但苏代很有可能是跟子之勾结好的，他们是儿女亲家，苏代去齐国也是子之安排的结果。

除了苏代之外，其他人也不停在燕王身边吹风，大肆吹捧子之，还鼓吹上古明君退位让国的高尚情操。当然，他们背后可能都是子之在鼓动。

这之后，子之在朝廷里的权势越来越大，渐渐有盖过燕王的趋势。

终于在公元前318年，燕王哙做出了一个震惊国际的决定——禅位子之！

根据传说，上古的三皇五帝都是通过禅让来实现政权交接的，禅让也一直被认为是一种无比伟大的传统。

燕王哙不知是老糊涂了还是什么原因，凭着对上古太平盛世的无限遐想，渴望自己也当一个被后世顶礼膜拜的"贤君"，竟然做出这种离谱的事情。

但他有很多地方都没有考虑到——

首先，让位给一个没有血缘关系的大臣，别的国家会怎么想？他们的大臣们都在虎视眈眈等着，正愁没借口搞掉国君，这样的事情正好给了他们一个篡权的榜样。这个口子一开，以后会有多少权臣打着"禅让"的旗号谋权篡位？这是其他各国绝对不能容忍的。

再有，尧舜禹的禅让有一个共同的前提，即继任者必须有足够的实力和威望，禅让不应该是一种馈赠，而应该是水到渠成的事。继任者如果实力不够，禅让是一定会失败的。

子之现在就是这种情况。他们家族在燕国根基并不深厚，他本人也并没有达到只手遮天的程度，燕王哙的儿子太子平，也得到了许多大臣的支持，这时强行禅让一定会招来激烈反抗。

燕王哙当然也想到了这一点，但他为了解决这个问题，做出一个更加离谱的决定：一次性免除满朝文武的官职，让子之重新组建自己的政府班底。

这等于把燕国的整个权贵阶层集体"禅让"了！

消息一出来，天下大哗，权贵们纷纷起来反抗，聚集在太子平的大旗之下，双方矛盾愈演愈烈。终于在子之执政三年之后，太子一派人跟子之的支持者们爆发激烈冲突，燕国内乱就此爆发，史称"子之之乱"。

太子平一面指挥大将市被去攻打子之，一面向齐国紧急求援。

这时候齐宣王那边也有点纠结。

秦惠文王前两年拿下巴蜀以后，就在磨刀霍霍地准备去收拾韩国。但韩国跟齐国已经结盟，双方大概签定了类似盟友互助的协议。所以齐宣王听说秦、魏两国要联手攻打韩国，马上准备去救援。

这时候齐国却接到了燕国太子的救援信息。手下人就对齐宣王说："大王不如先别管韩国了，让他们去打，韩国一旦危急，赵国、楚国必定去救，一时半会来不及赶回来，我们趁机去打燕国，燕国失去了赵国的帮扶，就是我们砧板上的肉。"

齐宣王想起前些年燕国跟齐国结下的仇，齐国不敢打燕国，不就是因为他们是秦王的女婿吗？现在燕王都下台了，秦国又在忙着打韩国，现在打燕国不是最佳时机吗？

于是齐宣王同时答应了韩国和燕国太子的求援，两拨人都兴高采烈地回去复命。

韩国仗着有齐国援助，腰杆很硬，决定跟秦国对决到底。

燕国太子平也仗着齐国撑腰，大举进攻子之。

但他们都没料到，齐国谁都不救！

齐国只在旁边看着，静待事态发展。

秦、魏、韩在浊泽展开大战，韩军在秦、魏联军的猛攻之下，迅速崩溃，赵、楚两国一看不对头，赶忙去援助韩国。

赵国大军一出动，齐军立马行动，但方向跟赵军相反，直扑燕国！

中山国也出动了，趁火打劫占领燕国大片领土。

燕国国内这时已经乱成了一锅粥，敌对双方带着自己的支持者们打得天昏地暗，最终老谋深算的子之一伙打败了市被和太子平的军队，市被被杀，太子平逃进深山躲避，子之眼看就要篡位成功了。

这时候齐国兵马的到来使战局彻底扭转。

燕人忙着内斗，谁也没心思抵抗外敌，各地城门大开，望风而降，齐军如入无人之境，一个月之内就推进到蓟城。

极度疲劳的燕国军队根本挡不住齐军的进攻，兵败如山倒，齐军在燕国土地上横冲直撞，焚烧宗庙，大肆劫掠，最后成功活捉子之，把他押解到齐国处以醢（hǎi）刑（剁成肉酱），燕王哙也在惊恐中自缢身亡。

权力这枚果子真的不好吞，没有实力的情况下硬要吞下去，只会惹来杀身之祸。

这场动乱前后绵延几个月，死亡数万人，燕国社会遭到沉重打击，基本上是一场灭国大祸。

但齐国想就这样吞下燕国也没门。赵武灵王发现上当以后，紧急撤回军队，这时候他手里还有一枚重磅棋子。

燕国的太子平已经在动乱中身亡了，另外还有公子职在韩国当人质。

赵武灵王当机立断，火速派人去韩国接回公子职，让大将乐池把他送回燕国接任王位。

公子职是燕王哙和秦国公主生的儿子，他来继位名正言顺，燕人都很欢迎，背后更有秦国、赵国支持，谁敢反对？

赵国的乐毅又积极谋划，跟楚、魏结成同盟，号称要联手攻打齐国，讨伐他们侵略燕国的罪行。

但他们也只是说说而已。赵武灵王相当精明，他要干涉燕国内政，但不肯为此消耗赵国的国力，就对公子职说，赵国的军力不足以打败齐国，建议他向外公秦惠文王求救。公子职于是派人去秦国求援，惠文王果然出兵帮忙。

至此，赵、楚、魏、秦全部介入燕国事务，强势逼迫齐国退出。

齐国军队在燕国土地上横行霸道的行为引发燕人的激烈反抗，本就镇压不住了，又面临国际社会的强大压力，终于无法在燕国立足，只能撤走。

公元前312年，公子职继位，是为燕昭王。

燕国的动乱终于平息了。战乱中燕国民众受尽伤害，但他们也是幸运的，齐、赵两大国掰手腕的结果，使得燕国在重重危机中奇迹般的幸存下来，并且迎来了一位年轻有为的雄主——战火中登基的燕昭王即将带领燕国人重振国威，找齐国报仇雪恨。

齐宣王费尽心思，最终也没能吞掉燕国，反而跟燕国结下更大的仇恨，报应即将到来。

赵武灵王在这次危机中的精准判断，使赵国成为最终的赢家，在跟齐国争夺燕国的较量中取得优势。从此以后，燕、赵成为稳定的盟友，彻底封死了齐国北进的道路，赵国的周边环境大大改善，国力也稳步提升，开始在七雄中显山露水。

出卖盟友的大国

齐国攻打燕国的时候，韩国正在浊泽跟秦军鏖战。

秦国的目的在于给山东六国一个警告：谁敢倡导合纵，秦国就跟谁过不去，既然韩国敢收留公孙衍，就必须承担相应的后果。

所以秦国虽然打的是韩国，实际上却是在打合纵联盟。

按理说，山东六国看到这种情形都应该大力援助韩国才对，但齐、楚两个老大继续表现出万年不变的自私和狭隘。

他们确实都答应援助韩国，但都在耍小聪明。

齐宣王不用说了，援助韩国只是幌子，私底下盘算的是让浊泽战场吸引国际社会的目光，自己好暗渡陈仓去偷袭燕国。

楚国的情况更加复杂。

巴蜀地区被秦国纳入囊中以后，秦、楚两国在地理上的关系已经发生了根本性的变化，双方开始直接碰撞，而秦国占据长江上游，隐隐约约有了威胁楚国的态势。

而楚国那边，颟顸的楚怀王这些年一直在打三晋的主意，总想趁三晋被秦国饱揍的机会冲过去捞一些便宜，便宜倒也确实捞到了一些，但却把三晋逼得更加倒向秦国一方。

在三晋心里，楚国跟秦国一样都是虎狼之国，秦国还稍微强大一点，两只猛虎同时过来争咬自己，反抗肯定是不行的，只能归顺其中更强的那只，帮他去咬另外一只，这是唯一的保命策略。

所以当秦国大军扑过来的时候，公仲朋就对韩宣惠王建议："秦王心里恨我们，但更恨楚国，不如赶紧投降，割让一些土地，劝他们发兵去打楚国。"

韩宣惠王依计行事，派公仲朋去跟秦国讲和。

楚怀王听说以后，大惊失色，他这么多年一直在看韩、魏这些小兄弟的笑话，到现在才发觉，楚国之所以安全，似乎全靠三晋在前面挡着。难道三晋倒了以后，下一个就要轮到我们了？

他赶紧找陈轸商量。陈轸这时已经离开秦国，在楚国当令尹，他对楚王说："大王你才发觉秦王最忌惮的是我们？现在韩国投降了，甚至说要出兵帮助秦国，接下来当然要来伐楚了。于今之计，不如赶紧点起全国兵马，号称要去援助韩国。

"韩国看到有我们撑腰，才会鼓起勇气跟秦军战斗，就算不敢跟秦军作对，他们也会三心二意，不诚心投靠秦国，至少离间他们跟秦国的关系是没问题的。"

楚怀王采纳了他的建议，一场轰轰烈烈的"援韩"表演在楚国发动起来。兵车密密麻麻地塞满了道路，看起来是准备打一场大仗的样子。同时派人去游说韩宣惠王，拍着胸脯保证："我们一定会帮助你们抗秦的，请你们坚持到底！"

韩宣惠王果然上当，重新又激起了抵抗秦国的勇气，紧急叫停了公仲朋出使秦国的计划。公仲朋把楚国的把戏看得清清楚楚，苦苦劝说，无奈韩宣惠王怎么都听不进去，彻底掐断了跟秦国谈判的通道。

后来的事情当然就在预料之中了，秦王大怒，派重兵扑向韩国，韩国幻想中的齐、楚援军一个都没来，韩军在岸门遭到惨烈的围剿，又一次大屠杀上演了！

秦军斩杀上万人，韩国再一次遭遇沉重打击，公孙衍也只好再一次逃走。

最后，韩宣惠王只好把太子仓押送到秦国去乞求原谅，自此再也不敢作乱，老老实实跪倒在强秦面前。

这次战争，可能只有魏国站到了韩国一方。随后魏国就遭到秦国报复，秦国派樗里疾又一次洗劫魏国的河东地区，把前些年还给他们的焦邑和曲沃又夺了回去。

魏国立马也给跪了，也赶紧求和。秦国这时对他们早已是想打就打，想拉就拉，甚至指名道姓要他们立自己选的人为太子，他们对此无可奈何，只能一口答应。

第二年，秦军顺势扫向赵国，夺取蔺邑，俘虏赵国大将赵庄，赵武灵王也只能打掉牙和血吞。

到这时为止，合纵联盟已经被拆得七零八落，特别是三晋，个个被打得没脾气，战战兢兢地伏在秦国脚下听候差遣，张仪谋划的连横局面初步形成。

秦国逼迫魏、韩当打手，组成三国同盟，对面是死到临头不自知的齐、楚，第一次连横对决正式来临。

张仪欺楚

秦国有一套严密的计划。他们先把魏、韩两个小国打趴下，逼迫他们服从自己，然后借助他们的力量和地理优势去打东边各国，这种借力打力的做法正是连横的精髓所在。

不过东方的齐、楚实力都很强，两者还结成联盟，要一下打掉他们代价太高了，所以得想办法先拆散他们，再各个击破。

幸好楚国有个特别蠢还喜欢自作聪明的国君，这是他们的软肋，所以秦惠文王就从这个方向下手。

这时就轮到张仪出马了，他被派到楚国去游说楚怀王。

当时秦、楚矛盾的焦点在于商於之地的归属。

商於之地本来是楚国领土，春秋末年被秦国占领，曾经被秦孝公封给商鞅，商鞅的"商"字就来源于此。

在汉中以东，秦、楚、韩交界的位置，沿着丹水有一条狭窄的道路，这是从秦国关中平原通往楚国南阳盆地的交通要道。向西，通过崤（yáo）关，可以迅速来到咸阳城下；向东，沿着山谷，尽头是楚国的"方城"，方城以内就是楚国腹地。所以对于双方来说，这里都是一个兵家必争之地。基本上，谁控制了丹江通道，谁就掌握了战争的主动权。

现在丹江通道被分成两半，西边一半就是商於之地，在秦国手里，东边一半在楚国手里，两国在中间的武关对峙，都修筑了严密的防御工事。

但由于这里地形西高东低，双方的地位并不对等，秦国的商於之地处于居高临下压迫楚国腹地的态势，因此楚国一直想把它夺回来。

张仪来到楚国的时候，齐楚联军刚刚从秦国手上夺下曲沃（本来是魏国土地，上一年才被秦国夺走），然后顺势西进，逼近商於之地，在那边跟秦军对峙。

张仪当然知道楚国最想要的是什么，也知道秦王最迫切的愿望是拆散齐楚联盟。

所以他一上来先大大地吹捧了一番楚怀王，表示秦王最欣赏的人就是楚王您，我张仪最仰慕的也是您，同时呢，秦王最恨齐国，早就想收拾齐国了："我们大王一直想跟您结交，只是您一直被齐国蒙蔽，帮着他们来为难我们，使得我们没法跟您交好。

"现在只要大王跟齐国绝交，下臣马上说服秦王，让他把六百里商於之地送给楚国，两国共结同心，一心抗齐。

"对于楚国来说，既获得商於之地，又得到秦国的感激，还能削弱齐国，同时带来三大好处，何乐而不为？大王您意下如何？"

这番话勾起了楚怀王的贪欲，自己发动千军万马都拿不下来的商於之地可以轻松到手，这个诱惑太大了，所谓的齐楚联盟算什么呢？他立即答应了张仪的请求。

楚怀王非常感激张仪，隆重地设宴招待他，据说甚至把楚国的相印都给了他，张仪在理论上也成为了楚国相国。

楚国满朝文武纷纷夸赞怀王的"英明决策"，只有陈轸站出来反对："这件事未必靠谱。秦国之所以畏惧我们，是因为我们跟齐国有盟约，一旦我们废除了跟齐国的盟约，秦国何必再怕我们？到时候张仪一定会毁约，那么我们只能跟秦国结仇，同时跟齐国也断绝来往了，这样的形势是很凶险的呀！

"依微臣之见，我们不如先表面上跟齐国绝交，暗地里还是保持联络，然后派人跟着张仪去秦国，等拿到土地以后再真的与齐国绝交也不迟。"

但被贪婪蒙蔽了双眼的楚怀王根本听不进陈轸的劝告，毅然派使者去齐国宣布断绝外交关系。

怀王也派了使者跟着张仪回秦国办理接收土地的手续，哪知张仪一到咸阳，"哎哟"一声就从车上摔下来，崴了脚，然后向秦王请假，回家休息去了，割让土地的事情就这么搁下了。

这一休息就是三个月，楚国使者到处询问都没人理他，也没法回楚国复命。

楚怀王那边等得毛焦火辣，但一直得不到使者的回复，转念一想：是不是因为张仪怀疑我没有真正跟齐国绝交呢？于是他一拍脑袋，派了一个不怕死的使者宋遗去齐国，这次就做得更绝了，要他当面辱骂齐王。

齐宣王那边看到楚国使节来了，正要好好接待他，哪想到宋遗上来就对着宣王一顿臭骂，数落他们这么多年得罪楚国的罪行，宣王暴跳如雷，当场摔掉他的符节，宣布跟楚国断交。

这才是张仪要等的消息。消息传到秦国以后，张仪马上活蹦乱跳地出来了，等了很久的楚国使者找到他询问割地的事，张仪很干脆地回答："割地？

没错啊。在下有六里封地,这就送给你们大王。"

楚国使者说:"你这不是耍流氓吗?六百里地怎么变成六里了?"张仪白眼一翻:"你们大王听错了,我哪里说过割让六百里地?说的是六里!而且秦国的土地我哪有资格割让?只能把我自己的封地送给你们罢了。"

楚国使者气得七窍生烟,只好回国照实禀报,楚怀王气得差点没吐血,这才知道上了张仪的大当,简直恨不得食其肉寝其皮,此仇不报,何以为人?怀王当即点起兵马,直扑秦国。

秦楚大决战

从春秋时代开始,秦、楚两国就是友好国家,为了对付共同的敌人晋国以及后来的魏国,他们常常联合起来。

但到了楚怀王的时候,魏国已经衰落成了二流国家,共同的敌人不存在了,秦、楚两国的势力范围又已经大面积重合,所以两国实际上已经成为了彼此最大的对手。

可惜只有秦国察觉到了这个事实,脑满肠肥的楚怀王还蒙在鼓里,这才有了被张仪欺骗的事。

发觉上当以后,楚怀王也终于意识到:原来在秦国眼里最大的敌人是楚国,三晋早已倒向了秦国那边,现在楚国才是抗秦的最前线。

但他的觉悟来得太迟了。秦国已经认准了楚国,打的就是你!

公元前 312 年,秦、楚丹阳之战爆发。

这场战争实际上是秦国带着魏、韩两个小弟,跟齐、楚联盟的决战。

楚国先派大将屈匄(gài)围攻於中,这是商於之地的边缘;同时,派柱国景翠包围韩国的雍氏,牵制秦国。

国际社会迅速站队,齐国积极响应楚国,联合宋国进攻魏国的煮枣;楚国的老对手越国则赠送大量军事器材给魏国。

秦国早有准备,派出樗里疾、魏章、甘茂从三条战线迎战。

樗里疾出函谷关,前往雍氏,反围困景翠的军队;魏章从商於之地杀出,经过丹江通道,攻打楚国的析邑;甘茂从南郑杀出,进攻楚国西部。

这三条线路覆盖了秦、楚相争的三个方向：

樗里疾走的是秦国进攻中原的传统方向，出函谷关以后跟韩、魏会合，共同迎战楚军。这里也是三晋一直以来跟楚国交锋的主战场，不过现在由秦军带领三晋跟楚国人打。樗里疾很快取得胜利，不仅解了雍氏之围，还带领韩、魏军队南下，跟魏章会合。

魏章本来是魏国人，后来被张仪推荐给秦王，也是秦国招罗各国人才的成果之一。他率军出武关后，进入丹江通道的楚国段，正在攻打武关的楚军遭遇大败，秦军沿着丹江通道追杀，楚军且战且退。丹江通道的尽头是楚国的析邑，那里有楚国的长城"方城"，防守极其严密，楚军显然想在这里绞杀秦国追兵。

魏章却没有继续挺近析邑，而是向南沿着丹水，绕开方城，直扑楚国西部重镇丹阳。丹阳背后就是开阔的南阳盆地，这里一旦失守，楚国整个腹地将全部暴露在秦军兵锋之下。

到这时，战争局势就变了。

屈匄大骇，急忙回撤防御丹阳，但已经失了先机，变成了楚军去攻打丹阳。同时，屈匄刚一撤走，北边樗里疾的军队就杀过来了，直接突破方城的防御工事，追到丹阳，跟魏章会合，两支军队共同夹击屈匄。

樗里疾是这个时代的战神，楚国大军无法抵挡，在丹阳遭遇惨烈的屠杀，被斩首八万人，主将屈匄被杀，七十多名将领被俘虏，这是楚国百年以来最惨痛的一次失败。

这时候甘茂的军队也已经从汉中杀出，占领楚国的安康盆地和上庸。

秦岭和大巴山脉由西向东分成汉中盆地、安康盆地和上庸三块。秦国本来已经占据汉中盆地了，现在再拿下另外两块，就可以占据整个汉中地区，从此居高临下，直接逼视江汉平原。

北方的战事还在继续。秦、魏、韩联军解除了雍氏的围困后，顺势向东推进，赶跑正在围攻煮枣的齐、宋联军，随后在濮上大败齐军（但史书上又记载这时的齐国跟秦国是友好状态，此处存疑），活捉齐国大将声子，再一路推进，攻打燕国本土，另一支部队则攻打卫国，几乎要一次吃掉整个中原！

公元前312年，秦师在中原大地上肆意冲撞，无人能挡。

这是秦国第一次彻底扫荡中原列国，让东方所有国家都见识到了秦师的恐怖战斗力。

这也是连横政策的胜利。秦国能够以如此迅猛的速度推进到中原核心地带，其实是借助了韩、魏两个带路党的力量，在这种借力打力的策略之下，齐、楚两大国合力也扛不住了。

东方各国即将全体投降。

但天意显然不希望秦国如此迅速地统一天下。

就在秦军快刀斩乱麻地扫荡山东六国的时候，伟大的秦惠文王走到了生命的尽头。秦国朝堂上一时暗流涌动，太子荡与张仪有很大矛盾，病床上的秦惠文王已经无法保护张仪，各方势力展开了激烈的角逐。

而前线的魏章和甘茂都是张仪举荐上来的。后方朝廷里的权力斗争，显然对前线的士气构成了严重打击。

秦国本身也有些大意。他们以为楚国已经被打垮了，便把注意力全都放在了东部战线上，从关中到燕赵，直线距离接近两千里，这一条战线拉得实在太长了。

狂怒状态的楚怀王趁这个机会再次征召兵马，再度杀向商於之地——这个地方对他刺激太大了，说什么也一定要拿下来。

秦军去年刚沿着丹江通道攻入楚国本土，根本没想到他们这么快就顺着这条线打回来了，秦军的主力还在遥远的东方，丹江通道防守薄弱，沿途的守军很快崩溃。

楚军沿着丹江通道飞速推进，瞬间攻破武关，接着席卷整个商於之地，然后攻破丹江通道尽头的峣关，直逼蓝田城下。

蓝田背后就是一马平川的渭河平原，再往西一百二十里就是咸阳，中间没有阻挡，咸阳告急！

现在轮到秦国紧张了，他们万万没想到局面反转得如此之快。

东方，樗里疾的军队紧急回撤，但显然来不及了，秦国只能用守卫关中的兵力急速赶到蓝田防守。

两大国在蓝田展开决战，秦军占据上风，但楚国的援军正源源不断地沿着丹江通道赶过来。

楚怀王明白，就算打进关中，也很难给秦国造成毁灭性的伤害，自己的军队反而可能面临瓮中捉鳖的危险，但他已经杀红眼了，只想拼死给秦国人一个教训。

面对赌上国运拼死一搏的楚怀王，秦国的压力也很大。难道真要在咸阳城下抗敌了？韩、魏两个小弟会不会趁机倒打一耙？魏章这样外国来的将领会不会临阵反水？

更严重的问题是，这时秦惠文王病危，无法发号施令，而朝廷里的权力斗争正是一触即发的状态。

好在秦国还有另一张牌。

东方六国永远是一盘散沙，不会真正团结的。

韩、魏两国这些年夹在大国中间受气，已经恨极了楚国。现在楚国拿出全国兵力跟秦国拼命，楚军全部拥入丹江通道，楚国本土已经空了，这正是报仇的绝佳机会。

他们立即派兵截断楚军后路，两国联军从北方攻入楚国腹地，在完全不设防的南阳盆地横冲直撞，一直打到邓邑——这地方已经在丹阳以南一百多里，再往南穿过汉江通道便直达楚国都城郢都了，这是楚国不得不救的局面。

这一刻，秦、楚两国的国都同时面临陷落的危险！

楚国向齐国紧急求援，希望他们出手拖住韩、魏。

但齐宣王不知是被打怕了，还是仍旧记着楚怀王跟他断交的仇恨，没有动静。

山东六国到这时仍然各怀鬼胎，后来被秦国挨个消灭，也实在是咎由自取。

这时楚怀王就算有再大的怨气也没法任性了，只好赶紧撤军，回防郢都。

而秦军趁势掩杀，再度取得大胜，收回了商於之地，局面又一次反转。

楚国只好赶忙求和，割让两座城池，这时大家都已经极度疲惫，秦国也打不动了，双方各自休兵。

第二年，缓过气来的秦国再度出手，攻占楚国的召陵，报了去年的仇。

楚怀王没脾气，只好咽下这枚苦果。

秦、楚之间的这场大战终于画上了句号。楚国几十年积累下来的强大国力受到严重削弱，从此以后，东方再没有哪个国家可以单独对抗秦国了，抱团取暖成了唯一的选择。

这次战争也让天下各国见识到了连横的强大威力。秦国本身的力量是不足以一次性碾压山东六国的，但山东六国的勾心斗角给了秦国机会，所以六国是败在自己的不团结上面，这次失败让六国再一次反省，重新考虑合纵的可能性。

另一方面，秦国自己其实也在这次战争中损失惨重，差点被人攻进关中，不免惊出一身冷汗，这也让他们认识到楚国内部蕴含的巨大潜力。再加上秦惠文王正好过世，秦国不得不调整对外政策，暂时改变了前些年四面出击的姿态。

秦国被削弱的后果立即在国内表现了出来，蓝田之战刚刚结束，蜀地就叛乱了，秦国内部开始风云激荡……

第九章　风云激荡

二年成邑，三年成都

公元前311年，被秦国吞并不久的蜀地发生叛乱。

这时候蜀国名义上的统治者是蜀侯通国，他可能是之前蜀国的王子，也有说法认为他是秦惠文王的儿子。

秦国派陈庄辅佐和监视蜀侯通国，但这几年楚国背地里搞了不少小动作，可能暗暗在跟陈庄勾结，鼓励他反叛。

到了丹阳、蓝田之战的时候，陈庄看到秦、楚两大国火拼激烈，即将出现两败俱伤的局面，机不可失，他立即出手，先杀掉蜀侯通国，然后带领蜀地的遗老遗少们发起叛乱，希望摆脱秦国，自己当蜀王。

但他严重低估了秦国的实力，也算错了秦、楚交战的时长：依靠韩、魏的帮助，秦国竟然在很短的时间内就打退了楚国的进攻。

等这边揭竿而起的时候，蓝田之战已经结束，于是他只能单独对抗强大的大秦帝国。

病榻上的秦惠文王派出张仪、甘茂、司马错进入蜀地平叛，蜀郡太守张若也积极响应，陈庄的叛乱没有多久就被镇压下去了。他因为误判时机，过早暴露了自己反叛的野心，最终全盘皆输。

这次叛乱反而给秦国提供了一个很好的借口，他们可以更加严密地控制蜀地了。

秦王派公子恽接任蜀侯，并且让张仪在蜀地展开大规模建设，以笼络人心。

张仪是个文武双全的鬼才，他给蜀地带来一份大礼。当时蜀地还是一片蛮荒，为了向蜀地居民展示自己的诚意，秦国政府下血本，由张仪主持，在原来古蜀国的都城遗址上建起成都、郫城和临邛三座城池。

其中，成都是按照咸阳的规模修建的，分为大城和少城，城市格局相当先进，"周回十二里，高七丈，造作下仓、上皆有屋，而置观楼、射兰"，极其宏伟而富丽，是当时天下最豪华的都城之一。

考虑到蜀国不久前还是化外之地，这种规模的建设工程成效是十分惊人的，很快就把蜀地带入了文明社会，从此追上中原的发展脚步，并且永久地成为华夏经济中心和人才输出地之一。

这是利在千秋的伟大功业，秦国虽然带给天下无尽的杀戮，但也确实对得起蜀地百姓。

安排好建设工作以后，张仪回到咸阳，却敏锐地察觉到这里的风向有些变了。

张仪的最后一计

惠文王病重，即将登基的太子荡是个武夫，身边跟着一群腰圆膀阔的力士，整天咋咋呼呼的，对于那些油嘴滑舌的说客正眼也不瞧。

张仪是个人精，他马上感觉到山雨欲来。于是他劝说惠文王跟楚国和好。怎么和好呢？把去年抢到的半个汉中还给楚国。

半个汉中，也就是上庸和安康盆地，那是甘茂拼死打下来的。他一听张仪想要还给楚国，顿时火了，噌地一下跳起来，找到秦王理论："大王别听张仪挑唆，难道还有人为了土地太多发愁的吗？归还汉中不是不可以，但要等天下大乱的时候，用归还汉中交换楚国的友好，如果现在把汉中还了，到了天下大乱的时候，我们拿什么跟楚国交换？"

甘茂考虑得很周详，至于张仪，他分明就是在出馊主意，坑秦国。为什么绝顶聪明的他会出这样的昏招？这跟他一向的立场有关。张仪一直主张先拉拢楚国，把扩张的主方向放在韩国那边，向韩国推进，一路推到周王的洛邑，先灭周室，迁九鼎，再图谋天下。

再从阴暗的方向揣测，张仪可能有这样一种考虑：秦国以后可能待不下去了，得给自己留条退路。前几年把楚国得罪得太狠，赶紧跟他们修补关系，以后还能跑去楚国继续做官。他是一个滑头的人，给自己留条后路总是没错的。

但他的想法却跟太子荡不谋而合。太子年轻气盛，急着建功立业，要想建立威名，最直接的办法就是干掉周王室。所以他也希望跟楚国和好而把扩张目标放到韩国身上，因此张仪的提议得到太子荡的全力支持。

商议的最终结果，各退一步，还是要把半个汉中还给楚国，当然，并不是白给，而是要楚国拿黔中的土地来交换。

不料楚怀王听到这个提议，想也不想就拒绝了："我宁可不要汉中，我只要张仪，你们把张仪那小子交给我，我就跟你们和好。"

以楚怀王的智力水平来说，提出这种方案是可以理解的。

但秦惠文王就为难了，他宠幸张仪一辈子，末了就这样把人家卖了？

但张仪丝毫不惧，大大方方地对秦王说："大王放心，微臣自有办法——楚王有个宠臣，叫靳尚，跟微臣关系很好，他又得宠于楚王的爱姬郑袖，只要能让他们两人去劝说楚王，微臣必定安全。再说，有大王在，楚王哪敢动臣？"

惠文王将信将疑，张仪一再请求，惠文王只好让他去出使楚国。

楚怀王一听张仪来了，真是怒从心头起，恶向胆边生，立即下令把他打入大狱，准备狠狠收拾一番。

不想张仪早就跟靳尚打好了招呼，张仪一被抓，靳尚马上就去挑唆郑袖。

郑袖是个蛇蝎美人，民间都在传说她用计陷害美人的故事。

据说当初魏王曾经送过一位美人给楚怀王，很受怀王宠爱。按理说这样的美人肯定会招来郑袖的嫉妒，可郑袖却表现得非常热情，对魏美人照顾得殷勤备至，让她住最好的房间，三天两头的送各种珠宝，有好吃的、好穿的都会马上派人给她送去。

久而久之，人人都知道郑袖对魏美人很好，连楚怀王都感动地说："爱姬一点嫉妒之心都没有，寡人喜爱的美人，她也跟着寡人一起喜爱，这才是忠臣侍奉君主的方式呀！"

魏美人当然也把郑袖当作亲姐妹看待，凡事都听她的主张，郑袖就趁机对魏美人说："大王不喜欢你的鼻子，以后见到大王最好把鼻子遮住。"魏美人果然就信了。

从此以后，每当见到怀王，魏美人都用袖子掩住口鼻。怀王很纳闷，私下问郑袖怎么回事，郑袖假装欲言又止，怀王反复追问，她才说："估计是不喜欢大王身上的气味吧？"

怀王气得发抖，当即喝令侍卫割掉了魏美人的鼻子。

于是郑袖轻松除掉了一个劲敌。

不过这么隐秘的宫闱秘闻是怎么被外界知道的呢？民间的这些小道消息添油加醋的成分很多，不能完全相信，只能说：郑袖确实是个很得宠，但名声又很不好的女人。

靳尚找到郑袖，劈头就说："大事不好，夫人只怕要失宠了！"

郑袖很惊讶地问怎么回事，靳尚说："张仪是秦国最大的功臣，刚刚被我们大王关押起来。我听说，秦国准备送一名公主给大王，以便求大王释放张仪。秦国公主一旦来了，必定要威胁到夫人的地位，那时怎么办？"

郑袖一听这话，立即紧张起来，问靳尚："先生可有主意？"

靳尚说："不如夫人亲自去求大王释放张仪。既然张仪被放了，秦国自然就不会送公主来了，秦王和张仪也会很感激夫人，以后夫人在国内有大王的宠爱，国外有秦国作依托，地位会更加巩固。"

郑袖赶忙去找怀王吹枕边风，大肆申说抓捕张仪的坏处，靳尚也趁机向怀王进言：抓捕张仪虽然出了一时之气，但会严重得罪秦国。

楚怀王是个耳根很软的人，禁不住众人里里外外的劝说，不久就把张仪放了。

哪知道张仪胆子非常大，不仅不赶紧逃走，还公然又去游说楚怀王。

他拼命吹嘘秦国如何强大，秦国跟东方各国相比，就如同猛虎跟群羊，楚国为什么不跟猛虎交友而去跟羊群做伴呢？

张仪又一次"许诺",秦国跟楚国交好,以后互相不攻击,永做兄弟之国。为了相互表示信任,建议双方互相派人质,实行和亲政策,这样楚国就可以腾出手来吞并东方那些小国了。

这时正好屈原出使齐国回来,听说张仪又在游说怀王,当即进谏,劝怀王不要听张仪的花言巧语。可惜怀王这人实在太蠢了,吃了那么大亏仍然不长记性,根本听不进屈原的劝说,又一次相信了张仪的话,订下了跟秦国和好的政策。

张仪成功完成使命回到秦国,但这时的秦国已经变天了。

秦惠文王已经过世,这时候当政的是秦武王,也就是原来的公子荡。

秦武王是个血气方刚的毛头小伙子。

他跟他爹一样充满吞并天下的豪情壮志,但谋略和眼光就差得远了。

还在他当太子的时候,嬴荡(或者说,赵荡)就对张仪横看竖看看不顺眼,张仪的对手们见到这情形,就见缝插针地到他跟前挑拨:"张仪那种阴险小人,一心贪图荣华富贵,心里从来没有国家,见风转舵,朝三暮四,根本不要指望他会为秦国效忠。"

再加上张仪这些年一直在各国之间跑来跑去,跟各国君主频繁接触,在许多国家都有出谋划策的经历,当然让人忍不住联想:他背地里是不是跟别的国家有什么勾结?

他把楚怀王骗得那么惨,这次却轻轻松松地回来了,就更加让人疑心,背后是不是干了什么卖国的勾当?

再说,军队里许多将领都是张仪推荐上来的,长期发展下去的话,一旦朝中势力跟军方勾结起来,后果很可怕,这方面也要防患于未然。

所以武王继位以后,立即着手削夺张仪的权力。

张仪知道自己在秦国待不下去了,毕生的功业也已经完成,便向武王申请去魏国为相,好在那边继续挑拨东方国家的关系。

武王当即答应了他的请求,于是张仪又一次去魏国为相。魏国虽然明知道他是来当特工的,但现在他们已经是秦国的小弟,没法拒绝,只好含泪收下了张仪。

第二年张仪便死在了魏国。

秦国、魏国、张仪之间是否有某些私下的斗争，很难说。秦武王是真的讨厌张仪，还是做给外界看的，也难说，但有一点可以肯定：送走张仪绝对是一个巨大的错误！他是这个时代最聪明的头脑，失去了张仪的秦国开始渐渐走偏，接下来便犯了一系列的错误。

宜阳攻防战

前些年，秦国挟持韩、魏攻击东方各国，取得巨大的成功，一度显露出独吞天下的趋势。

但秦武王对他爹的这套政策却颇为不屑。

他是个急性子，见不得那些畏畏缩缩、扭扭捏捏的花架子。明明就是饿虎入羊群，还假惺惺地跟他们玩合纵连横这种小孩子过家家的把戏，这配得上大秦帝国的威武形象吗？

现在大秦帝国如此强大，足以傲视群雄，不如来个痛快干脆的，直接推平三川郡，打进洛邑，掳走九鼎，活捉周天子，挟天子以令诸侯，这才是帝王之业呀。

他想干就干，马上着手准备。

要打进洛邑，需要通过韩国的三川郡，其中最重要的关卡是宜阳，所以第一步就是进攻韩国，夺取宜阳。

宜阳也是中原西部的一个枢纽，处在韩、魏、楚、周王畿中间。秦国的疆域虽然广大，但现在仍然局限于函谷关内，每次打击中原都需要千里迢迢地出函谷关，战线太长，后勤压力大。如果夺下宜阳，相当于在中原内部占据了一块根据地，以后直接从这里四面出击，吞并天下，岂不快哉！

问题在于，韩国是秦国的小弟，是蓝田之战打败楚国的功臣，攻打他们，等于秦国出尔反尔，自己打破秦惠文王建立起来的连横网络，以后谁还肯跟秦国连横呢？

其次，虽然周王已经没有任何权威了，但威逼周王室还是一件十分敏感的事情，必然招来山东六国的一致反对。

再有，宜阳对于韩国来说实在太重要了，夺取宜阳等于一招黑虎掏心，要了韩国半条命，韩国必定拼死抵抗，秦国会付出很大代价。

不过他不管这些，想干就干，谁也拦不住。

秦武王的母亲惠文后是魏国公主，在直性子的武王看来，魏国是天然盟友，可以跟他们商量借道攻打韩国。

他连续几次跟魏襄王碰面，商量借道的事，魏襄王当然明白唇亡齿寒的道理，可现在这个时代，人人自危，谁还顾得了别人呢？他只好答应秦武王的要求，让开一条道路，让秦军攻打三川郡。

秦武王最宠幸两个大臣——甘茂和樗里疾，把他们分别封为左丞相和右丞相，所以两人既是秦国最重要的军事将领，同时也管理朝中事务。

樗里疾对于攻打韩国明确表示反对，因为从军事上来说十分不划算；从内部因素来说，秦国刚刚经历过几场伤筋动骨的大战，急需休养生息；从战略上来讲，这次行动背弃了秦惠文王一贯的借力打力的外交策略，会把秦国拖入一种不利的国际环境中。

韩国是樗里疾的姥姥家，樗里疾一直是秦国朝廷里的亲韩派，这可能也是他反对打韩国的原因之一。

另一位大将甘茂则比较务实，他虽然也反对攻打韩国，但只是简单地说：宜阳是大城，距离秦国又远，如此远程奔袭，敌人早有准备，要打下来恐怕不容易。

不过既然武王坚持要打呢，他也勉强同意。

当然他有自己的私心。现在朝廷里他和樗里疾竞争得很厉害，樗里疾早有无数军功了，自己跟他比起来底子太薄，急需要立更大的功业来巩固自己的地位。

所以攻打韩国暗合了甘茂的心意。

甘茂最担心的是万一攻打韩国不利，自己会受到武王的责难，特别是樗里疾一直在找茬，到时候被参上一本就麻烦了。

所以他费尽唇舌向武王讲述了"曾参杀人"的故事——

曾参是孔子的弟子，以贤良闻名于天下。

有一次曾参不在家，一个跟他同名的人杀了人，被官府通缉，街坊邻居都误以为是曾参杀人了，纷纷传播这个消息。

曾参的母亲正在家里织布,见到有人来说:"曾参杀人了,你赶紧躲起来。"她很不屑地说:"我儿子怎么可能杀人?"然后继续纺织。

过一会儿,另一个人来了,也说同样的话,曾参的母亲还是不为所动,继续忙自己的事。

又过了一会儿,第三个人来,也说"曾参杀人",曾母再也坐不住了,扔下机杼翻墙逃跑了。

讲完这个故事,甘茂对秦武王说:"微臣不如曾参贤良,大王对微臣的信任也不如曾母对儿子,造谣中伤微臣的人又远远不止三个,微臣千里迢迢去讨伐韩国,只怕朝廷里那些人说微臣的坏话,大王就信了。"

武王明白他的心意,很干脆地保证:"放心,我一定相信你,不会听信谗言。"

随后武王在息壤与甘茂订立盟约,君臣互不怀疑,甘茂这才带兵出发。

公元前308年,甘茂、向寿带领大军杀奔韩国,横扫三川郡,包围宜阳城,惨烈的宜阳攻防战就此打响。

秦国这招"黑虎掏心"直取天下的中心位置,惹得各国哗然,所有国家都在忐忑不安地考虑自己的对策。

韩国人退无可退,倾尽全国之力,拼死也要防卫宜阳。

东、西两个周国和周王室惴惴不安,既怕韩国守不住,犹豫要不要去援助他们,又在犹豫该不该出卖韩国换取秦国的宽恕。

魏国早已经明确出卖韩国了,甚至派兵帮助秦军围攻宜阳,但他们确实很无奈,属于被胁迫的。

甘茂还亲自到赵国,希望赵国一起出兵,赵武灵王没答应,甚至考虑过扣押甘茂,不过最终没敢。

楚怀王暴跳如雷。攻打宜阳相当于在楚、韩、魏中间插入一枚钉子,他当然不同意。但援助韩国可行吗?楚国朝堂上发生激烈辩论,最后决定援助韩国,于是派出景翠奔赴宜阳。

可惜楚国的态度非常不坚定,景翠在宜阳附近按兵不动,希望先看看秦、韩双方战斗的结果再决定下一步策略。

也可能楚国确实还没从蓝田之战的失败中恢复过来,出兵只是表明一种姿态，不敢真正跟秦军碰面。

总之，关键时刻，东方各国集体怂了，没人敢真正救韩国，只剩下可怜的韩国苦苦支撑。

事实证明樗里疾的判断非常准确，秦国这次打韩国果然很吃力。宜阳是中原大城，守城军队就有二十万，钱粮可以支用很多年，韩国又以举国之力防守，加上秦国刚刚在蓝田之战和蜀地叛乱中遭到削弱，所以这次战事很不顺利。

秦军围困宜阳五个月不能攻下，前方的甘茂和后方的秦武王都急了。这次出征他们受到朝廷里众多官员的反对，是顶着压力出动的，如果最终打不下来，岂非说明那些反对者才是对的，这样自己的面子往哪儿搁？

甘茂之前的担忧果然应验了。朝廷里樗里疾和公孙奭（shì）看到战事胶着，坚持说这都是甘茂的错，不停地弹劾他，所谓三人成虎，最后武王也顶不住了，准备下令撤军。

一旦撤走，甘茂"出师不利"的罪名就坐实了，一生功业就要这样毁掉。

前线的甘茂悲愤莫名，让人提醒武王："不要忘了我们的息壤之盟！"

武王想起"曾参杀人"的故事，甘茂费尽心力为国尽忠，难道真的要这样毁灭一名忠心耿耿的大将？

经过一番激烈的争吵，武王终于力排众议，决定坚持下去，他派乌获带领五万兵马增援甘茂，准备再做最后一次努力。

得到援助以后，前线将士士气大振。这是最后的机会，甘茂把自己的家产全部散发给将士们，红着眼说："如果明天还拿不下城池，宜阳城外就是我们的墓地！"

第二天，三军将士背水一战，争先恐后地攻城，在付出巨大牺牲以后，终于攻下了宜阳。

秦师入洛邑的通道从此打通，秦国的势力从关中直通周王畿，威逼周天子，九鼎即将到手！

秦王举鼎

宜阳之战，秦军斩首六万，韩国精锐部队几乎全军覆没，国力遭到重创。

宜阳陷落以后，秦军继续四面出击，横扫三川郡，向南攻下南阳郡，卡住楚、韩之间的通道；向北渡过黄河，打下武遂，这是韩国南北衔接的地方。秦国在这里筑城防守，把韩国疆土分割为南北两半。

韩国山河残破，已经到了灭国边缘，韩襄王被迫派公仲朋到秦国谢罪，秦武王才把武遂还给他们，勉强维持了韩国领土的完整。

同样凄惨的是洛邑的周王室。

三川通道被打通以后，关中到中原已经畅通无阻，秦军直来直去，随时可以闯进洛邑游玩一番，天子的王畿沦为秦王的狩猎场。

樗里疾首先带军队来打前哨。

秦国车马浩浩荡荡，堵塞了洛邑的道路，数千名军士全副武装，踏着整齐的步伐，挟着逼人的气势进入这座百年名都。

四百年来，曾有无数的诸侯国军队踏上洛邑的土地，但他们要么是来朝觐周天子，要么是来帮助平叛。只是这次，秦军是以征服者的姿态进入周朝首都。

周赧（nǎn）王赶紧派人扫洒迎接，衣冠整肃的周朝官员们垂首侍立在道路两侧，城中百姓全体出动，乌压压的人群跪了一路，以最恭顺的姿态迎接这群侵略者。

立国七百余年的周王朝已经来到了生命的尽头，即将面临胜利者的裁决。

这一刻，天下人都望着这座城市，揣测着周王朝接下来的命运。在这个决定历史走向的关头，有人窃喜，有人悚惧，有人愤懑，有人悲悯，这里的任何一丝动静，都会牵动天下所有人的神经。

等待周王朝的究竟会是什么？

不久以后，审判者终于到来。

远处鼓乐齐鸣，秦王的车仗在五色旌麾簇拥中进入城门，金车玉轮，翠羽华盖，执的是白旄黄钺，行的是天子仪仗，后方跟着各路诸侯与各番邦部落的代表，人头攒动，百兽率舞，好一派帝王威仪，好一场盛世繁华！

武王坐在高高的轩车上，身配明黄绶带，头戴十二冕旒（liú），微笑着拱手拜谢四方。

街道的尽头，周赧王早已带着满朝文武列队迎接。赧王要行跪拜之礼，早被武王手下的人扶住，武王在车上哈哈大笑："免礼！孤王岂敢当。"

周王室的人们大气也不敢出，恭恭敬敬地把秦武王迎进王宫，宴席早已摆好，只等秦国君臣上座。

随后是各种烦琐的礼节，浩大的欢迎仪式举行了整整三天，整个洛邑一片沸腾，沉浸在一种诡异的狂欢气氛中。

这几天秦武王带着手下的侍从们游遍了周朝的宫室，各种礼器、钟鼓、典籍图册，看得人眼花缭乱，都是地处偏远的秦国君臣们从来没见过的。

武王对于太庙大殿前摆的九鼎尤其感兴趣，穿行其间，赞叹不已，问周朝官员："听说九鼎对应天下九州，哪个是我们秦国的？"

周朝官员指着一只夔龙盘绕的赭石色巨鼎说："大王说的当是那只龙纹赤鼎，又名雍州鼎。"

雍州大致就是秦国的范围，龙纹赤鼎正好对应秦国。

武王走过去在龙纹赤鼎上摩挲两下，忽然冒出一个念头，转头对身后几名彪形大汉说："你们举得起这鼎吗？"

武王好武，平时最喜欢结交各种勇士，身边随时跟着一群大力士，有名的例如：孟说、任鄙、乌获，这些人都有千钧之力。

这些力士们都是一群莽夫，听见武王这样说，都想要显露一把，于是争前恐后地上去搬那大鼎。

传说九鼎是当年大禹收纳天下金铁冶炼而成的圣物，每只都有千斤重，力士们虽然个个有神力，要举起这些鼎也很不容易。

乌获等人接连上去试了，只能略微搬起来一点，离地几寸就再也抬不动了。

武王得意地大笑："一群蠢材！隔天还要叫你们把这些鼎搬回咸阳去，就凭你们这样，不是让周朝的人笑掉大牙？"

乌获等人都很惭愧，再加把劲去抬那鼎，个个挣得满脸通红，青筋暴起，还是只能抬到齐腰的位置。

武王大吼："你们这群废物，看我的！"卷起袖袍，大摇大摆地上去，一手托住龙纹赤鼎的底部，一手扶着鼎沿，大叫一声："起——"硬生生把龙纹赤鼎抬了起来。

刚过腰部，他就感觉不对劲了，耳朵里响起一声尖利的鸣叫，骨骼嘎嘎地响，身上每一块肌肉都好像在剧烈颤动。

旁边众人看到武王一张脸已经憋成了酱紫色，大叫："大王当心！"

但武王怎能让他们小看了，再提一口气，暴喝一声，以雷霆万钧之势猛然把鼎抬过头顶。

龙纹赤鼎刚过头顶，随着喀喇喇一声脆响，只见武王右臂从中间断开，白森森的断骨突了出来，双目迸裂，鲜血喷涌，整个人往后便倒。

巨鼎重重落下，砸到武王小腿上，顿时血肉飞溅，武王昏死在地。

周围响起一片惊呼……

公元前 307 年，秦武王在洛邑举鼎而死，天下震动！

风云突变

消息一出，所有人都懵了。

东方各国的人们表面上大惊失色，内心却都在窃喜，韩国和周王朝的人们更是弹冠相庆，就差敲锣打鼓庆祝了。

秦国国内，举国哀悼，但人们却各有各的想法，一场剧烈的动荡已经在酝酿中。

秦王宫里早已乱成一团。

文武百官们紧急商议继承人问题。秦武王还很年轻，没有儿子，也没有同母的兄弟，更没有指定继承人，接下来让谁接任王位是个很大的问题。

处在风暴中心的惠文后顾不上为儿子伤心，赶忙召集心腹大臣们进宫密议，商量的结果，是让庶出的公子壮认惠文后做母亲，继任王位。

另一边，芈八子也紧急召人进宫商议对策。

"八子"是秦宫里很低的一个品级，所以芈八子的地位很低，按理说没有资格争位，但她却有几个独特的优势：其一，她是楚国公主（也可能只是楚国宗室之女），有楚国这座大靠山；其二，她的兄弟魏冉、族弟向寿都在军队里掌握大权，军方是向着她的；其三，她精明干练，长袖善舞，比那个木讷的惠文后更得人心。

当然最大的优势还是她有几个杰出的儿子。

芈八子有三个儿子，长子公子稷（jì）正在燕国做人质，次子公子芾（fú）和三子公子悝（kuī）在秦国，公子芾已经成年，也在军队里任职，年龄优势和资历都胜过其他兄弟，所以他们这一派系希望公子芾继任王位。

武王的寝宫里也在紧张地商议，武王后跟惠文后一样，也是魏国公主，作为王后的她，因为没有子嗣，瞬间处于孤立无援的境地，权衡各种利弊之后，她决定投靠到婆婆惠文后手下。

于是芈八子为一派，惠文后跟武王后联合起来是一派，各自拥立自己的继承人。

朝廷里面也迅速分裂，两派人分别支持芈八子和惠文后。

按理说惠文后作为太后，具有最高权威，她指定的继承人才是最有说服力的，况且公子壮从身份地位来说都没有任何问题，应该顺理成章地继位才对。

可惜政治斗争归根结底要看实力，芈八子一派有军方支持，气焰嚣张，闹哄哄地反对公子壮继位。

而武王其他的兄弟们，恐怕都知道芈八子这个小妈的厉害，一旦她成功上位，大家都别过好日子，所以他们基本都支持公子壮。

至于军队那边，芈八子极有手段，竟然争取到了樗里疾这位大佬的支持。樗里疾一向是亲韩派，反对秦武王东进的战略，宜阳之战的胜利更是直接打他的脸，这可能也是他反对惠文后的一个原因。

樗里疾是军方元老，一言九鼎，他的支持宣告军方彻底倒向了芈八子一派。

这背后还有一个微妙的因素：武王当政这几年，基本上全盘推翻了之前惠文王的国家战略，惠文王手下的老臣们嘴上不好说，心里是抵触的。对于他们来说，支持惠文后就代表着武王政策的延续，支持芈八子则是推倒重来，他们当然宁愿支持后者，即使不好公开支持，暗地里动一些手脚是没问题的。

但芈八子派也有他们的困难，他们的问题在于"名不正言不顺"，毕竟有太后在上，你要替换掉太后和王后一致选定的继承人，凭什么？这明明是犯上作乱，怎么去说服别人？

双方经过几轮明争暗斗，势均力敌，谁也无法干掉对方，谁也不肯俯首认输。

但国不能一日无君，这样一直拖下去，难道真要双方火拼决胜负吗？国际国内都在焦急地等待着……

就在秦国局势陷入胶着的时候，千里之外却传来一声惊雷——赵武灵王主动联络芈八子他们，要把公子稷送回国内继位！

赵武灵王是个极有想法的人，这些年一直积极活动，试图在国际上为赵国打出一片天。

前几年燕国内乱的紧要关头，就是赵武灵王把公子职送回燕国，成为决定燕国局势的关键一步。

从那以后燕国就一直跟赵国保持友好，两国共同抗击齐国。赵武灵王尝到甜头，这次见到秦国出现了同样的机会，他故技重施，派人去燕国把公子稷接过来，准备送回秦国，扶植一个受赵国控制的秦国政府。

消息传来，芈八子最初的反应是："关他什么事？要他来管？"

但魏冉这些军方大佬却敏锐地察觉到：这是打破僵局的绝好机会。

秦国国内局势已经陷入死结，赵国这股外来力量一介入，双方的平衡立即被打破，有望迅速结束战斗。

而且他们这些人也别无选择——公子稷是芈八子的长子，法理上就该优先选他，如果坚持保公子芾的话，他们这派人只怕要爆发内乱，自己人一打起来那就彻底完了，只会让惠文后来给双方收尸了。

所以芈八子、魏冉这些人一合计，迅速做出抉择——放弃公子芾，跟赵武灵王里应外合，迎接公子稷回国继位。

既然退了这一步，后面的事情就轻松了。

芈八子他们总算找到了一个名正言顺的理由：不是我们要以下犯上啊，是人家赵国来胁迫我们立公子稷，我们为了避免生灵涂炭，不得不答应。太后你想反对，难道是想把秦国拖入战争？军方是支持我们的，你让军队去帮你挡住公子稷？你自己看着办吧。

惠文后缺少军方支持，无法抵御赵国的干涉，只能眼睁睁地看着公子稷被送回国内。

群臣倾巢出动前去迎接，当即扶公子稷登上宝座，昭告天下，新一任秦王正式登基，是为秦昭襄王。

至此，经过两年的激烈斗争之后，终于尘埃落定，芈八子随后给惠文后她们扣上"意图谋反"的帽子，宣称要平定叛乱，大军出动，对惠文后一党大开杀戒，公子壮和他那些兄弟们被杀，武王后被赶回魏国，惠文后永久消失在了人们的视野里。

身为低级妃嫔的芈八子终于一步登天，登上大秦帝国的太后之位，自称为"宣太后"，从此开始了对秦国朝政长达近四十年的操控。

"真小人"宣太后

芈八子是个手段特别狠辣的女人，权力欲极强，凡事都要按自己的意见来。秦昭襄王登基的时候还很年轻，芈八子便趁机开始干涉朝政。

她有魏冉和芈戎两个军队实权人物的加持，又封自己两个儿子为泾阳君和高陵君，让他们四人共同把持朝政，在朝廷里横行无忌，号称"四贵"。

芈八子又自称为"太后"，这是历史上第一次有太后的称号（本书前面称呼的"太后"是为方便描述），暗示自己的地位超过以往各位君王的母亲。

从此以后，宣太后加"四贵"的组合，牢牢控制了秦国国政，左右了之后很多年秦国的内外政策，甚至一度有架空国君的倾向。

不过秦国幸运的地方在于，宣太后确实有特别高的政治才能，她狠辣、无耻、手段下作而高效，又会笼络人心，拥有政治家需要的一切素养，是一个绝对优秀的领导者，即使放在整个战国时代去看都不输于任何人。

宣太后的执政风格从一次著名的谈话就可以看出来——

秦国内乱的这几年，各路小丑如释重负，都纷纷出来活动，其中就包括那个自作聪明的楚怀王。他一直记着丹阳和蓝田之战中韩国趁火打劫的仇，秦昭襄王继位以后不久，楚怀王就趁机发兵去攻打韩国，包围了雍氏。

当初韩国是为了响应秦国的军事行动才去偷袭楚国的，现在因此被报复，他们当然首先想到去向秦国求助。

但宣太后的态度很明确：我是楚国人，楚国揍韩国，不救！

韩国前前后后派出很多批说客，车马塞满了到秦国的道路，都说不动秦国出手，雍氏被围困五个月之久，万分危急。

最后韩襄王派尚靳来到秦国，对秦昭襄王说了一堆"唇亡齿寒"的道理，秦昭襄王有点动心了，不料被宣太后在后边听到了，召尚靳进去面谈。

她对尚靳说："当年我侍奉先王的时候，先王把腿放到我身上，我感觉好重，但是先王整个人压上来以后，我却不觉得重了。为什么呢？因为舒服啊！现在要救援你们韩国，兵马钱粮要消耗很多，却对我没有任何好处。你说，我为什么要救呢？"

她是典型的"真小人"，一席话说得非常清楚了：老娘不做亏本生意，少扯那些有的没的。既然要求人帮忙，就得拿出好处来贿赂老娘。上下嘴皮子一碰，就想让老娘屁颠屁颠地替你跑腿，凭什么？

尚靳看到这老娘们如此难缠，只好灰溜溜地回去向韩襄王汇报。

最后还是多亏甘茂去向秦昭襄王求情，韩国可能也送了不少金银财宝，才说动秦昭襄王出兵了。

但宣太后这番话明确无误地说出了她做人的原则——无利不起早。

一切从现实的利益出发，不讲道义，不留情面，只看对自己有没有好处，有好处的事情杀头都不怕，没好处的亲爹来求都没用。

她把这种原则贯穿到自己的整个执政思路中，最终演变成为秦国的国家性格，所以秦国的对外政策就是利益优先，见缝插针，见风转舵，有便宜就占，有好处就捞，该翻脸就翻脸，该动手就动手。

这种办事方式冷酷而高效，非常贴合战国时代的国际形势，秦国正是因此才能在国际间的大风大浪中始终不迷失方向，始终以维护自身利益为第一原则。

再说宣太后自己。

这个无耻狠辣的女人，做出来的事情处处让人惊掉下巴。

她执政的那些年，最著名的事迹就是跟义渠王的风流韵事。

义渠国是秦国的老对手，他们国家虽然不大，但秉承胡人的尚武风气，战斗力惊人，地理上又处在居高临下的位置，因此常常给秦国带来很大威胁。前些年五国合纵攻秦的时候，他们就曾经在后方夹击秦国。

秦国百年以来一直在打击义渠国，到惠文王的时候已经取得了重大成果，迫使义渠国臣服，沦为秦国的附庸。

但这种关系是不稳定的，秦国对义渠国的打压一刻也不能放松。

昭襄王继位以后，义渠王也来朝贺，这位威猛的草原汉子，跟正值盛年妖娆多姿的宣太后竟然互相看对眼了，两人公然勾搭到一起，卿卿我我，难舍难分。

如果是在中原各国，这事早都炸锅了。但秦国本身蛮族风气就重，对于这桩丑事举国上下都没怎么反对，秦昭襄王也没说什么。

义渠王从此把咸阳宫当作藏娇的金屋，没事就来会会情人，宣太后也借此排解深宫寂寞，两人各取所需，还生了两个儿子，郎情妾意，琴瑟和鸣。

宣太后爱不爱义渠王呢？应该说是有好感的，她是"无利不起早"的女人，要她牺牲色相为国为民那是肯定不可能的，所以这起私情背后首先是情欲的满足。

但如果仅仅到此为止，宣太后也就是个普通的淫妇而已，她可不是那么简单，除了情欲，她还要权势。

两人私通了三十年之后，义渠王"年老色衰"，渐渐失去了宣太后的欢心，于是在他又一次来咸阳密会的时候，宣太后母子合谋，偷偷把他害死在了咸阳宫里，随后发动大军攻打义渠。

秦军骤然出现在身旁，义渠国的人们还想着："秦国太后是我们大王的情人，他们肯定不会侵略我们。"所以完全没有防备，瞬间被杀得七零八落，这个立国百年的蛮族国度就这样被秦国消灭了。

秦国从此去掉了西部的隐患，可以全力东进攻伐中原了，这是秦昭襄王的政绩，更是宣太后为国家做出的巨大贡献。

此是后话。

先说回秦昭襄王刚刚登基的时候。

从秦昭襄王开始，秦国正式撕掉伪装，抛开一切仁义道德，在国际上抡起大棒，四面出击，打击一切可以打击的对手。

其他国家就苦了，他们也被迫做出调整，也变得冷酷无情，从此以后，所有的文明法则都被扫荡殆尽，只剩下赤裸裸的弱肉强食。"龙虎相啖食，兵戈逮狂秦"，华夏大地沦为残酷杀戮的修罗场，战国时代进入了一个最血腥的阶段。

各国的统治者们都感受到了这种强大的压力，为了自保，他们不顾一切地扩充自己的实力，展开了一场激烈的强国竞赛。

第十章 楚国的悲剧

楚国的扩张

秦国内乱，让刚刚被打趴下的楚国获得了喘息的机会。

更意外的是，秦宫斗争的结果，胜出的竟是地位低贱的芈八子母子，秦、楚两国瞬间从对头变成亲家，各国都大跌眼镜，国际社会的风向陡然逆转。

宣太后特别护短，公然袒护自己的娘家人，这对楚国来说是一个重大的好消息，有这样一把超强的保护伞在那儿，楚国可以放开手干了。

早在前些年的丹阳、蓝田之战过后，痛定思痛的楚怀王就开始谋划下一步扩张计划——既然西边的威胁无法解除，那么楚国就必须向东方发展，以后即便秦国人打过来了也还有地方可以躲。

他首先把目光瞄准东方的老冤家越国。

越国在春秋末年短暂地爆发过一把，吞并了强大的吴国，疆域达到极盛，但他们毕竟是传统的蛮荒地带，后劲不足，一代人以后就衰落了。

他们夹在齐、楚两大国中间，根本没有扩张的空间，齐、楚又忙着争夺中原的势力范围，也没兴趣搭理他们，所以越国渐渐恢复了祖先们男耕女织的田园生活，静静待在东南一隅。（也不排除这期间发生过一些重大事件，但由于史料的缺损而湮没了，总之，史书上越国这一段历史为空白。）

当然他们偶尔也会加入中原的纷争，但主要担任助攻的角色。当别的国家跟楚国扭打在一起的时候,他们在背后使绊子,给楚国添一些小麻烦,楚国也没把他们当一回事。

直到丹阳、蓝田之战过后,在西边遭到重大挫折的楚怀王开始打越国的主意。

他派大将昭滑偷偷潜入越国境内,策反他们的王子。

昭滑当了五年的间谍,终于成功挑起越国的内乱,这时候正赶上秦武王意外身死,秦国顾不上国际上的事,楚怀王抓住这个机会,发起对越国的战争,但规模还不大。

到宣太后一派上台以后,楚怀王一跃而成为秦王的家属,大受鼓舞,索性把战争扩大,攻入越国本土,杀死越王无疆,直接灭掉了越国。

越国北部,原来属于吴国的土地,被楚国吞并,设置为江东郡。至于越国南部,楚国效仿秦国对巴蜀的做法,把这里变成楚国的一个特区,分给越国的王子们管理。这些王子们从此当上了土皇帝,有的称王,有的称君,乱纷纷斗来斗去,但都共同尊奉楚国为主人。

楚国的领土因此大幅扩张,远远超过其他国家,国力出现了明显的反弹。

好消息接踵而至。宣太后对娘家人真是够义气,居然主动向楚怀王提亲,让楚国把公主嫁给秦昭襄王,秦国也把公主嫁给楚国,两国结成双向的亲家,简直好得蜜里调油。

秦国朝廷里也发生了重大变化,甘茂因为三番五次地替韩国求情,甚至请求昭襄王把武遂还给韩国,而得罪了昭襄王,被迫逃出秦国,到齐国避难去了。

左右丞相的职位因此空出来一个,楚怀王向秦国建议让向寿顶替甘茂的空缺,秦昭襄王马上答应了。

这时候樗里疾已经老了,渐渐淡出政坛,秦国政坛因此被向寿、魏冉这些楚国人垄断,他们在朝堂上呼风唤雨,无人能挡,秦国的对外政策当然也就明显偏向于楚国。

公元前304年,秦昭襄王行冠礼,开始亲政,亲政以后做的第一件大事,就是在黄棘与楚怀王会盟,并且把上庸之地还给楚国。

当年秦惠文王要把上庸还给楚国,气头上的楚怀王说:不要上庸,只要张仪。因此错过了收回故土的机会，现在终于得到这块土地了。

上庸是大巴山最东边的一块，收回上庸，意味着楚国收回了西边大部分的失地，重新拥有了对秦国的战略纵深，意义重大。

这是楚怀王的重大胜利，至此，楚国终于走出了蓝田之战失败的阴影，重新振作起来。

不过，所谓福兮祸所依，祸兮福所伏，楚怀王受到秦国这么多照顾，乐得屁颠屁颠的，一副小人得志的嘴脸，东方各国看在眼里，心里都不是滋味，都在背地里骂他"狗仗人势"。

头一个看不惯的就是齐国。

齐国这两年的日子并不好过，他们正面临北方的强大威胁，急需寻找新的突破方向……

老谋深算的赵武灵王

这几年东方各国都快被逼疯了，都在拼命扩张自己的势力，北方的赵国也不例外，他们的手段更加凌厉而有效。

赵武灵王是特别有想法的君主，从登基伊始，就在不停地探索强国之路。

他的对外政策很清晰：尽量避免卷入中原各国的争斗；对秦国能让则让，拉拢燕国这个老哥们，压制齐国这个死对头，向胡人要土地。

其中最关键的就是：低调，避免树敌。

当年魏国带领三晋打遍天下无敌手，后来却沦落到四处投靠大国的地步，主要原因就是树敌太多，在无休止的战争中耗尽了自己的国力。

之前赵成侯和赵肃侯也犯过这个错，在几十年的时间里不停地跟齐国和魏国作战，导致赵国始终发展不起来，甚至还差点被人灭国。

所以赵武灵王继位以后立即对外休战，不参与任何纷争。

不仅如此，还避免激怒对手。

之前"五国相王"，其他四国都大胆称王，只有赵武灵王，在相王大会上跟四个国君称兄道弟，忽悠了别人称王，回到国内以后立即变脸，宣称自己没资格称王，依然称"君"，把压力都抛给别人去扛。

这种低调务实的作风帮助赵国躲开了许多风浪，这些年尽管南方各国打得天昏地暗，赵国却始终得以独善其身。

另一方面，赵国本身的地理环境也特别有优势。

他们南方有魏国帮忙堵枪眼，各种纷争都被隔离在国境之外，北方又是胡人的土地，可以尽情掠夺而不会引来诸侯们的干涉。

主要的麻烦来自于东、西两个方位，即燕、秦两个国家。所以赵武灵王见缝插针，先后帮助燕国和秦国的王子回国继位，两国国君都感激他，顺水推舟地化解了两个方向的威胁。

剩下的就是齐国这个老对头。赵武灵王的策略是跟燕国、宋国结成同盟，跟韩、魏也尽量友好，共同封堵齐国，而且齐国就算要扩张，首当其冲的也是燕国，有燕国这个铁哥们在前面挡着，赵国不怕。

应该说，赵武灵王是依靠政治手腕保护国家利益的顶尖高手，他的一系列高明的策略，保护着赵国稳步发展，国力渐渐追了上来。

但是江湖风波恶，仅仅靠外交技巧自保是不够的，必须有一套可靠的强国战略。

齐国有强大的经济实力，楚国有广袤的土地和庞大的人口，秦国有十万铁骑和崤函之险，赵国有什么呢？

他们有一个独特的优势：靠近胡人！

长期跟胡人交往和作战，使得赵国社会有明显的胡化倾向，军队里也杂居着许多胡人，而草原上成长起来的胡人，作战能力一向超过农耕民族。

另外，充足的马场和战马资源，也让他们有发展骑兵的本钱，这是其他诸侯国不具备的。

所以，向胡人学习，引进胡人的战斗方式，组建骑兵部队，这是赵国可以实现的强国模式。

但这样做会过早暴露赵国的野心，招来诸侯们的联合打击，所以这么多年赵国都只能"偷偷摸摸"的，小规模地搞一些胡化的尝试，不敢明着来。

当秦武王意外身亡，秦国陷入宫廷斗争的消息传来，赵武灵王知道：机会来了！立即对军队发布"胡服骑射"的命令。

一场轰轰烈烈的胡化运动在赵国全面展开。

他命令军队全部换上紧身、窄袖的胡服，衣裤分离，系皮带，穿马靴。穿上这样的服装骑马射箭，机动能力会大幅提高。

但这只是外在表现，胡服骑射本质上是对胡人骑兵部队作战方式的全面模仿，这种模仿使得赵国军队的作战能力明显提升，超过了秦国以外所有的诸侯。

而且这只是赵武灵王强国计划的一部分，战斗能力提升以后的赵国，也试图对外扩张。

他首先啃中山国这块硬骨头。

从公元前380年左右中山国复国，到现在过了七十多年了，这些年，赵国国土被中山国拦腰斩断，分成邯郸为首的东部和晋阳为首的西部，这对于赵国的国力有很大的压制作用。

历任国君都试图拔掉中山国这个眼中钉，但总是没成功，现在赵武灵王改革军队以后，第一个就拿中山国试刀。

从公元前306年开始，赵国连续十年不停地对中山国用兵。融合了胡人血统的新一代赵国军队果然战斗力爆表，一亮相便震惊世人，接连取得大胜。

赵武灵王采用钝刀子割肉的策略，不是一下打垮中山国，而是每次抢占几个城邑，迫使敌人割地求和，用一段时间消化掉这些土地以后，又继续打，这样逐步压缩中山国的生存空间。

终于在公元前299年，赵国攻破中山国的首都，在前296年彻底消灭中山国，迁中山王，吞并了他们全部的领土。

至此，赵国的疆域终于连成一片，国土大幅扩张，地理形势明显得到优化。

同一时期，赵国也在连续进攻林胡和楼烦两个胡人国家，也接连取得胜利，夺得大片领土和财富，又把投降的胡人编入自己的军队，用胡人献来的优良战马装备赵军，赵军的战斗力因此进一步增强。

但这是战国时代，谁都见不得别国好。赵武灵王也知道自己是在走钢丝，稍不注意就会引来各国的围攻，所以在扩张的同时也小心翼翼地试探各国的态度。

当时正好齐、韩、魏三国正在联手打击楚国。赵武灵王玩两面三刀的手段，表面上三不管，私下跟双方都合作，先后派人去这四国帮他们出谋划策，一方面挑起他们的争端，另一方面稳住他们，防止他们回过神来围攻自己。

至于秦国，赵武灵王对秦昭襄王有恩，当初送他回国的时候可能就签过协议，两国要保持友好。现在赵武灵王更是天天把"盟友"挂在嘴上，让秦国也放松了防备。

就这样，赵武灵王给赵国争取来十年的黄金发展机会。

这十年间，赵国迅速崛起，让国际社会措手不及，等几个大国反应过来的时候，赵国已经成为一流强国，无法遏制了。

当然，看到这个机会的人不止赵武灵王。同一时期，东边的燕国也在紧锣密鼓地积蓄国力，燕昭王是赵灵王扶立上位的，两国又共同扶立了秦昭襄王，所以他们跟秦国关系都比较融洽，燕、赵两国心照不宣地结成同盟，他们的目标很明确，就是冲着齐国去的，齐国因此感到巨大的压力。

礼贤下士孟尝君

作为老牌强国，齐国当然知道这个时代扩充自己的实力有多么重要，这些年他们也在不停地尝试向外扩张，但他们的位置有些尴尬：东边是大海；南边是楚国这个南霸天，越国也被楚国抢先拿下了；北边前几年侵略燕国被打回来了，现在燕赵结盟，更不敢惹；西边的赵国已经崛起，韩、魏两个小娘子又被秦国包养了。

看来看去，齐国虽然强大，却找不到一个可以扩张的方向，他们的对外政策陷入了迷茫状态。

还好齐国有孟尝君。

孟尝君本名田文，是田婴的儿子、齐湣王的堂兄弟，早在年轻的时候就已名动天下。

田婴在齐威王、齐宣王和齐湣王时期都是朝廷里的一号人物，参与了这几十年齐国几乎所有的重大决策，他被封在薛邑，又称为靖郭君。

田婴有很多妻妾，生了四十多个儿子，其中有个小妾，在五月五号那天生下了田文。田婴很迷信，认为这一天生的小孩会对父母不利，所以让人把这个孩子扔掉，但田文的母亲瞒着田婴偷偷把他养大。

这件事终究是瞒不住的。等田文长大以后，他的母亲带他去见田婴，说明了情况，希望田婴能认这个儿子。田婴大怒，想要处罚他们母子，年少的田文一点都不慌张，过去跟父亲磕头说："请问五月生的孩子为什么就要扔掉呢？"

田婴说："五月生的小孩，长到跟门户一样高的时候就会害父母。"

田文又问："人生是天注定的呢？还是门户注定的？"

田婴答不上来。

田文说："如果是天注定的，您忧虑也没用；如果是门户注定的，把门户加到比人高就行了，何必忧虑？"

田婴见他出言不凡，吃了一惊，便原谅了他们母子。

当时齐国的稷下学宫办得轰轰烈烈，举国上下对人才非常重视，贵族们也学着君王，四处招徕人才，纳为门客，这种风气迅速在全国盛行开来，贵族们家家户户都有很多门客。当然，不仅是齐国，其他国家的贵族们也都在四处招徕门客，这就是战国时期"养士"的风俗。

一开始，贵族们招到的都是真正的当世豪杰，但这样的人终究是凤毛麟角，渐渐的，贵族们就开始荤素不忌，什么人都收，甚至一些明显是来混饭吃的人，他们也收留下来，万一哪天用得着呢？

贵族们"养士"背后是很现实的考虑：这是一个礼乐彻底崩坏的时代，尊卑关系、平民贵族的界限，早已被打破，社会底层潜伏着的形形色色的人物都有了出头的机会，谁先招揽到这些人才，谁的政治势力就更大，这是于私；于公的方面，贵族们豢养的门客，可以作为国家人才库的储备力量，国君需要人的时候，就来这里找，贵族们也会积极向国君推荐自己的人，以增加自己的势力。

所以对于田婴这样的官员来说，养士也是一项本职工作，需要认真对待。

门客的数量与一个官员的地位直接相关。田婴这种一流权臣，手下的门客数量也相当惊人，三教九流什么样的人都有，每天进出他家大门的人浩浩荡荡，络绎不绝，招待这些人也是一件很烦琐的任务。

田文是胸怀大志的人，对天下局势有很多想法，他问父亲："请问儿子的儿子叫什么？"

田婴答："叫孙子。"

田文又问："孙子的孙子叫什么？"

田婴答："叫玄孙。"

田文再问："玄孙的孙子叫什么？"

田婴答不上来了。

田文就说："父亲也知道，人有亲疏之别。现在您在齐国已经辅佐过三代君王了，再往后，跟齐王的关系只会越来越疏远。我看您当政这些年，积攒的财富越来越多，手下的贤臣却没有一个，只养了一帮酒囊饭袋。所谓将门必有将，相门必有相，如果继续忽视招揽贤才，手下无人辅佐，您的地位如何维持呢？"

田婴听到这一席话，顿时对这个儿子刮目相看，从那以后就开始着重培养他，让他负责去招揽那些门客。

田文果然没有辜负父亲的期望，他为人豪爽，喜好扶危济困，迅速在众多门客同僚中树立起自己的威望，各路仁人志士如过江之鲫涌入田氏门下，田文也从此闻名于诸侯，成为田氏家族的顶梁柱，后来终于继承了田婴的爵位，为薛邑之主，号为孟尝君。

孟尝君继承父亲的事业，继续延揽门客，并且发扬光大，他手下门人数量是天下第一，据说有数千人之多。

他待人比父亲更加热忱，传说每次有新的门人来投奔的时候，他在前边跟那人交谈，就让手下在后边偷听，记下那人的家庭住址等等，等谈话结束那人一回去，一份丰厚的礼物就已经送到他家里了。

随着孟尝君名声越来越响亮，各种奇奇怪怪的人物都投奔到他这边。不管是当世名儒、剑客游侠，还是贩夫走卒，都来寻求庇护，甚至在逃犯人都到他这里来躲避。

对于这些人，他不分贵贱，一视同仁，所有人衣食住行都跟自己等同。

据说有一次，孟尝君招待食客们吃饭，有人挡住了灯光，房间里昏暗不明，在座的一个人以为这是故意不让他看清楚别人的饭食，说明别人吃的饭肯定比自己的好，所以当场发火要走人。孟尝君拦住他，拿自己的饭食给他看，一模一样，那人羞愧无比。

孟尝君礼贤下士的名声传遍天下，最后连秦昭襄王都听说了，派人招他去秦国为相。孟尝君很感兴趣，多亏当时苏代在齐国，竭力阻止，他才没去。

不过秦昭襄王真正的用意恐怕是为了釜底抽薪，因为孟尝君是六国合纵抗秦的新一轮领导者。

齐宣王晚年的时候，孟尝君已经在齐国为相。他的政治主张是联合韩、魏这些小国抗衡秦国，类似于当年公孙衍的合纵政策，但以齐国为中坚力量，抗秦的目的也是为了维护齐国的利益，可以说是齐国版的合纵。

这两年楚怀王春风得意，刚刚在黄棘跟秦昭襄王会盟，争取到秦国返还上庸之地，楚怀王仗着自己有秦国这座大靠山，狐假虎威，尾巴翘到天上去了，俨然以秦国的铁哥们自居，这样的姿态难免引起其他国家不满。

楚国跟韩、魏向来就是跷跷板的两头，秦国拉拢楚国，跟韩、魏自然就要翻脸，所以在黄棘会盟过后，马上发兵攻打韩、魏，一口气拿下几座重要城池，连武遂这个韩国的命门都给拿下来了。

韩、魏两国慌了，国际上就是秦、齐、楚三个大佬，现在得罪了秦、楚，怎么办？只能去投靠齐国呀，两国主动去找到齐国归顺。

孟尝君见到这情形，正中下怀。他早就在谋划敲打秦楚联盟了。楚怀王当初被张仪忽悠，跟齐国断绝关系，甚至派人上门大骂齐宣王，这个仇还没报，现在这是送上门来的借口。于是齐宣王和孟尝君当即跟韩、魏约定，共同攻打楚国。

秦楚联盟是想打就能打的吗？孟尝君当然知道这背后的利害，他这次发兵只是试探，关键是看秦国的反应，如果秦、楚抱团，那决计打不得。

不出所料，三国联军刚到楚国边境就传来消息：秦昭襄王发兵救楚！

三国主帅面面相觑——回去吧，这仗打不得。只好垂头丧气地走了。

但谁也想不到，就在这个关键时刻，剧情却出现了神奇的反转。

意外来临的灭国之灾

之前,三国攻打楚国的消息传出来的时候,楚怀王首先想到的是抱秦国的大腿,所以把自己的太子熊横送去咸阳做人质,这才换来了秦国出兵帮忙。

结果不出所料,三国联军自己撤走了。

就在楚国上下刚松了一口气的时候,秦国那边却曝出一个大新闻——太子横跟秦国的一个大夫不知为什么事打起来,最后杀死了那个大夫,自己逃回了楚国。

秦昭襄王那边暴跳如雷,正在捉拿太子横!

楚国朝野震动,谁都没想到会出这种事,这下怎么办?

楚怀王赶紧派人去秦国赔罪。但太迟了,魏国已经先行一步,魏襄王以闪电般的速度去临晋跟秦昭襄王会盟,两国结成友好关系,秦返还去年抢夺的魏国领土,双方声明共同抗击敌人!

同时,韩国太子也去朝觐秦昭襄王,双方也握手言和。

几乎是一夜之间,秦国就从楚国这边,倒向了齐、韩、魏三国联盟。这个反转实在太快,国际社会都惊呆了。

最震惊的就是楚怀王,他惊恐地发现,现在所有国家都是楚国的敌人!

他立即下令全军戒备,防范可能到来的军事打击。

但敌人来得比他想象的更快,秦国的态度刚一转变,三国联盟就再度组织起军队,直扑楚国方城。

这一回可是真打了。领军的是齐国名将匡章,他曾经参加过徐州相王,又曾领军打进燕国首都,是齐国资格最老的将领。同行的魏将犀武、韩将暴鸢也都是各自国家最著名的将领,三国联军这次准备充分,显然志在必得。

楚怀王派大将唐昧迎战,双方在方城之外列阵,隔着沘(bǐ)水对峙。

秦国也加入战团,派大军从汉中侵入楚国,在重丘跟楚军交战,楚国陷入了两线作战的不利境地。

而一直声称要替楚怀王撑腰的赵武灵王,现在看都不来看一眼,悄无声息地打中山国去了。

楚国只得咬牙苦撑。

幸好方城拥有金城汤池，楚又提前在沘水沿岸布下重兵，弓弩手时刻待命，敌人要渡河难于登天。

三国联军对地形不熟，在河那边对峙了半年，每次渡河都被楚军的漫天箭雨拦回来，始终没有机会。

眼看这样拖下去不是办法，匡章很苦恼，国内的齐湣王也着急了，派人责难匡章，要他立即发动进攻，匡章明确回复他："你可以撤掉我，杀我全家，但要逼我现在出击，做不到！"

就在双方僵持不下的时候，齐国的巡逻人员偶然遇到附近的一名樵夫，那樵夫告诉他们："要分辨河水深浅太容易了，楚国军队重兵把守的地方水就浅，士兵少的地方水就深。"

联军统帅恍然大悟，马上挑出楚国防守最严密的地方，半夜发起冲击，楚军那边万万没想到他们会从这里突破，被打个措手不及，联军渡河成功！

双方随后在垂沙展开大战，楚军大败，主将唐昧被杀，三国联军一路横扫，突进到楚国腹地，直扑郢都，楚国开始崩溃。

汉中那边也传来消息，秦军突破防线，斩首两万，拿下重丘，秦师从汉中杀下来了！

更大的灾难随后来临。唐昧的部将庄硚（庄硚的身份有争议）临阵倒戈，带领自己的部下转身扑向后方，直接攻入郢都，烧杀劫掠。

这是两百年来郢都第一次被人攻破，郢都的民众四散逃窜，举国震恐，楚怀王已经无法控制局势。

楚怀王带着文武百官们四处躲避，但是楚国的平原上已经处处是烽烟，还能躲到哪里去呢？最后他只好向齐国投降，请求齐湣王饶恕。齐湣王也不想彻底把楚国打趴下，便命令三国军队撤退。

楚国人终于可以喘上一口气，但北方大片领土已经被韩、魏占领，国内盗贼蜂起，一片混乱，国土四分五裂，很多地方都已经不在政府的控制之下了。

但噩梦还没结束。就在楚国人因为三国联军的撤退额手称庆的时候，秦国的第二轮打击又来了。

这次带兵的是宣太后的弟弟芈戎，这姐弟俩翻脸不认人，对自己的祖国痛下杀手，大败楚军，杀死大将景缺，斩首三万，攻占楚国北方门户襄城，形势惨烈无比。

楚怀王终于确认这一系列的打击背后是秦国在操纵。绝望中的他只好向齐湣王求援，许诺割让六座城池，并且把太子横派到齐国去做人质，希望齐国出来斡旋，让秦国收手。

秦昭襄王看到这一幕，一声冷笑，把自己的弟弟泾阳君也送去齐国做人质，同时警告孟尝君，要他别干涉楚国这边的事，看热闹就好。

齐国本来就想看两大国争斗，当然不反对。

秦国的第三轮打击随后来到，这次兵分两路，芈戎攻下新市，庶长奂攻下另外八座城池，斩杀大将景快，大军压境，再一次威逼郢都。

这时，楚国已经陷入全面危机，再也无力反抗，只能任凭秦国宰割，曾经的天下第一大国彻底被打趴下了。

但就在秦国强力压制楚国时，秦昭襄王却给楚怀王写了一封言辞恳切的信：

我们两家本来是亲戚，前两年关系不还是很好吗？哪料到你的太子杀掉我的朝中重臣，私自逃回楚国，我气疯了，才对你们大打出手，你不要生气。

刚刚听说你居然把那个太子又送到齐国去，求他们帮忙，难道跟我如此见外吗？我们两亲家的纠葛要让外人来拆解吗？我们不如好好谈谈，就约在武关见面，大家重归于好，继续维持我们的亲密关系，怎么样？

收到这封信，楚国朝堂上炸锅了。

背信弃义的秦人

大多数朝臣坚决反对怀王去跟秦王会盟。秦国的恶意已经暴露得太明显了，会盟的地点又在秦国，万一他们翻脸怎么办？难道还要再上他们一次当吗？

大将昭睢直接说：秦国是"虎狼之国"，绝不能相信。

屈原等人也竭力阻止。

但怀王的小儿子公子兰却一力撺掇他去:"我们根本没有实力抵抗秦国,现在人家放下身段要跟你和谈,难道你还不同意?"

怀王自己也很为难,去吧,前方杀机重重;不去吧,楚国有拒绝的本钱吗?横竖都是被欺负,不去也躲不过。而且自从周朝衰落以来,诸侯们虽然互相打来打去,但在国家会盟这种场合,大家还是比较守规矩的,不会太为难别国君王。

再说,他心底对宣太后还是有一丝幻想,这个女人再绝情也不至于到这种程度吧?前两年不是还笑容可掬地跟我们这些娘家人攀亲戚吗?他很想跟宣太后当面对质,看看她怎么说。

经过一番激烈的争辩,楚怀王最终不顾多数朝臣的劝告,决定参加这次会盟。

楚国的荒原上,烟水迷茫,一支孤独的队伍垂头丧气地走着。前方迎接他们的会是怎样的命运?

武关是商於之地的门户。楚怀王的军队沿着丹江通道溯流而上,走过一段峭壁高耸的大河谷,终于来到这里。这时所有人都已经疲惫不堪了。

不出所料,秦国并没有举办什么热情的欢迎典礼,只派了几个从来没见过的低级官吏,一脸冷漠地带着楚国人往前走。

楚国君臣几次问他们,什么时候能见到秦王?那些人只是冷淡地说:"前面就到了,别着急。"

山谷中寒风凛冽,深一脚浅一脚地走了半天,终于来到秦军大寨前,寨中岗哨林立,但哪里有秦王的影子?

楚国君臣刚要问询,前面寨楼上一员大将高声说道:"我们大王有令,请楚君到咸阳一行,即刻启程!"

上当了!

楚国君臣轰然雷动,跳起来开骂,四周却早已经有上百名带甲武士层层围上来,把怀王的随从全部掀翻在地,捆起来带走,然后把楚怀王劫上战车,当即开往咸阳。

咸阳宫里,等待他们的并不是迎宾队列,而是冰冷的铁锁链,楚怀王被武士押到章台之前，以番邦朝觐中原的礼节，跪拜秦昭襄王。

楚国立国以来最大的耻辱就此上演！

直到这时楚怀王才看清宣太后母子的真面目。

他设想过各种最恶劣的场景，却万万想不到，秦国竟会完全不顾国家间交往的基本规则，公然用"会盟"为借口劫持他国君王。这是战国时代百年以来从来没有发生过的事情，现在秦国却真的做出来了，没有留一点余地，周朝所有的礼义廉耻在这个国家已经被践踏得粉碎。

他心里的一个疑团也终于解开了，之前太子横逃回楚国的时候，楚人就纷纷猜测这事情不简单，太子横的安危关系到秦楚联盟能否维系，一个小小的大夫怎么敢去招惹他？太子又怎么会冲动到公然在秦国杀秦国大臣？

现在这一切都有了答案，原来秦国所有的举动都是在表演给楚国看，他们最大的目标一直就是楚国！联姻、结盟、归还领土，现在看来不都是笑话吗？

芈八子，芈八子，好一个狠毒的女人！我们早就应该想到她是根本没有信义可言的，她的眼里从来就只有利益，所谓的祖国，亲人，在她眼里都只是猎物而已。

高台上的芈八子——现在的宣太后，巧笑盈盈，对楚怀王检衽行礼："王兄别来无恙？你外甥很想见你，你怎么一直不肯来呀？我们实在没办法，只好出此下策，还请王兄勿怪。"

她吩咐周围的人："这是我兄长，给我照顾好了，谁都不许欺负他。"说完就下去了。

秦昭襄王眼睛一瞪："怎么还不赐座？"然后对怀王拱手为礼："有请楚君，得罪了。"

卫兵把怀王按在座椅上，听候宣判。秦昭襄王直接抛出自己的要求，没有商量余地——割让巫郡、黔中郡，然后可以放怀王回去。

这就是绑架！怀王只觉得一股怒火冲上脑门，他被秦国骗了一辈子，这时候终于醒悟了，他拼命挣扎，用他所能想到的最恶毒的词汇，破口大骂，没有一刻停息。这个昏君，在人生的尽头，终于爆发出一股无与伦比的忠勇之气，不管秦国人如何威逼利诱，他始终咬定一点——绝不割地！他已将生死置之度外，如果那无可挽回的命运一定要来，那就让它来吧，楚国绝没有卖国之君！

秦昭襄王皱紧眉头，一摆手："这人气糊涂了，把他带下去好好看管，割地的事从长计议。"

楚怀王被围上来的卫兵带走，投入冰冷的监狱，从此关押在秦国。

国殇，一个时代的悲剧

楚怀王被秦国扣押的消息传回楚国国内，举国震动。人们义愤填膺，争先恐后地向朝廷上书，要求攻打秦国。朝堂上也吵成一团，当初撺掇怀王赴约的公子兰一伙成为众矢之的。主战派纷纷请战，要求即刻发兵。

国际上也是一片哗然，秦国的做法已经踩碎了国际交往的底线。人们虽然很看不惯楚怀王，但还是对他报以深深的同情，希望这事能有一个圆满的结果。但各国又能怎样呢？在这个人人自危的时代，谁又能出来主持公道？

秦国那边，监牢里的楚怀王依然丝毫不松口。秦昭襄王也发现自己的做法可能是一个错误，除了收获仇恨以外一无所获，但已经太迟了，秦国已经永远在国际上留下了"虎狼之国"的恶名。

现在秦昭襄王骑虎难下，只能一直把楚怀王扣着，双方都不肯让步，局势就这样僵持着。

楚国大臣们看到这个情形，知道怀王很有可能回不来了，开始考虑下一步计划。他们去齐国迎接太子横，想先把他立为楚王，断了秦国的念头，再想办法营救怀王。

齐湣王开始还不同意，想把太子横也扣下来，也逼迫楚国割地。但孟尝君觉得这样的做法过于离谱，劝说齐湣王把太子横放回去了。

公元前298年，太子横登基，是为楚顷襄王。

秦昭襄王母子这下更加尴尬，恼羞成怒，再度发兵攻打楚国，一口气攻下十六座城池，斩首五万，鲜血染红楚国的山川。

楚人已经没有任何能力抵抗侵略，只能任凭秦人宰割，但秦国人也没有胜利，他们得到的除了土地，还有仇恨。

一年以后，楚怀王越狱成功，偷偷逃出秦国。但秦国政府立马发觉了，紧急封锁到楚国的道路，在全国通缉怀王，怀王只好逃到赵国去。赵武灵王那么精明的人，当然不会收留他，他只好又逃往魏国，却在半路被秦国追兵抓住，又被押回了秦国。

这以后秦国加强了看管，断绝了怀王跟外界的一切联系。又过了一年，饱受摧残的楚怀王带着冲天怨气死在了秦国的监狱里。周朝开国以来，第一次有一个国君诱骗另一个国君到自己国内，并虐待至死。

怀王的遗体被送回楚国，一个国家的尊严惨遭践踏，楚人的心理防线彻底崩溃了，人人哀恸，户户悲鸣，屈原更是怀着满腔愤懑写下了无数的诗篇，《国殇》即是其中之一：

> 操吴戈兮被犀甲，车错毂兮短兵接；
> 旌蔽日兮敌若云，矢交坠兮士争先；
> 凌余阵兮躐余行，左骖殪兮右刃伤；
> 霾两轮兮絷四马，援玉枹兮击鸣鼓；
> 天时怼兮威灵怒，严杀尽兮弃原野；
> 出不入兮往不反，平原忽兮路超远；
> 带长剑兮挟秦弓，首身离兮心不惩；
> 诚既勇兮又以武，终刚强兮不可凌；
> 身既死兮神以灵，魂魄毅兮为鬼雄。

秦国的做法实在太不地道，这在楚人心里留下了永远无法抹去的创伤。秦、楚从此结为世仇，楚人有言，"楚虽三户，亡秦必楚"，仇恨环环相结，代代相传，永不可解。

这是楚人的伤痛，也是秦人的悲哀。

秦、齐、楚三大国的角力竟以这种方式收场，天下人唏嘘不已。人们对秦国感到极度失望，从此不会再有国家愿意真心实意地跟秦国合作，秦国跟人交往的唯一方式只能是武力，"合纵连横"这种假惺惺的面具可以抛开了，秦国即将对天下人举起屠刀。

从这时起，战国历史真正进入了黑暗时代。

第十一章　双雄并立

鸡鸣狗盗

楚国人为自己的自私和愚蠢付出了惨重的代价，从丹阳之战开始，十几年间不断遭受重大创伤，山河残破，从此被打入二流国家的行列，退出了三大国的竞争。秦、齐两国都从中受益，跃升而为天下最强的两个国家。

两国关系开始变得微妙起来，都在试探对方的态度，我们两个到底是敌人呢？还是敌人呢？

其他国家也在忐忑不安地观察着两国势力的消长，到底该倒向哪一边，这是个很伤脑筋的问题。

这时候传来一个让人大跌眼镜的消息——齐国的相国孟尝君受秦王邀请，到秦国为相。

天下人一脸懵：这是什么情况？

就在大家都还没看懂的时候，孟尝君已经火速入秦，登上秦相之位，向天下宣布："我要辅佐秦王了。"

这背后是秦、齐两大国的激烈过招，两国掰手腕大赛正式开始。

不过秦国显然更加霸道，他们并不想继续这种虚与委蛇的无聊把戏，孟尝君入秦没多久，秦昭襄王就翻脸不认人，直接把他关押起来，让赵武灵王派来的楼缓接任秦国相位。

赵武灵王这些年一直在玩挑拨离间的手段，先在齐、韩、魏三国和楚、宋之间上下拨火，左右挑唆，引发两派火拼，把楚国打落悬崖，现在又想挑起秦、齐之间的纷争。

这是东方六国的通病，都在耍小聪明，想让别国先跟秦国打起来，自己好捡漏。

所以现在的情况是：不仅秦、齐两国自己在明争暗斗，其他国家，特别是赵国，也很希望看到他们斗起来。

赵武灵王最近刚刚把君位传给自己的儿子，自己号称"主父"，优哉游哉地在外面晃荡，顺便见缝插针地挑拨各国关系。

孟尝君入秦的同时（也可能更早），赵武灵王把楼缓也送去秦国，让他在秦、齐之间搞事情，但这样他还嫌不够刺激，索性自己伪装成随从，跟着楼缓进入秦国。

赵武灵王混在一群仆从中间进入咸阳，沿路查看秦国风土人情。这时候可怜的楚怀王还被关在咸阳的监狱里，东方各国的君主们对秦国躲都来不及，秦昭襄王母子怎么也想不到真有不怕死的国君赶着来自投罗网，所以也没有防备。楼缓去会见秦国各个官员的时候，都把赵武灵王带在身边，近距离查看秦国官场的情况。

楼缓也多次劝谏，说这样太冒险，但赵武灵王不听，最后他甚至跟着楼缓去拜见秦昭襄王母子，那娘儿俩硬是没把他认出来。

但宣太后他们毕竟都是千锤百炼的人精，也有点怀疑起来了，赵武灵王一看势头不对，从秦王宫出来以后立即变装易服往赵国跑。宣太后他们随后派人追赶，一直追到边境上，守边的人说刚刚有赵国车队飞奔出境，追兵只好空手而回，回来一调查，才知道那果然是赵武灵王。

这件事情把秦昭襄王母子惊出一身冷汗，意识到一个很难缠的对手已经在北方崛起，以后秦赵之间必然要大斗一场。

楼缓在秦国积极活动，终于把孟尝君挤下去，自己登上了相位，孟尝君反而沦为了阶下囚。

孟尝君来秦国其实也是为了刺探情况，不料被赵国人横插一脚，不仅没有任何收获，还把自己都给陷进去了。

当时他身边还跟着一群门客，大家聚在一起讨论，怎么才能脱身。

他们打听到秦王目前有个非常宠幸的妃子，就托关系找到她，求她帮忙去找秦王说情。

那妃子说：我没别的要求，就想得到上次看见的那种白狐皮裘。

原来孟尝君有一张白狐裘，极其罕见，是天下至宝，但刚到秦国的时候就献给秦王了，现在哪里再去找一张呢？

这时门客里面有个人出来说，他善于扮成狗去偷东西，于是半夜扮成狗，钻进秦王宫的府库里，把那件白狐裘偷出来了。

他们把白狐裘献给那个妃子，那妃子果然去秦王跟前吹枕边风，秦昭襄王一时受她蛊惑，就下令把孟尝君放了。

孟尝君他们如脱金锁走蛟龙，立即改名换姓，拿着假通关文牒飞速逃离秦国。

秦昭襄王这边，刚刚释放孟尝君就后悔了，又派人去捉拿他。

追兵赶到的时候，孟尝君他们已经来到函谷关下。

按照规定，函谷关晚上闭关，天亮鸡叫以后才开关放行。后边追兵马上就到，等天亮开关肯定来不及了。

这时门客里面又出来个异人，他会学鸡叫，叫了几声，周围方圆几里的公鸡都跟着叫起来。守关的人以为时辰到了，便开关放人，孟尝君他们终于成功混出函谷关，来到了安全的地方。

鸡鸣狗盗那两人本来都是最下等的门客，从来不受人关注，孟尝君回到齐国以后，马上把他们都提拔为上等宾客，从此给予最优厚的待遇。后世的人们因此都说，不要瞧不起那些不起眼的人才呀，关键时刻说不定能派上用场呢。

齐湣王见到孟尝君安全回来，也松了一口气，继续任他为相。

但经过这样一番折腾，秦国跟齐国的矛盾已经公开化，谁也装不下去了。

同时，楚怀王被扣留的事情已经引起天下人侧目，秦国也没必要再装好人，该动武就动武，时隔多年之后，再次对韩、魏挥起大棒，双方剑拔弩张，形势一触即发。

齐国的合纵

公元前298年，齐国再度扛起"合纵抗秦"的大旗，由孟尝君组织，联合齐、韩、魏三国兵马共同攻打秦国。

这次战争的口号是替楚怀王讨回公道。不过谁都知道这只是借口，齐国三年前还是伐楚急先锋，怎么会一下就关心起楚王的安危来？

当时楚怀王还关在咸阳，秦国大军刚刚横扫楚国十六城，赵武灵王也贼头贼脑地窥探秦国，所有国家跟秦国的关系都已经闹僵。三国攻秦得到国际社会的一致支持，秦国只好收缩战线，在函谷关拒敌。

双方在函谷关对峙，这一对峙就是三年之久。

在这期间，又发生了楚怀王越狱被抓回的事件，最后楚怀王死在秦国监狱里，国际舆论大哗，一直首鼠两端的赵国和宋国立即倒向三国联军一边，形成五国攻秦的局面。

五国联军终于在公元前296年攻破函谷关，进入秦国本土。

秦国放弃"借力打力"的连横政策，这可能是他们的一个错误，现在跟所有国家撕破脸，以秦国的国力还是有点扛不住。

五国联军一直打到盐氏。这里还属于黄河东岸，离关中还有很长一段距离，但秦昭襄王还是慌了，跟楼缓和公子池商议，决定割让武遂、封陵、晋阳三座城池给韩、魏，五国联军因此跟秦国讲和，然后就退兵了。

三座城池割让以后，韩、魏的防御形势大大改观，都觉得可以过几年安稳日子了，当然不想再闹下去。

齐国也怕再打下去让韩、魏重新坐大，自己搭台，结果让人家唱戏，这当然不合算，所以也见好就收。

这一轮合纵，齐国虽然没得到直接的收益，但他们作为联军的老大哥，亲手组织起这样一次攻势，把秦国打得割地求饶，也是巨大的胜利。跟秦国交锋的第一回合就取得这样的战绩，确实值得骄傲，这样走下去，天下到底鹿死谁手还很难说。

当时谁也想不到，这会是齐国和孟尝君的巅峰之作，也是他们最后的辉煌。

狡兔三窟

齐湣王登基不过几年,却取得了一连串的胜利,齐国的国际地位也迅速蹿升,甚至一度有盖过秦国的势头。不过这些成果主要是孟尝君做出的。孟尝君不管才能还是人望都压倒齐湣王,这样的君臣组合怎么可能长久维持下去呢?

随着孟尝君的声望越来越高,君臣之间的关系也变得越来越微妙。

终于在公元前294年,一次未遂的政变把齐国高层的矛盾彻底暴露出来了。

当时齐国有个将领叫田甲,可能是公卿家族的成员之一,他发起叛乱,闯进王宫劫持了齐湣王,但立即遭到齐湣王支持者的反扑,兵败被杀。

这起事件迷雾重重,具体的细节外界不得而知。只能猜测田甲属于孟尝君一派,他兵败以后,齐湣王对孟尝君派系的人态度彻底转变,孟尝君无法在朝堂里立足,被迫下野,回到了自己的薛邑去养老。

这期间留下了"狡兔三窟"的传说。

据说孟尝君有三千门客,如此之多的闲人,鱼龙混杂,当然不可能每个人都受到很好的照顾,其中有个叫冯谖(xuān)的,当初因为家里穷得活不下去才来投靠。

孟尝君问他:"先生有什么爱好?"

冯谖回答:"没有。"

孟尝君又问:"那有什么专长呢?"

冯谖回答:"也没有。"

孟尝君也没说什么,只是笑笑,吩咐下人好好招待他,就忙自己的事去了。

下人们看到这情形,这人显然是不受重用的呀,所以都不待见他,只拿粗茶淡饭勉强应付他而已。

过了一段时间,冯谖吃饱了饭,一个人靠在柱子上弹着自己的破剑唱歌:"长剑呀,咱们回家去吧,这里没有鱼给我们吃。"

下人们就去回报孟尝君,孟尝君吩咐:"给他添上鱼吧。"

又过了段时间，冯谖又弹着破剑唱歌："长剑呀，咱们回家去吧，这里出门没有车坐。"

下人们回报以后，孟尝君让人配给他一辆车。

不料又过段时间，冯谖又在唱："长剑呀，咱们回家去吧，没人照顾我们的家人。"

孟尝君亲自来问他："先生有家人在外？"

冯谖回答："只有老母独自在家。"

于是孟尝君让人定期送衣食给冯谖的母亲，照顾得无微不至，冯谖这才不抱怨了。

薛邑是孟尝君的食邑，也是他主要的经济来源，有一次到了收租的时间，孟尝君发出告示来，征一个懂会计的人去薛邑替他收租。

冯谖就自告奋勇地说："我去，我对收账很了解。"于是孟尝君就派他去了。

临走之前，冯谖问："请问公子，收到租金以后，需要买些什么回来吗？"

孟尝君说："你看我缺什么就买什么吧。"

冯谖到了薛邑，到处催债，收到十万利钱，但还有很多人交不出租金。

冯谖用收到的利钱置办酒席，把当地的纳税人都召集起来，然后把大家的账本都搬出来放到广场上，先核对了每个人的缴纳情况，然后对大家说："我们公子体谅大家生活不容易，特地吩咐在下来宣布，交得起租子的，我们订个日期，按期交租；交不起的，这次就给大家免掉。"说着命人一把火把那些账本全部烧掉了。

现场欢呼声震天，人人都称赞孟尝君的贤良。

冯谖回去向孟尝君汇报情况，孟尝君听后火冒三丈，问他为什么要这样做，冯谖回答："公子不是说缺什么就买什么回来吗？我看公子缺人心，所以替你买了人心回来。"

孟尝君无言以对，只好摆摆手："罢了。"让他下去了。

后来孟尝君受到田甲事件的牵连，免官回到薛邑，当地老百姓听说以后，扶老携幼，走出几十里来迎接，孟尝君看到道路两旁摩肩接踵的欢迎人群，终于展开笑颜，对冯谖说："我终于见到你买来的人心了。"

冯谖对孟尝君说："狡猾的兔子要挖三个洞口（狡兔三窟）才能保命，现在公子才有一个洞口而已，还差两个，我再去行动。"

说完，让孟尝君赐给他五十乘马车，五百两黄金，他亲自带着这些财宝去魏国游说魏昭王。

冯谖对魏昭王说："齐王免了孟尝君的官职，以孟尝君在国际上的人望，谁得到他，谁就能扩大自己在国际上的影响力，大王请速速行动，请孟尝君来魏国为相。"

魏昭王一听有理，当即让人开着百辆马车，带着千两黄金去薛邑聘请孟尝君。

冯谖早已经跟孟尝君说好了："如此这般……一定要拒绝魏王的聘用。"果然，魏国的使者来了三次，孟尝君三次拒绝了他们的聘请，但国际国内都听说了他被魏国争抢的事。

这时候齐国朝堂上已经轰动了，齐湣王看到这么快就有人来聘用孟尝君，后悔自己赶走了他，于是也派人去薛邑请孟尝君，请他回到朝廷里继续执政。

冯谖对孟尝君说："如此这般……要对齐王这样说。"

于是孟尝君对齐湣王提出，希望能把齐国先王的祭器搬到薛邑来，在薛邑建立齐国的宗庙，湣王答应了。

等宗庙建成以后，湣王再要攻打薛邑也会投鼠忌器，薛邑从此可以长保安宁，孟尝君也得以拥有了一个雷打不动的大本营。

冯谖到这时才对孟尝君说："我替公子建的'三窟'已经建成，公子从此可以高枕无忧了。"

于是在冯谖这位天下第一炒作高手的帮助下，孟尝君通过了重重险阻，成功保持了自己在齐国的地位。

不过传说归传说，现实要残酷得多。

现实是，孟尝君被免官回到薛邑以后不久，终于还是待不下去，只好离开齐国，到魏国去寻求庇护，并且立即受到重用。（另一种说法是孟尝君离开齐国朝廷以后马上就去了魏国，没有回过薛邑，更没有什么"狡兔三窟"的故事。）

孟尝君的离去，使齐国放弃了"合纵抗秦"的策略，开始实行"孤立主义"外交，一切以自身利益为出发点，不讲道义，只讲利益，这是齐国对外政策的一次重大转折。

孟尝君甚至可能在齐国受过很严重的政治迫害，所以后来对齐湣王非常愤恨，余生所有的时间都在跟齐国作对，这也使得齐国在国际上更加孤立。

至于魏国为什么会收留孟尝君？因为他们现在已经变成了齐国的敌对国家。

这之前不久，韩襄王和魏襄王先后过世，新上台的韩厘王和魏昭王没能延续跟齐国的友好关系。

多种因素综合的结果就是：齐国放弃了跟韩、魏联合称霸国际的战略，转身跟秦国眉来眼去，秦、齐关系从敌人变成了竞争对手，而他们争夺的猎物就是韩、魏。

不久以后，已经崛起的赵国也加入战团，跟秦、齐争着分食韩、魏两块大蛋糕。

于是韩、魏就很惨了，两个小国根本无法抵挡三个大国争先恐后的撕咬，一次又一次地被打倒在地，国土也一遍又一遍地被蚕食，国家在恐慌中无可挽回地坠入深渊。

战国后期的大规模杀戮正式来临。

三晋哀歌

从公元前295年开始，韩、魏两国失去了齐国的保护。秦昭襄王看准机会，对韩、魏发起了一系列的战争，这些战争的目的非常明确，就是抢夺土地。

公元前295年，秦国夺取魏国的襄城。

公元前293年，伊阙之战爆发，秦国"死神"白起正式登上历史舞台，在伊阙大败韩、魏、东周国联军，活捉犀武（公孙喜），斩首二十四万。

公元前291年，秦国夺取韩国的宛城。

公元前290年，韩国被迫割让包括武遂在内的两百里土地，同时，魏国割让河东郡四百里土地。

公元前289年，秦国夺取魏国大小六十一座城池。

公元前287年，秦国夺权魏国的新垣和曲阳。

公元前286年，秦国攻打魏国，魏国被迫割让曾经的首都安邑，秦国赶走安邑全部居民，只要地，不要人。

公元前283年，秦国夺取魏国的安城，然后全力围攻大梁，燕、赵两国联手救援，秦军才最终撤走。

公元前276年，秦国派出白起，夺取魏国两座城池。

公元前275年，秦国再一次围攻大梁，打败韩国援军，攻占两座城池，魏国被迫割让温城。

公元前274年，秦国夺权魏国四座城池，斩首四万。

公元前273年，秦国白起、魏冉联手出击，在华阳大败魏、赵联军，斩首魏军十三万，把俘虏的两万赵国士兵扔进黄河。

……

公元前283年到公元前276年间曾有几年空缺，是因为秦国正在打赵国和楚国。秦国这台杀戮机器一刻都没有停过。

这是一段恐怖的历史！

史书上每一行短短的小字，背后都是数万人伏尸荒野的惨祸，是数万个家庭妻离子散的悲剧。

他们的家园变成了自己的坟墓，他们的鲜血渗入自己曾经耕作的土地……这一代人，从出生开始就在秦人的屠刀下瑟瑟发抖，而最终也未能摆脱被屠杀的命运。

这是韩、魏民族的血泪史。韩、魏最大的错误是离秦国太近，最大的罪过是太弱小，这两个因素决定了他们任人宰割的命运。

当年那个骄傲的、霸气的晋国，那个统领中原两百年的强大国家，可能怎么也想不到他们的后人会有这样一天。

韩、魏的国土已经被压缩到极限，人民几乎已经无法生存，整个国家已经彻底失去了抗争的勇气，甚至连仇恨的力量都不再有了。

从那时起，国际上基本听不到韩、魏的声音了，这是两个沉默的国度，在无人关注的角落里静静地等待死亡……

对于这个惨烈的结果，齐国有很大责任。

齐国是山东六国里面唯一能跟秦国抗衡的国家，但他们却选择了隔岸观火的策略，没有扛起抗秦的大旗，甚至跟秦国一起，对韩、魏这些小国施加压力。

齐湣王本人的自私和短视在这中间起了很大作用。

不过，天道轮回，齐湣王自以为聪明，可以高枕无忧地看戏，却不料别人也在看他的好戏。就在他抛弃两个小伙伴，眼睁睁看着他们坠入深渊的时候，别人也在打他的主意，而且目的相当明确——消灭齐国。

第十二章　激烈的生存竞争

燕昭王求贤

子之之乱给燕国带来了巨大的伤害，年少的燕昭王目睹了这一切，对于国仇家恨深有体会。

他一心要找齐国报仇，迫切想让燕国强大起来，所以即位以后励精图治，抓住一切机会振兴燕国。

这时候燕国的国际环境跟赵国有些类似：地处偏远的北方，远离中原是非之地；跟秦国又有血缘关系，属于天然的联盟。唯一要担忧的就是南边的齐国，但赵国同样跟齐国有仇，只要燕赵联手，齐国就不敢在北边有动作。

这样有利的国际环境，带给燕国一段黄金发展期。

燕国传统上是落后地区，人才匮乏，所以燕昭王振兴燕国的第一步就是大力招揽人才。

在燕王招揽人才的事迹中，最著名的是"黄金台"的传说。

燕国有个老臣叫郭隗，昭王去找他问招揽人才的策略，郭隗讲了个故事：从前有个君王想要千里马，派下人拿着千金财宝到处求访，一直没找到。

后来这个下人终于回来禀报"找到千里马了"，拿出来一看，却是死马的骨头，原来他花五百金买了千里马的骨头回来。

君王大怒，要处罚他，那人说："现在天下人都知道您甚至愿意花五百金买千里马的骨头,还怕真正的千里马不来吗?"君王一想,觉得很有道理,转怒为喜,厚赏此人。果然过了没多久,人们争先恐后地前来献马,君王也得到了自己想要的千里马。

郭隗接着对燕昭王说:"微臣没什么才能,大王要招贤,请从微臣开始。如果大王连微臣都能礼待,还怕天下的贤才不会闻风而来吗?"

昭王大喜,立即命人扫洒沐浴,举行隆重的仪式封赏郭隗,宣称他就是自己要找的贤才,亲自拜他为师,并且为他修筑了名叫"黄金台"的宫殿,以此表达对老师的尊重。

此事经过官方舆论的大肆宣传,天下人都知道燕昭王求贤若渴,从各个国家来投奔的人才络绎不绝,其中最著名的有:魏国来的乐毅、齐国来的邹衍、赵国来的剧辛。这些人都是百里挑一的人才,其中乐毅是当年讨伐中山国的名将乐羊之后,邹衍是齐国稷下学宫的著名学者,剧辛是赵国名将。

这些人汇聚到燕国以后,使得燕国的风气焕然一新,国家很快振作起来,从此迈上了强国之路。

燕昭王也成为了爱才、惜才的君王的代表,被后世的人们称颂不已。后世文人每当怀才不遇的时候,就会想起燕昭王,感叹一声"要是现在的时代还有燕昭王该多好……"譬如诗人李白,就这样写过:

> 燕昭延郭隗,遂筑黄金台。
> 剧辛方赵至,邹衍复齐来。
> 奈何青云上,弃我如尘埃。
> 珠玉买歌笑,糟糠养贤才。
> 方知黄鹄举,千里独徘徊。

不过冷静地说,史书里这些记载大部分是后世的术士们夸张的描述,燕昭王招徕的真正重要的人物就一个——乐毅,他能来燕国,还多亏赵国发生的那场震惊国际社会的政变。

玩火自焚的赵武灵王

燕国崛起的同时，赵国正在发生一场巨变，谁也想不到，一辈子精明透顶的赵武灵王意外地栽倒了。

赵武灵王的嫡长子是太子章，太子章的母亲死得早，赵武灵王又宠幸上了一个绰号"吴娃"的美女。

吴娃生下公子何。跟大多数宫斗剧差不多，吴娃仗着自己受宠，想尽办法挤兑太子章，最后终于成功斗倒太子一派，把公子何送上了太子之位，她自己也被立为王后。

公元前299年，赵武灵王传位给太子何，是为赵惠文王，赵武灵王则自称为"主父"。赵惠文王年纪还小，赵主父便让自己最得力的手下肥义去辅佐他，自己专心应付国际上的纠纷，不再过问国内的事。

赵主父是个特别有心机的人，见缝插针，找准一切机会为自己和赵国谋取利益，他表面上跟秦国友好，实际一直盯着秦国，想找到秦国的漏洞把他们打垮。传位给儿子以后，他开始把全部精力用来算计秦国，甚至还亲自混进咸阳去近距离窥探秦昭襄王。

他的计划是依靠自己胡华混合的军队，向西北方向侵吞楼烦、林胡的地盘，然后从云中、九原南下袭击秦国，这就废掉了秦国的函谷关屏障，而且居高临下，占有地理优势。这个计划如果成功实施的话，真有可能一举把秦国打趴下。

但他太高估自己的控制力了。就当他在外面到处晃荡的时候，宝座上的赵惠文王已经渐渐长大，逐渐掌控了局势，赵主父实际上已经失去了对赵国形势的控制。当然，他自己并没有意识到。

如果一切就这样发展下去，倒也没有大问题，父子俩分工合作共同经营赵国还是不错的，但这时候赵主父却犯了一个致命的错误——

把王位传给小儿子以后，赵主父心里有些内疚。毕竟大儿子赵章文韬武略都是一流，又没犯什么错误，就这样凭空废掉他，其实说不过去。这时候吴娃也已经死了，没人在赵主父跟前吹枕边风，他渐渐有些后悔了。

当时正好消灭了中山国，赵国南北通道从此打通，赵主父就把赵章封在北方的代地（首都邯郸在南方），称为安阳君，让大将田不礼去辅佐他，于是赵章的势力也渐渐大起来。

有一次，全国官员到邯郸朝觐赵惠文王，安阳君赵章也来了。赵武灵王在旁边看到他一脸颓丧，低声下气地朝拜自己的弟弟，心里很过意不去，更加后悔当初改立小儿子的决定。于是他就想进一步提拔这个大儿子，便把他封为代王，甚至计划把赵国分为南北两部分，让两个儿子分别统治。

赵主父疼爱儿子的心情可以理解，毕竟手心手背都是肉，但作为君王来说，这样心软的想法是绝对不该出现的。

大臣们就清醒得多了。李兑和肥义都是朝廷里特别精明的人物，两人都在私下表示担心，认为赵章绝对不是表面上看起来那么恭顺，是故意装样子博同情，只怕后续会有进一步的行动。

所以赵主父的想法一提出来，马上遭到这几个重臣的反对，他也只好作罢。

李兑和肥义都忠于赵惠文王。拦下了赵主父的提案以后，转头就去提醒赵惠文王加强提防。

同时，赵章那边也听到了各种风声，开始警惕起来。

双方都如临大敌，暗自排兵布阵，准备对决。

公元前295年的一天，赵主父和赵惠文王到沙丘游玩，分别住在两个行宫里面，赵章也跟着去了，跟赵主父住一起。

赵章、田不礼早已预谋，准备趁机发起叛乱。但也不排除是赵惠文王设计引诱他们动手的——两人假传赵主父的命令，召赵惠文王去主父的宫里，结果赵惠文王没去，却是肥义去了。

赵章他们蓦然看到肥义进来，大惊失色，双方争斗起来，肥义在战斗中身亡。

赵惠文王听说赵章那边动手了，也亮出了自己的底牌——早已埋伏好的军队一拥而入，同时李兑和安平君（赵武灵王的叔叔）带着大军从邯郸赶来，两股人马会合，共同围剿赵章的人。

赵章那一派哪里打得过，只好逃到赵主父的行宫里躲起来。赵主父终究放不下自己这个儿子，收留了他。

哪知后来的形势发展完全超出赵主父的预想。他本来以为自己好歹是一国之主,没人敢真对自己下手,却没想到,别人畏惧他,是因为他手上的权力。权力这东西,一旦交出去再要收回就难了。他主动放弃朝政不过四年时间,却已经彻底丢失了对国内局势的控制能力,现在他只是一个受人尊敬的老头而已。

李兑和安平君看到赵主父收留赵章,丝毫不犹豫,四面团团围住,直接闯进去杀死了赵章。

事情还没完,两人一合计:我们把主父彻底得罪了,以后他一定会找我们算账,索性一不做二不休,连主父一起干掉。

当然这也可能是赵惠文王的意思,毕竟现在他爹才是他最大的威胁,为了权力,就算干掉亲爹又算什么呢?

但不管是李兑、安平君二人,还是赵惠文王本人,都担不起这个"杀父弑君"的罪名,所以只能采取另一个狠招。

他们对赵主父的行宫喊话:"先出来的免罪,后出来的灭族!"

行宫里的侍从们个个吓得面无人色,争先恐后逃出来投降,只把赵主父一个人丢在里面,然后大军堵住大门,不准任何人进出。

可怜的一代雄主赵主父,就这样被自己的儿子困在了宫里,如同囚犯一般。

赵主父最后的日子极其凄惨,宫里的食物已经吃完了,他想尽办法求生,甚至去掏鸟窝充饥,但他儿子已经铁了心要把他饿死在宫里,始终不撤军。

三个月之后,赵主父终于没能熬过这一劫,被活活饿死在金碧辉煌的宫殿里面,外面守卫的人们开始集体大哭,准备发丧。

赵惠文王终于除掉了自己所有的对手,正式登上了赵国君主之位。他给李兑和安平君加官晋爵,予以重用。

赵惠文王靠弑父上位,要是在春秋时代,会立即招来国际社会的严厉声讨。但这是黑暗的战国时代,人人自危,不管死谁大家都不在意,这事就这样轻飘飘地过去了。

赵惠文王虽然没有他爹那样的才能和雄心壮志,但也是个合格的守成之君。赵主父替赵国建立的军事体制被继承下来,再加上南北领土已经连通,周边的蛮夷也已经被收服，赵国的国力得以继续稳步提高，渐渐成为了秦、齐之外唯一有话语权的势力。

但失去了赵主父的赵国，不再具有变革的能力，在国家间的竞赛中，他们再也赶不上秦国。赵主父策划中的那些雄心勃勃的灭秦计划，永远没有机会实施了。

赵主父死后，曾经支持他的人纷纷逃离赵国，其中就有大将乐毅。他先逃到魏国，受到魏昭王任用，有一次魏昭王派他出使燕国，燕昭王有心要招揽这位名将，便很热情地接待他，乐毅深受感动，于是投靠到燕国，被任用为亚卿。

燕昭王正在筹划对齐国的复仇计划，但是齐国作为两大强国之一，不是随便可以欺负的，复仇之前需要做很周密的准备。为了成功扳倒齐国，早在齐宣王时期，燕昭王就派了一位超级间谍到齐国，安插在齐王身边，准备里应外合，全方位地削弱齐国的实力。

那就是战国时代的天下第一间谍——苏秦。

苏秦是一位神秘的人物，他的神秘，不仅因为他的间谍身份，也因为史书上对他扑朔迷离的记载。

史书上实际上有两个完全不同的苏秦，一个是跟张仪齐名的纵横家，他倡导六国合纵，一度打得秦国不敢出函谷关；还有一个就是间谍苏秦，身在齐国为相，却暗中替燕国服务。

两个苏秦生活的年代相差三十年左右。

至于哪个苏秦才是真实的，现在也没有定论，总之史书的记载一定有重大错误。

先说纵横家苏秦的事。

六国封相的传说

苏秦出生于东周国，年轻的时候到齐国拜在鬼谷子门下，跟张仪同窗，学习纵横之术。

学成以后，苏秦和张仪各自下山游说列国。

一开始，苏秦没能得到诸侯们赏识，在外游荡几年，两手空空地回到家乡。

家里兄弟姑嫂等人都瞧不起他，说他不务正业："我们这些人，要么务农，要么经商，都是有正事做的，像你那样成天耍嘴皮子，能有出息才怪了。"

苏秦在家里住了几天，根本没人理睬他，饭也是馊的，茶也是凉的，还要整天看人脸色。

受够了这些人的白眼，他心情极度沮丧，到自己屋里翻箱倒柜的，翻出来一堆书，心想："读这么多书，却不能换来荣华富贵，那么这些书有什么用呢？"准备一把火烧了。

不料蓦然间，一本封面写着《周书阴符》的古书映入他的眼帘，这是当年姜太公留下的奇书，讲的是阴阳谋略之术。他拿起书来，刚看了一段便被内容吸引住了。

从此他闭门钻研书中的谋略，从早到晚不停，一直在看，并在身边放个锥子，困的时候，就在腿上刺几下，接着读书。一年之后，他豁然开朗，大笑着说："我知道怎么游说那些国君了！"

苏秦只身奔出家门，再度踏上了求取功名的道路。

传说归传说，但游说君王确实是一件很不容易的事。不仅要有三寸不烂之舌，更要具备极其敏锐的洞察力，审时度势，准确把握各国君王们面临的不同困境，找到他们的希冀所在，然后还要在一个正确的时机来到他们身边，把自己准备好的一套强国方案推销给他们。

可以说，纵横家的才智和判断力必须凌驾于各国统治者之上，压倒国君与满朝文武，领先于整个国家的精英阶层，这才能确保自己提出的方案有足够的吸引力。

对天下局势洞若观火——这是一个合格的纵横家应该具备的素养。

经过多年沉淀的苏秦已经初步具备了这样的才识，可以出师了。

因为本身是洛邑人氏，他首先到周显王那里去推销自己的学说。

但世人都以为"外来的和尚会念经"，周王室的官员们看到自己统治下的城邑里突然冒出来一个平民，号称有安邦定国的一整套计划，比他们这些几十年的老江湖懂得都多，都觉得很可笑，根本不肯认真听苏秦的解释。

碰了一鼻子灰的苏秦又西出函谷关,到秦王那里去游说。

那还是在秦惠文王刚登基不久,秦国刚开始对山东六国大打出手。纵横家们针对天下局势发明了"合纵"与"连横"的策略,正在向各国君主们推销,苏秦也加入了这波最新的潮流。

他拿着一套"连横"的方案向秦王推销:"秦国据河山之险,秉帝王之基,东有关河,西有汉中,南有巴蜀,北有代马,此乃天府之地也。更兼以稠人广众,民众素习征战,凭借如此优势,足以吞并列国,君临天下。"

可惜这一套说辞并没有戳中秦王的"痛点",吸引力不够。

而且更重要的是,当时秦惠文王刚刚诛杀了商鞅,对于这些贼头贼脑、居心叵测的谋士们很看不顺眼,连带着对苏秦也没有好感,所以果断拒绝了他的游说。

再次碰壁的苏秦又赶到北方的赵国,想游说赵肃侯。当然,这回改了一番说辞,把连横改成了合纵,教赵国人怎么对付秦国——对于纵横家们来说,君王喜欢什么就推销什么,连横也好,合纵也罢,都只是自己谋上位的工具罢了。

但这次仍然没有抓住国君的关注点,特别是赵国掌权的奉阳君,对苏秦很看不上,苏秦又一次碰了钉子。

他痛定思痛,苦思冥想:君王们的关注点到底在哪里?怎么才能说得动他们?

终于,他灵机一动——是了!这些脑满肠肥的"肉食者"们根本没有长远的眼光,他们只关注眼前的利益,你要想说动他们,就不要扯什么"君临天下"这种虚头巴脑的话,而是直接针对他们眼前面临的困难来说!

接下来,他来到燕国,这是一个被边缘化的国家,看起来不像有什么追求的样子,要不是其他国家都拒了自己,苏秦也不会来到这里。

面对燕文公,苏秦先戴高帽子,扯了一通燕国的"优势":

我们大燕国"东有朝鲜、辽东,北有林胡、楼烦,西有云中、九原,南有呼沱、易水,地方二千余里,带甲数十万,此乃天府之地也!"

燕文公随便点了点头,面无表情。

苏秦接着说:

"这些年,列国纷争,战乱不息,只有我们燕国始终平安无事,大王想到这背后的原因了吗?——这是因为有赵国做我们南方的屏障,秦国的一切征伐都被赵国挡下来了。

"赵国替燕国挡住了中原的兵戈,燕国不亲近赵国,却去亲近秦国,这是什么道理呢?

"一方面,燕国离秦国上千里之遥,秦国不仅打不到这里,就算打下来了,也守不住,根本不必畏惧他们。

"另一方面,赵国离燕都不过百里,一旦动干戈,十万大军几天之内就可以兵临城下,如此的强敌,怎么可以得罪?

"所以大王应该与赵国合纵,帮助他们抵御强秦,有赵国这个强大的屏障在,燕国才能保得万世安宁。"

一席话说得燕文公连连点头,称赞不已。

苏秦找燕国说合纵才是真正找对人了。因为燕国离秦国最远,最不怕秦国的侵略,也就最不需要讨好秦国,这里是最容易实现合纵的地方。

但燕文公还有一个顾虑:"我们毕竟是小国,西边的赵国、南边的齐国都一直威胁着我们,要合纵的话,你得先去把他们两个国家说服了,他们要同意合纵,寡人就跟。"

说着赏赐给苏秦一堆金银财宝,让他去别的国家游说。

苏秦只得再度来到赵国。

这时候奉阳君已经死了,苏秦可以直接跟赵肃侯面谈。

他还是先扯了一通赵国地理条件的优越性:"赵国是天下最优秀的国家,大王是天下最贤明的君王。"

"赵国地方二千余里,带甲数十万,车千乘,骑万匹,人口谷物不计其数。秦国最恨的就是强大的赵国,然而赵国到现在都相安无事,为什么?还不是因为有魏国、韩国挡住了秦国的攻击。

"一旦他们挡不住,魏国只能献出河西土地,韩国只能献出宜阳给秦国,那么秦国接下来就会越过黄河,渡过漳水,侵入番吾,接下来邯郸就要暴露在秦国的兵锋之下了。这样的危险,大王不能不考虑呀。

"现在的情势,大王只能尽量援助魏、韩,让他们做赵国的屏障。山东六国联手,土地五倍于秦国,兵力十倍于秦国,哪里还会害怕秦国的侵略呢?"

赵肃侯对他这番话表示赞同,也赠送给他一大笔财宝,以及百乘的车队,让他带着这支队伍,浩浩荡荡地再去别的国家游说。

这时候苏秦的阵势已经有些规模了,他来到南边的韩、魏两国。

这里的情况跟燕、赵很不相同。魏国刚刚经历了雕阴的惨败,宛如惊弓之鸟。秦国的国境线已经推到韩国边界,韩、魏两国都暴露在秦军的铁蹄之下,随时有生命危险,因此都有了投降的意图。

所以劝说的重点在于阻止他们投降。

韩宣王刚刚登基,正是年轻气盛的时候,苏秦对他说:"韩国是天下最优秀的国家,大王是天下最贤明的君王。

"韩国拥有天下最强悍的军队,更拥有远超各国的先进技术。人们都说,天下之强弓劲弩皆从韩出。韩国的弩能连发一百箭,韩国的宝剑,可以陆断牛马,水截鹄雁。

"拥有如此强悍的武装,如此贤明的有为之君,却要西面事秦,不是让天下人笑话吗?

"秦国眼下的目标,是要强迫韩国割让宜阳、成皋。这两个地方送出去以后,他们又会要别的土地,韩国的土地有限而秦国的贪婪无限,以有限的土地满足无限的贪婪,怎么维持得下去?俗话说'宁为鸡口,不为牛后',大王这样有为的君王,难道要让人笑话您为'牛后'吗?"

韩宣王听得怒发冲冠,按着佩剑矍然而起,对苏秦说:"寡人虽然不肖,也不肯丢祖宗社稷的脸,既然赵王已经有安排,韩国一定加入你们的计划!"

接下来的魏国就比较难办,他们已经在准备跟秦国"连横"了,国内的投降派很活跃。

苏秦也对魏惠王说:"魏国是天下最优秀的国家,大王是天下最贤明的君王。

"外臣听说贵国有很多人主张投靠秦国?这些人都是奸佞之辈,万万不可相信他们。要投靠秦国,必然要割地,战争还没打响国家却已经削弱。对于那些人来说,割让的是君王的土地,得势的是他们自己,所谓'破公家而成私门'，损失了万世之基业，换来小人们眼前的富贵，所以他们才那么热切地希望投靠秦国。

"更可恨的是，他们得到秦国支持以后，权势会更加膨胀，甚至威胁到大王您的地位，正是'外挟秦势而内劫其主'，到时候您拿什么去压制他们？您的位置还能坐得稳吗？请大王深思。"

一席话戳到了魏惠王的痛处，他沉默了一会，终于说："谢谢先生，让寡人茅塞顿开，既然赵王派你来合纵，寡人愿意跟从。"

接下来是东方大国齐国。

苏秦对齐宣王的开场白也是一样："齐国是天下最优秀的国家，大王是天下最贤明的君王。

"魏、韩两国之所以投靠秦国，是因为他们跟秦国接壤，秦国军队十天之内就能开到他们城下，他们在巨大的压力之下，才那么容易投降。

"但齐国不一样。齐国远离秦国本土，秦国即使要过来，也要翻过重重障碍，而且会担忧魏、韩从后方袭扰他们，所以绝对没有胆量过来。何况齐国国力之强大又远超魏、韩，有什么理由西面而事秦呢？

"大臣们没有计议到这些，所以才有了'西面事秦'的错误想法，一旦这样的想法成真，齐国的脸面就丢尽了，国力也会被削弱，还好现在还没有执行这个政策，大王纠正大臣们的错误还来得及。请三思。"

齐宣王也回答他说："愿意加入赵王的联盟。"

最后苏秦来到楚国，对楚威王说："楚国是天下最强的国家，大王是天下第一的贤王。

"楚国西有黔中、巫郡，东有夏州、海阳，南有洞庭、苍梧，北有陉塞、郇阳，地方五千余里，带甲百万，车千乘，骑万匹，钱粮够支用十年，这是称霸的资本，如果连楚国都臣服于秦国，那么天下各国都只能臣服于秦国了。

"但楚国这样的大国天然跟秦国势不两立，秦强则楚弱，楚强则秦弱，因此秦国最恨楚国，早就在计划派一支兵马出武关，一支下黔中，分两路威逼郢都。

"下臣私下替大王考虑，天下能抗击秦国的只有楚国，要是楚国愿意引领群雄抗秦，下臣可以去说服山东各国，让他们奉楚国为首领，献上财富与兵马,供楚国调遣,以形成六国合纵之势。

"合纵之势成,则楚国为王,连横之势成,则秦国称帝。天下大势只在大王一念之间,还望大王深思熟虑。"

楚威王说:"秦国是虎狼之国,一直以来都想吞并巴蜀和汉中,并威胁楚国,寡人也早有抗秦之意。但魏、韩都被秦国逼迫,暗地里有与秦人勾结的想法,所以寡人没法跟他们商议合纵的事。国内群臣也各怀鬼胎,没人可以商议。寡人为此卧不安席,食不甘味,现在既然赵王有联络诸侯,续存危国之心,寡人愿以整个江山社稷相从。"

苏秦带着各国君王的答复去回禀赵肃侯,赵肃侯大喜过望,封他为武安君,并且立即投书秦王,高调宣布了六国合纵的结果。

至此,苏秦的游说获得了空前的成功,山东六国历史上第一次有了联合抗秦的想法,他们共同推举苏秦为纵约长,并同时任命他为六国的相国。苏秦一时成为国际上最有权势的人物。

"合纵抗秦"终于成为大家的共识,跟秦国的"连横"政策针锋相对,天下局势进入了一个崭新的阶段。

背后的事实是:秦国的国力已经遥遥领先于各国,但还没有达到可以独吞六国的程度;另一方面,占领崤函等地以后,秦国在地缘上完全拥有了威胁东方各国的能力,并且已经显露出了明显的侵略意向。在这种情况下,东方各国被迫联合起来应对。

而秦国当然明白这个形势,所以才用"连横"之策,企图破解"合纵"。

说到底,这是秦国从局部侵略发展到吞并天下,中间必经的一个阶段,也就是外交战。这个阶段会延续几十年之久,中间来来回回很多个回合,煞是好看。

后人总以为这一切都是纵横家们左右天下局势的结果,其实并不是这样。

不管是苏秦还是公孙衍,又或者他们的敌人张仪,都不过是敏锐地察觉到了历史的趋势,顺势点了一把火而已,不应过分夸大他们的作用,史书上说他们"一怒而诸侯惧,安居而天下息",那是夸张了。

再说苏秦,他佩戴着六国相印回到洛邑,随行的车队绵延数里,气势堪比帝王出巡。整个洛邑都轰动了,周显王赶忙派人洒扫迎接,人们全部出来围观,盛况空前。

乡里也是锣鼓喧天,哥嫂等人全都匍匐在地上迎接苏秦,非常恭敬地侍候他的衣食住行,走到哪里都不忘跟着端茶递水,一口一个"大官人",嘴里都像含着蜜。

苏秦故意问自己的嫂子:"你以前一直瞧不起我,现在怎么这么客气了?"

嫂子赶忙跪下回答:"因为叔叔位高而多金。"

有钱有地位,真好!

这一段故事出自《史记》。但有历史学家认为《史记》的记载并不可信,他们经过考证认为,苏秦生活的年代比张仪晚二十年左右,并不是张仪的竞争对手,《史记》里面关于他的事迹基本是编造的,或者实际上属于公孙衍,我们姑妄听之罢了。

超级间谍苏秦

再说间谍苏秦的事。

早在齐宣王时代,苏秦就来到了齐国,并且依靠自己的才能取得了齐宣王的信任,主要负责外交事务,多次作为齐国的使者出使各国。

到了齐湣王时代,苏秦更加受宠。

这些年,他一直在国际上积极活动,拓展自己的人脉,例如当初甘茂被赶出秦国走投无路的时候,就是苏秦说服齐王收留了他;赵主父被弑以后,苏秦又立即去赵国游说李兑。所以苏秦是当时国际上顶级的纵横家,有很大的影响力。

他尽力劝说齐宣王和齐湣王跟燕国保持友好,燕昭王那边也十分配合,齐国多次对外用兵,燕国都派兵协助,两国的关系表面上看来是不错的。

但在公元前296年前后,燕国和齐国突然爆发了一场大战,燕国大败,十万军队被屠戮,只好向赵国求援,在赵国的帮助下才挡住齐国进一步的进攻。

关于这场战争,史书上记载得极其简略,我们只能猜测——当时孟尝君正带领五国军队攻打函谷关,相持三年,终于攻破函谷关,秦国关中全面受威胁。就在这个关键时刻,可能燕昭王趁齐国大军在外的机会对齐国发动了突袭。不料齐湣王还留了一手,暗地里留着一部分兵力在国内防备燕国,因此燕国的侵略遭到惨败。但齐湣王也被吓出一身冷汗,把已经打入函谷关的五国联军紧急撤回。

这次战争对立志报仇的燕昭王打击很大。他看到了燕、齐两国国力的巨大差距,看来燕国要直接报仇基本没有胜算,只能想别的办法。

想来想去,他终于找到一个重大突破口,就是中原仅剩的小国之一——宋国。

宋国的生存斗争

宋国是两个最神奇的小国之一(另一个是卫国)。明明处在四战之地,国力又很弱小,却能顽强地生存到战国后期。两个小国就好像惊涛骇浪中的两艘小船,极度惊险,却总在关键时刻化险为夷,继续进行自己的探险之旅。

不过仔细想来,他们能生存到现在,根本不是因为自己的能力有多强,也不是因为出了什么明君圣主——昏君暴君倒是不少。

他们能生存到现在,纯粹是大国之间实力均衡的结果。

在几个大国眼里,这些仅剩的小国就是熟透的桃子,伸手就能够着。不是他们不想去摘,而是大家都太想去摘了,哪个先伸手,就会被另外几个人给拦下来,所以每个人都只好等着,等一个自己足够强大,或别人抽不开手的机会。

秦、齐、楚三个大国里面,就属齐国摘桃子的冲动最强烈。我们前面分析过,齐国的地理条件比秦、楚更恶劣,扩张的难度比秦、楚大很多。所以尽管他们一直很急迫地试图对外扩张,却总是被人给打回来,然后他们的扩张冲动就更加强烈。

齐国人看来看去,周围唯一有希望拿下的就是宋国。

宋国本身是经济发达、交通便利的优质地域,又跟齐国本土完美连接,这更加刺激了齐国侵占的欲望,对于这块自家后院的保留地,他们是志在必得。

他们一直在等机会，等了上百年，直到楚怀王被秦国扣留，楚国彻底被打残，齐国成为跟秦国并列的超级大国以后，他们终于觉得时机成熟了，开始尝试撕咬宋国。

可巧这时候宋国出了一个骇人听闻的超级暴君——宋康公。

宋康公本来是宋剔成君的弟弟，在公元前329年的时候，他发动政变，赶走自己的哥哥，自立为君。

以武力夺得政权的宋康公是个强势人物，不管对待国内还是国外都极度强硬。

宋国这个国家的性格概括起来就是，"小国也有大梦想"，他们的国家虽小，心却很大，或者说，他们在心里从来就认为自己是大国，是天选之人，天生就是要称霸的。

这样的国家，配上宋康公这样的强人，那更是不得了。刚刚坐稳宝座的宋康公就一头扎进国际社会的风暴圈，参与到战国时代激烈的纷争中去了。

他首先攻打齐国。竟然胜利了，拿下五座城池。

然后又挑战楚国、魏国，消灭滕国，还打过孟尝君的薛邑，都取得了胜利，据说还抢到不少土地。不过这些记载可能有很多夸大的成分，可信度不高。

当时"五国相王"刚刚结束，宋康公也受到鼓舞，自立为王，从此称为宋康王。

他甚至还发明了"万岁"的称号，让朝堂内外的人们齐声高呼"万岁"，俨然是君临天下的气势，可以说狂到了极点。

这时候看来宋康王还是很有作为的。

不过那些大国们就看不惯了。七个壮汉前前后后打了一百多年，还没分出胜负的时候，却蹿出来个小不点，说："大哥们等等，小弟来也。"捋起袖子也想来干架。大家一看，都火冒三丈："有你什么事？一边凉快去！"

所以各国一致排挤宋康王，国际社会纷纷传扬他的各种"变态"事迹。

例如说他强占大臣的妻子，平白无故地剖开驼背者的背，看到有人涉水过河，就把他抓来砍断腿，亵渎神灵，焚毁宗庙……各种残暴的行径，跟当年他的先祖商纣王差不多，因此诸侯们统一给他起了个绰号，叫"桀宋"。

在他所有的暴行里面，最有名的是"射天"的举动。

据说他拿一个皮囊盛满动物的血，挂到高高的竿子上面，然后用箭射爆这个皮囊，血雨漫天飞洒，因此称为"射天"。

历史上有三个"射天"的君王，分别是商朝的武乙、纣王，还有宋康王，都是他们一家子，所以也有可能这种行为是商民族的一种仪式，周人看不懂，误解了而已。

总之，当时宋康王在国际上的名声非常差。

至于这些传言有多少真实的成分，我们很难判断，因为各种史料都不能完全保证真实性。但有一件事，却几乎没法做假——宋康王统治宋国长达四十三年之久。

一个跟纣王一样残暴的君王，凭什么能够长期统治国家呢？

根据这一点来猜测，宋康王被大国们故意抹黑的可能性很大。

宋康王当然清楚国际上对他满满的恶意，他也在尽量争取盟友，想打破孤立的局面。

所有大国里面，齐国是最有可能吞并宋国的，所以宋康王一直跟齐国最大的对手赵国结盟，赵国也乐意利用宋国牵制齐国。于是国际上一度形成秦、赵、宋对阵齐、韩、魏的局面。当齐、韩、魏联军在函谷关跟秦国以死相搏的时候，赵、宋联盟却在后方使绊子，这让齐湣王气得发狂，更加想消灭这个刺头。

这时候苏秦开始行动了。

他看到齐湣王非常迫切地想要吞并宋国，便趁机挑唆，拼命鼓吹消灭宋国的好处，鼓励湣王甩开膀子开干，不用在意国际社会的反应，直接动手就是。

苏秦的挑唆发生了作用。函谷关之战结束以后，略微修整了一段时间，齐湣王就出手收拾宋国，想夺取淮北的土地，但没成功。随后就发生了"田甲劫王"的事件，齐国君臣关系破裂，孟尝君被迫逃离齐国。

孟尝君离开以后，齐国在国际上开始被孤立。按理说，这时候他们应该收缩战线，韬光养晦才对，但苏秦反而进一步加大力度挑唆齐湣王，让他尽量对外出击。

这时候秦国出人意料地来插上一脚,把局势搅得更加复杂。

最大的一盘棋

公元前294年,国际社会的目光都聚集在齐国朝堂上。从"田甲劫王"开始,到孟尝君逃离齐国,一连串狂风暴雨降临到齐国政坛,让大家结结实实地看了一场好戏。

同一时期,另一件正在悄悄发生的大事,却被围观群众忽略了……

咸阳那边,秦昭襄王火速提拔魏冉,夺了原来的相国吕礼的权力,随后对吕礼发起政治打击,吕礼只好逃亡到齐国寻求庇护,被齐湣王收留下来。

但这起事件很可能是表演给外界看的。吕礼的真实身份是秦国派到齐国的联络员,秦、齐两大国正在暗中接触,探讨结盟的可能性!

秦、齐结盟,听起来很不可思议。

但只要略微分析一下当时的国际形势,就明白为什么会这样了。

当时天下渐渐形成了秦、齐、赵三大国角力的局面。

秦国不用说了,虎狼之国。

齐国很多年没有遭受战争破坏了,国力强盛。

赵国凭借一系列正确的决策,加上吸收胡人的军事力量,已经迅速崛起为强国。

当然大家的想法都是很坦率的,就是希望消灭所有竞争对手,让自己活到最后。

要怎样才能做到呢?

这些年,三大强国彼此还没有正面交过手。齐国上次打入函谷关,是靠韩、魏协助,不完全靠自身力量,而且之后齐、韩、魏同盟已经破裂了;秦、赵之间小规模战争偶尔发生,大决战还没有过;齐、赵双方一直皮笑肉不笑地维持表面的和谐。

三大强国互相都摸不透对方的底细,都在互相试探。

试探谁最好欺负,谁会先站不稳,一旦其中有哪个国家先露出破绽,另外两个就会立马联合起来围殴他。

剩下的韩、魏、楚三小国本来就是打酱油的角色，这时也只能墙头草随风倒，三大国只要有两个联合起来，三小国必然被裹挟加入他们的集团，于是就会形成五打一的局面。

那么就有三种可能的变局——

五国联合攻秦、五国联合攻赵、五国联合攻齐。

天下人都在你看我，我看你："说说看，咱们先把谁踢出去吧？"

这时候不仅小国惶惶不安，连大国都心惊肉跳，生怕一不小心被其余五国联手围殴，成为最早出局的国家。

更复杂的是，各国内部也在争吵。每个国家的大臣们都分成几派，有亲秦派、亲齐派、亲赵派等等，都想劝说自己的君王按照自己的设想去行动，各路纵横家们也在四处活动，想把局势向自己希望的方向推动。

更有燕昭王躲在阴暗的角落里，费尽心思琢磨怎么煽动其他国家去围攻齐国。

这是一盘天下人共同下的棋，所有人都拼尽了全力。

齐湣王最早是想跟赵国联合的。当时齐国已经发兵去攻打宋国，齐湣王派人去联络赵国的李兑，这是赵国的亲齐派首领。齐湣王许诺等消灭宋国以后，把宋国的蒙邑送给他做封邑。

苏秦听到这消息如同五雷轰顶。齐、赵一旦联合，燕昭王灭齐的计划就彻底完蛋了。所以苏秦竭尽全力阻止齐湣王，使齐湣王硬生生在攻打宋国前夕召回了前方的将领，放弃了这次战争计划。

于是宋国打不成了，许诺给李兑的蒙邑也成了空头支票。

秦昭襄王那边当然也怕齐、赵联合，所以派吕礼去齐国干涉他们的外交决策。

于是齐国的对外政策发生一百八十度大转弯，转头跟秦国联合。

公元前288年，秦昭襄王和齐湣王约好，两人同时称帝，秦为西帝、齐为东帝。

之前各国都已经称王，"称帝"则是更进一步，宣布我比你们这些"王"地位更高，老子就是天下第一，你们这些夯货都得来跪拜。

这是公然向其他各国挑衅的举动。为了避免单独被打,能有个伴儿一起,是最好不过的。

国际社会一片哗然。两个大佬居然合作了,我们这些国家还有活命的机会吗?

最紧张的是赵国。因为秦、齐已经联合,接下来显然要围殴赵国呀。

五国联合攻赵的局面即将出现!

第十三章　齐国陨落

意外来临的五国合纵

这仍然不是燕昭王和苏秦希望看到的情形。

不管齐赵联合，还是齐秦联合，都只会让齐国成为受益者，而燕昭王希望的是五国联合攻齐。

所以在燕昭王的指使下，苏秦马上干预齐国的对外政策。

他打的仍然是宋国这张牌。他知道齐湣王对宋国一直垂涎三尺，灭宋的欲望超过任何其他目标，所以再次大肆吹嘘吞并宋国的好处，终于把齐湣王的目光从赵国身上移开了。

于是齐国的目标又从灭赵转到了灭宋，而且想要独吞。

当时秦、齐、赵、魏四国都在觊觎宋国这块大肥肉。特别是秦国的魏冉和赵国的李兑，都想抢到宋国的陶邑作自己的封地。一旦齐国的目标转到灭宋上来，齐国跟秦、赵就成了竞争对手，没法联合起来了。

同时，身在魏国的孟尝君也紧急出手，派人私下劝说魏冉："一旦秦、齐联合瓜分赵国，吕礼的功劳就太大了，您必定被比下去，不如跟我们一起去攻打齐国。"

在各派势力的积极活动下，秦、齐联盟终于被拆散了。吕礼被赶回秦国，齐湣王也很快废除了自己的帝号，重新称王，"秦齐互帝"成为一场闹剧，草草收场，赵国的危机也得以解除。

这时候齐湣王已经想好了，灭宋是头等大事，吞下宋国以后，齐国实力大大加强，然后才可以考虑后续计划。

但要灭宋，其他大国必然要阻挠，怎么办？苏秦给他出了个主意——先把秦国赶到一边去，然后联合三晋灭宋，再想办法挤掉三晋，独吞宋国。

秦国现在是唯一称帝的国家，是大家的活靶子，正好借这个借口打击他们。

为了达到这个目的，齐湣王又一次开出空头支票，许诺以后把宋国的城池分给李兑、孟尝君，还有燕国的襄安君，把他们都拉拢过来。

赵国那边，李兑一直就是反秦积极分子。而对赵国来说，打齐国打秦国都可以，反正不要联合起来打赵国就行了。所以一听说苏秦的计划，也马上高调响应。

韩、魏、楚三小国更不用说了，大国们打起来是他们最盼望的事，就差放鞭炮庆祝了。

于是这些国家一拍即合，在苏秦的撺掇下，五国合纵很快达成，李兑为纵约长，联合赵、齐、韩、魏、楚的兵力——五国攻秦战争正式打响。

局势又一次反转

国际局势转换得如此之快，大家都有点看不懂。燕昭王那边也是一脸懵，紧急质问苏秦是怎么回事，不是说好大家一起打齐国吗？怎么变成打秦国了？你到底在替谁办事？

苏秦赶紧回复燕昭王——两人一直有私下的书信交流，流传后世的《战国纵横家书》里面有详细记录——信誓旦旦地向他保证：放心，我绝对忠诚于燕国，五国合纵是我计划的一部分，大王等着看好戏吧。

好戏果然接连上演。

山东六国从来就不团结，这个毛病现在还是改不了。所谓的"五国合纵"，从一开始就在打各自的小算盘。

大家表面上说好一起进攻秦国，心里却想着怎么忽悠别人去打秦国，然后自己好趁机拐到后方去偷袭宋国。

这时候可巧宋国也出事了。宋国太子不知为什么事惹怒了宋康王，被迫逃亡到国外。太子在国内有很多支持者。因此宋国内部人心惶惶，有要大乱的迹象。对于大国们来说，这正是攻打宋国的绝好机会。

所以出现了非常滑稽的一幕——五国联军推进到离秦国还很远的成皋附近时，就驻扎在那边不动了，齐、赵、魏的主力都暗暗开到了东边的宋国附近，准备独吞这块肥肉。

三国军队到宋国一看，都是熟面孔："呵呵，原来你也在啊？"怎么办呢？谁都别装了，就地会合，大家一起打宋国吧。

于是五国攻秦瞬间变成了三国攻宋。

另一边，秦国当然也不好欺负。五国合纵刚刚组建起来的时候，秦昭襄王就下令废除了自己的帝号，又把前几年抢占魏国的土地还了回去，看起来好像服软了，但这都是缓兵之计。等到五国联军停留在成皋附近的时候，秦国一看他们不团结，立即翻脸，再次出兵攻打魏国，接连拿下几座城池。

秦国在五国大军扑来的时候还敢主动出击，说明已经看穿了他们的把戏，根本没把他们的威胁当一回事，五国合纵已经成了笑话。

齐、赵、魏三国既然已经撕掉伪装，当然不必真的打秦国了，都在暗地里跟秦国谈判，准备私下媾和。毕竟宋国那边才是真正的战场呀。

这时候齐湣王听到一些风声，说燕国正在跟赵国、魏国合谋，准备袭击齐国大后方。他极其震惊，赶忙找苏秦和孟尝君商议，却没想到这两人正是阴谋的主角。

苏秦一面巧舌如簧地稳住齐湣王，一面紧急通知远方的燕昭王：千万保守秘密，不要公开在朝堂上讨论攻打齐国的事。

但经过这一吓，齐湣王彻底打消了攻打秦国的念头，急忙跟秦国和谈，双方达成协议：两国共同施压，迫使魏国把安邑献给秦国，同时秦国支持齐国吞并宋国。也就是说，一个出卖魏国，一个出卖宋国，有好处大家共享。

五国攻秦之战就这样黄了，看起来又回到了秦、齐联合的局面。

但事情远远不是那么简单。

齐湣王以为有秦国的支持就可以万事无忧，却忘了：前些年楚怀王也是一直受到秦国支持，却在关键时刻被秦国一棍子打落悬崖……

现在轮到齐湣王了。

齐国大难来临

苏秦这些年想尽办法推动齐湣王对外发动战争，目的很阴险——"骄其兵而疲其师"，消耗齐国的国力，同时给齐国制造敌人。

五国攻秦之战让秦国彻底意识到齐国是个重大威胁。齐国的国力跟秦国差不多，其余四国是因为有齐国撑腰才有底气，所以削弱齐国这件事就正式列到秦昭襄王的计划里了。

齐湣王对宋国赤裸裸的野心，也让赵、魏感受到威胁。再加上苏秦和孟尝君的推波助澜，两国都认为需要尽快杀一杀齐国的威风。

另外，对于赵国来说，既然攻秦失败，那就必须攻齐，否则一旦秦、齐联合起来，对于赵国来说就是噩梦。

远处的燕昭王早就等不及了，他费尽心机挑拨离间，就是在等这一刻，他也即将出手。

这时候各国都在心里暗暗把齐国视作敌人，围殴齐国的战争一触即发，但谁会先动手呢？

最早动手的是赵国。

早在齐、赵、魏三国会师于宋国的时候，赵惠文王就耐不住性子，直接发兵攻打齐国本土。他的本意是牵制齐国的兵力，防止齐国独吞宋国，所以对齐国的打击并不严重，但这是一个风向标，一种山雨欲来的暗示。

齐湣王也感受到了四周满满的恶意。但没关系，秦国已经公开声明支持他，两大国携手，那些跳梁小丑们能翻得起什么风浪？魏国那边已经传来消息，他们被迫把安邑割让给了秦国，这是齐湣王送给秦国的大礼，现在可以放心了，把全部注意力都放到灭宋战争上去吧。

公元前286年，齐、赵、魏三国围攻宋国，小小的宋国哪是对手，很快全线溃败，"暴君"宋康王逃亡到魏国的温邑，又被魏国人抓住杀死，商朝后裔至此绝祀。

有秦国在后面撑腰，齐湣王胆气大壮，不仅一口气吞掉整个宋国，还挟着灭宋的余威，一路向西、向南，打下魏国和楚国不少土地——现在齐国已经是无可争议的东方第一强国，打这些小国不是顺理成章的事情吗？不需要客气。

他算错了！

宋国被灭以后，秦昭襄王立即翻脸，发布声明，公开声讨齐国灭宋的罪行："齐王四与寡人约，四欺寡人，必率天下以攻寡人者三。有齐无秦，无齐有秦，必伐之，必亡之！"

这是最严厉的声讨！

秦昭襄王随后派出大将蒙骜，率领大军越过三晋土地，直扑齐国，接连打下齐国九座城池，天下震动。

燕昭王、赵惠文王、魏国孟尝君他们早已经准备妥当，再拉上韩国，看到秦国大军出动，立即跟上。

五国攻齐之战就这样骤然打响了。

齐湣王目瞪口呆，还没回过神来，五国大军就已经杀到家门口。

五国联军的统帅是燕国名将乐毅，他在赵、魏、燕三国都有从政的经历，理所当然地担任起了总指挥的角色。

联军的主力是秦、赵、燕三国，特别是秦、赵两国。所以这次战争本质上就是秦、赵联手打掉齐国这个竞争对手，所谓为宋国讨公道什么的都是借口。

齐湣王这些年在国内镇压异己，在外四面出击，结的仇家太多，一旦大敌当前，顿时墙倒众人推。再加上苏秦这个间谍一直在搞破坏，凭借齐国的国力竟也无法阻挡五国联军了。

公元前 284 年，五国联军先集中火力打下齐赵边境附近的灵丘，在齐国防线上撕开一道口子。齐军统帅大惊，派出全部兵力到济水西岸的济西抵抗汹涌而来的侵略者。五国联军依托灵丘发起总攻，在济西一举歼灭齐军主力，齐国的军事防线轰然坍塌。

秦、赵两国觉得这样已经够了，随后就撤走了军马。但燕国不肯罢休。他们跟齐国有国仇家恨，苦心筹划这么多年，只有一个目标——灭齐！

秦、赵已经把齐国打败，不趁现在消灭齐国，以后再也难找机会。乐毅率领燕军从济水过桥，一路追杀败逃的齐军，在临淄西门外的秦周再一次大败齐军，一举攻占临淄。

燕军在临淄城里烧杀劫掠，疯狂报复。

东方巨人惨遭践踏。这是齐国的国难，几百年积累的财富被洗劫一空，民众四散逃亡，齐湣王也逃出了齐国。

对于燕国来说，这却是快意恩仇的时刻，三十年国仇一朝得雪。看着鳞次栉比的车队载着齐国的财宝回到国内，燕人举国狂欢，燕昭王亲自到济上犒劳军队，封乐毅为昌国君，乐毅的声望达到最高峰。

燕军继续向东南方攻城略地，一直打到琅邪，占领齐长城，牢牢地遏制住齐国腹地，然后再掉头扫荡齐国剩下的城池。

燕国的侵略持续了五年之久，到了最后，齐国所有重要城池几乎全部失守，只剩下即墨和莒城在苦苦支撑，齐国已经来到了亡国边缘。

齐湣王的逃亡路

五国联军杀来的时候，临淄城中的齐湣王终于醒悟，看清楚了苏秦的真面目，把这个祸国殃民的间谍当众车裂，可惜已经于事无补了。

齐湣王的错误，除了被苏秦忽悠，得罪了太多国家以外，他自己性格中的缺陷也是很重要的原因。

他最大的问题在于对下人过于刻薄寡恩，只罚不赏，以致人心尽失。他手下的大臣们基本没有喜欢他的，连孟尝君都被逼得逃到国外，一辈子对齐湣王恨之入骨，可见他做人的失败。

当五国大军压境的时候，湣王还没能改掉自己刻薄的毛病。

当时齐军正在济西抵抗五国联军的进攻，齐军的主帅是在灭宋战争中立过大功的触子。触子想依托济水防守，拖到联军内部分裂为止，这种思路是对的。后方的湣王却看不惯，觉得触子消极应战，于是派使者去前线骂他："再这样拖下去我就杀你全家！刨你祖坟！"

触子没办法，只好勉强出战，结果被敌方的优势兵力重重包围，最终齐军全军覆没，触子也独自逃走，不知所踪。

湣王只好派达子去前线应战，在临淄附近的秦周跟燕国军队对决。战况十分激烈，但齐军士气很低落，达子让人去向齐湣王请求封赏。湣王又一次暴跳如雷，回复他："凭你们这点功劳就想我赏你？我呸！"

于是人人都不尽力，秦周之战齐军又遭遇惨败。终于导致临淄陷落，府库里的金银财宝都被燕国人抢走了。

临淄陷落前夕，湣王带着全家老小逃出齐国，来到卫国。

到卫国以后，湣王心中迷惑，整天坐卧不宁地想心事，还跟大臣抱怨："我也没犯什么错，怎么国家就亡了呢？你们来说说我错在哪里？"

跟着他逃亡的大臣公玉丹回答："大王错就错在太贤良了，那些国君都是群恶棍，嫉妒您的贤良，所以才围攻齐国。"

湣王恍然大悟："原来好人真的当不得啊！"从此又开始自命不凡了。

刚到卫国的时候，卫怀君对他相当客气，把自己的宫殿腾出来给他住，自己称臣，以帝王的规格供养他。但他总是摆出一副骄狂的样子，卫国人看不惯，一群人冲进来把他赶走，他只好又逃到鲁国去。

来到鲁国的城外，鲁缗公派人出来迎接他们，齐湣王的手下人夷维子问："你们准备怎么招待我们大王？"

鲁国使者说："我们已经备好了十副太牢来款待你们。"

这个规格已经很高了。但鲁国这些年来都是齐国的附庸，齐国几乎把他们当奴才看，夷维子就很傲慢地说："你们搞清楚了，我们大王可是天子！天子出巡，诸侯要怎么迎接？要准备好宫殿，亲自摆好茶几，到堂下伺候我们大王用膳，用完膳你们主子才可以走。"

结果鲁国使者转身就走，紧闭城门，湣王一行被关在外面，只好灰溜溜地走了。

他们又来到邹国。邹国国君正好过世了，湣王要进去吊唁，夷维子对邹国人说："我们大王是天子，天子来吊丧，你们得把灵位转个方向，转到朝北，我们大王在北边朝南吊唁。"

邹国的人们听了这话火冒三丈，直接轰他们走人。

齐湣王一行人就这样一路大放厥词，一路被人赶着走，最后只好还逃回齐国，到莒城据守。

不过这些传闻也可能是人们编出来埋汰齐湣王的。毕竟墙倒众人推，而且齐湣王薄德寡恩是出了名的，最重要的是，谁叫他败了呢？

最惨的亡国之君

齐湣王到达莒城以后，虽然日子过得很凄惨，但好歹不用到处被人赶了。这时候又传来一条重磅好消息——楚国决定出兵援助齐国。

五国攻齐的时候，楚国一直静静地看着，他们这些年自己都凄凄惨惨戚戚，当然没精神去帮着任何一方。这时候突然派兵来帮助齐国，着实让人意外，但齐国已经在生死存亡的边缘，突然出现这样一根救命稻草，怎能不紧紧抓住呢？

楚国派来的将领淖（zhuō）齿，带着上万整整齐齐的兵马，号称要帮助齐国打退侵略者。齐湣王赶紧把他迎进来，当场封他为国相，给予最高规格的礼遇。

楚国人非常积极，一进城就行动起来，忙里忙外地帮助齐国军民构筑营垒。乱世中竟然有这样一支热心助人的军队，实在让人感激不已。

有了楚国人撑腰，齐国军民顿时胆气壮起来，万众一心修建城防，把燕军挡在了莒城之外。莒城成为齐国最重要的基地之一。

齐湣王他们随后组建流亡政府，开始小规模重建工作，甚至开始筹划反攻计划。莒城本来就挨着楚国，在楚国的支持下，复国的曙光似乎已经隐隐约约出现了。

没想到最恐怖的灾祸就在这时悄悄来临……

有天晚上，淖齿请齐湣王赴宴，酒过三巡，忽然阴恻恻地问道："微臣最近听说一些事，还要请教大王——"

湣王问他是什么事。

他说："千乘与博昌（齐国的两个地名）之间，最近下了一场血雨，遍地血色，你可听说？"

湣王说不知道，淖齿又问："嬴地附近地面开裂，泉水喷涌，你听说了吗？"

湣王还是说不知道，淖齿再问："宫外夜半有人痛哭，却找不到声音从哪里来，你又听说了吗？"

湣王再摇头。

淖齿脸色一沉，大喝："都是你这昏君无道，激怒上天，降罪于民！"随即将酒杯一摔，"来人！"一群带甲武士马上涌入宴会，把齐湣王绑了就走。

宫里的人们听说前面出事了，大惊失色，人人争着逃命，连太子也逃走了，没人敢去救湣王。

齐湣王还没明白发生了什么事，糊里糊涂地就被绑进了莒城的太庙。淖齿这时候才抛出他的条件——割让齐国领土，献出国库中的宝物。

湣王终于明白了楚国派兵"帮助齐国"的真实目的，楚国没有派兵参与五国攻打齐国的战争，但却想白抢五国的胜利果实，心肠之毒，超过五国。

他气到几乎炸裂，坚决拒绝了淖齿的要求。

但事到如今他同不同意都无所谓了。淖齿是战场上死人堆里摸爬滚打的将领，手段极为残忍，他把齐湣王掀翻在地，亲手抽筋，然后把湣王吊在房梁上，任其自生自灭，转身带领人马，杀向城内。

可怜的齐湣王在房梁上哀号了一夜，到第二天黎明时分才气绝身亡，成为战国时代死得最惨烈的君主。

齐国最黑暗的一刻来临了。

楚人在齐国土地上纵横杀戮，一点都不比燕国人更仁慈。他们跟燕国人合作，共同分割齐国的土地（主要是夺回了之前被齐国抢走的淮北地区），又跟燕国士兵争抢府库里的财宝，齐国百姓沦为两头恶虎争抢的食物，在战火中饱受煎熬。

但楚国人没想到，他们也是别人眼里的猎物。正当他们在齐国土地上肆意劫掠时，后方的秦国打来一记重拳。

楚国的国难也即将到来。

郢都保卫战

前些年齐、楚两国都很强大，秦国的侵略目标主要放在韩、魏身上，不敢太张扬。现在齐、楚都被打垮了，秦国不必再害怕六国所谓的"合纵"，终于不再掩饰自己吞并天下的野心，想打谁就直接出手，根本不多废话。

公元前 283 年，秦国裹挟着韩国军队攻打魏国，包围大梁，魏国危在旦夕。

魏国一旦被灭，燕、赵将直接面临秦师的冲击，因此两国极其惊恐，紧急派军救援大梁——这时燕军主力还在攻打齐国，只得快速撤走部分兵力，这也间接让齐国喘了口气，保住了即墨和莒城。

秦国看到两国援兵来到，才悻悻地撤走了军队。

但杀戮机器一刻也不会停。既然大梁暂时不好打，那就去打楚国吧，楚国离燕、赵远，燕、赵救不了他们。

楚怀王事件之后，楚国的国力始终没能恢复过来，只好拼命巴结秦国，又是和亲又是会盟，表面上维持着两国间的友好关系。

没想到即使这样还是逃不脱被侵略的命运。

公元前280年，秦国派司马错从蜀地出发攻打楚国西部，揭开了两国大战的序幕。

秦师很快打下楚国的黔中地区，这是当年楚怀王拼死不肯割让的土地，现在秦国一出手便拿过来了。

楚顷襄王大骇，派兵全力抵抗，两国军队在黔中展开激烈争夺，楚国甚至一度夺回了黔中，看起来暂时还挡得住秦国。

但这仅仅是开胃菜，秦国的大规模打击随后才会到来。

公元前279年，经过充分准备以后，秦昭襄王派白起率领大军攻打楚国，直扑楚国核心地带——郢都。

这时候秦国已经拿下了黔中、上庸、汉水以北的土地，占着所有河流的上游，站在大巴山上，居高临下，面前是一望无际的江汉平原，没有任何阻碍。从地形来说，秦军占据绝对优势。

这是一场不对等的战争。楚国国力全面处于下风，人口、资源都已经赶不上秦国，朝中也缺少武将，地理上又处于劣势，完全是被动挨打的局面。他们所能做的，只能是用自己的血肉之躯去阻挡敌人的刀锋，减缓敌人进攻的速度，以便在郢都城下做最后的抵抗。

白起手段极狠，每次过河以后就焚毁船只、拆除桥梁，迫使士兵们拼死力战，而且基本不带粮草，全靠在楚国掠夺粮草来充饥。

秦军在江汉平原长驱直入，如风卷残云，先后打下邓城、鄢城、夷陵等重镇，楚国长江以北大片富庶地带沦为焦土，民众四散逃亡，尸横遍野，惨不忍睹。

这里是楚国最发达的地区，秦军在这片土地上四处烧杀劫掠，对楚国经济造成了毁灭性打击。

其中最为惨烈的是鄢城之战。鄢城是楚国的别都，也是郢都的门户，楚国在这里驻扎重兵，想把敌人挡在首都之外。要打下这里很不容易，白起便想出一个毒招。

鄢城西边有鄢水流过，白起便派士兵挖了一座水渠，把鄢水引向人口繁盛的鄢城。水渠修成那天，城墙轰然坍塌，滚滚洪水卷着无数百姓从城西冲向城东，全城百姓死亡超过十万，尸体堆积如山，塞满河道。几天之后，全城都是腐尸的臭味，鄢城东部因此留下了"臭池"的地名。

为了打击楚人的斗志，白起更让属下在夷陵纵火，焚烧历代楚王的陵墓，楚人的眼泪已经流干，眼睁睁看着这一切却无法阻止。

到最后，楚人终于崩溃了。这个曾经让中原各国闻风丧胆的勇武民族，彻底失去了斗志，军队丢盔卸甲，士兵跟百姓一起逃跑。滚滚人潮席卷着烽烟四起的土地，在敌人的驱赶下疯狂涌向东部地区，无数民众倒在了逃难的道路上，旋即被泥泞和沼泽所吞没，从此被世界遗忘。

曾经繁华富庶的江汉平原很快变得空空荡荡，四野无人，只剩下郢都一座孤城。秦军从四处合围过来，如同一群饥饿的豺狼，磨牙吮血，眼里闪着瘆人的寒光，恶狠狠地扑向这座百年名都。

楚顷襄王指挥军队做最后的抵抗。但面对汹涌而至的虎狼之师，孱弱的楚人看不到任何希望。公元前278年，郢都陷落，全城军民疯狂逃窜，楚顷襄王也在大臣们的簇拥下逃向了东部。

楚国政府抛弃了西部广袤的领土。这是一次标志性的事件。楚国在跟秦国的争斗中彻底败了，曾经的天下第一大国如同风中落叶一样凋零，从此残破，再也无法恢复。

郢都从此有了一个新名字——秦国的南郡。

哀民生之多艰

秦军继续出击，渡过长江，扫荡楚国江南的土地，一直打到洞庭湖。

所过之处，寸草不生，又向东部攻城略地，打到竟陵，占据了楚国整个核心地带。

这是对楚国最彻底的打击，前后杀死三十多万人，整整一代楚人都倒在了血泊里。

国难！一个绝望的国度！一个绝望的时代！幸存的每一个楚人都已经麻木了，甚至不再感觉到疼痛，只是呆呆地望着天空，等待死亡的降临。

只有南方，那片遥远的荒原上，悠扬的古琴声在飘荡。被流放的屈原，独自吟唱着凄怆的诗句，跟汨罗江水轻柔的细语交织在一起，化作这个民族最后的挽歌……

《招魂》（节选）

献岁发春兮，汩吾南征。

菉（lù）蘋齐叶兮，白芷生。

路贯庐江兮，左长薄。

倚沼畦瀛兮，遥望博。

青骊结驷兮，齐千乘。

悬火延起兮，玄颜烝。

步及骤处兮，诱骋先。

抑骛若通兮，引车右还。

与王趋梦兮，课后先。

君王亲发兮，惮青兕（sì）。

朱明承夜兮，时不可以淹。

皋兰被径兮，斯路渐。

湛湛江水兮，上有枫。

目极千里兮，伤春心。

魂兮归来，哀江南！

当年的五月五日，屈原自沉汨罗江，以至高至洁的魂魄，完成了对这场国难的献祭……

战争还在继续。

第二年，蜀郡太守张若带着蜀地兵马来到前线，跟白起的部队合力扫荡楚国西部山区的残余领土，平定了巫郡、黔中郡等地。

到这时为止，秦军转了一个大圈，把楚国西部整个圈起来，硬生生吞掉，不留一点残渣，态度极其坚决。

秦军在楚国土地上除了屠杀和驱赶民众，也大量从本国向新占领地区移民，以完成对这些地区的改造，把这些地区永久变成秦国的土地，从而实现了秦昭襄王以来最大规模的一次领土扩张。

楚顷襄王逃到东部的陈国旧地，在那里重新建立政府，又派春申君去跟秦昭襄王讲和。秦昭襄王同意了他的休兵请求，这次大规模的战略打击才终于结束。

但楚国只剩下半壁河山，在国际事务中几乎已经没有影响力，只能苟延残喘了。

于是在齐国灰飞烟灭之后，楚国也坠入深渊，东方两大国同时在深渊中苦苦挣扎。相对的，秦国挟着空前强盛的国力，正虎视眈眈地注视着面前的六只猎物。

山东六国这时终于明白过来了。这些年来，他们一直相互争斗，在缠抱扭打中耗尽了国力，而给了秦国各个击破的机会，以至于带来这样空前的灾难。这一切的根源都在于他们自己。

但这能怪谁呢？人性的贪婪和短视往往是自身堕落的根源，可惜等明白过来的时候已经太迟了。

事到如今，还有谁能挽救山东六国呢？天下人的目光都聚集到了远处的赵国身上。

只有赵国，躲过了大多数毫无意义的争斗；只有赵国，依然拥有完整的山河。

北方，黄沙漠漠的塞上，浊浪奔腾的黄河岸边，穿着紧身窄袖的胡服，在马背上纵横来去的赵国人，依然生机勃勃。戈壁滩上长大的北方男儿，喝着最烈的酒，追逐荒原上的野狼，弯弓射天空的大雁，英姿勃发，豪气干云，他们是天下人最后的屏障。

第十四章　最后的屏障

下一个打击目标

这些年，南方各国在撕扯打斗中一同滚下了悬崖，只有赵国很少参与他们的纠葛，因此躲过一轮又一轮风暴，依然保持着稳步上升的势头。

秦国早已注意到了这一点，打压赵国的计划早就摆到了他们的日程表上。

当初五国攻齐，打下济西以后，秦、赵两国马上撤军，其实就是因为双方都知道必有一战，要赶紧回去准备战争。

秦国的打击果然很快就来了。

公元前282年，五国攻齐后一年，秦王派白起进攻赵国，打下赵国的祁和兹氏两座城，第二年又打下蔺和离石两座城，第三年再打下代和光狼城。一年两城，非常稳定的蚕食策略。

秦国这些年一刻不停地发动战争，自身实力也损耗严重，特别是当前的主战场在楚国那边，暂时还没有能力对赵国发动全面战争，只能钝刀子割肉。

所以秦昭襄王想用对付韩、魏的方法，一步步地蚕食赵国领土。

对于秦国的步步紧逼，赵惠文王采取了比较务实的做法。他并不跟秦国死磕，而是转头攻打魏国和齐国。失之东隅收之桑榆，被秦国割占的土地就从其他国家身上捞回来，反正那些领土我不抢也会被秦国抢去，不如自己先下手。

所以这几年赵国也在不停地从魏国和齐国那边抢地，基本保持了自身领土不缩水。

在这期间，赵国出现了一位天才将领——廉颇。

乐毅攻打齐国的同时，廉颇也带兵攻入齐国，夺下齐国南方重镇阳晋（当时齐国刚刚被五国联军打败，大多数城池还没有被燕国占领），威震列国，这是他的成名战，随后便开启了他一生无往而不利的征战生涯。

不过后人最津津乐道的却是他跟蔺相如的一些趣事。

完璧归赵

赵国有和氏璧，是天下至宝，大约在公元前282年前后，秦昭襄王忽然派使者到赵国，提出用十五座城池换这件宝物。

赵惠文王召下属商议，大家都觉得很为难，给吧，怎么能相信秦国的许诺？不给吧，秦国正好用这个借口发动战争。

最后决定先让人去秦国回复他们，拖一拖。

但派谁去呢？赵惠文王手下的宦官缪贤，向惠文王举荐了自己的一个门客——蔺相如。

蔺相如是一个很有见识的人。有一次缪贤得罪了赵惠文王，暗地里计划逃到燕国去。蔺相如问他为什么去燕国，他说："以前我参加跟燕国的会盟，燕王拉着我的手热情地说'以后有什么事情可以来找我'。"

蔺相如劝他说："当时您是大王跟前的红人，燕王当然对您客气。他看重的不是您，而是您背后的赵国。现在您背叛了赵国，燕王怎么会理睬您呢？不如主动向大王请罪，或许还能得到原谅。"

缪贤听从了他的建议，去向赵惠文王请罪，真的得到赵王的宽恕，才有了现在的地位。

缪贤向赵惠文王讲述了这事，赵惠文王听了很感兴趣，让他把蔺相如叫来。蔺相如来了以后，赵惠文王跟他一攀谈，果然见识过人，就跟他说起和氏璧的事。

蔺相如想了想说："微臣觉得还是应该答应秦王的请求。如果拒绝秦王，是赵国理亏。如果秦王拿了和氏璧却不给城池，就是秦国理亏，我们宁愿让他们理亏。"

那么如果秦王当真不给城池呢？蔺相如说，那微臣一定保证"完璧归赵"。

于是蔺相如便带着和氏璧出发了。

来到咸阳的章台宫，秦昭襄王召他进去，要求先看看和氏璧。

蔺相如把和氏璧奉上，秦昭襄王接过玉璧，左右端详，赞叹不已，又让周围的爱姬和大臣们围过来看，大家都赞不绝口，把蔺相如晾在一边。

蔺相如很诚恳地说："这玉璧上有一处瑕疵，请让外臣指给大王看。"

接过和氏璧后，蔺相如望着秦昭襄王，靠着柱子，高举和氏璧，朗声说道："和氏璧乃天下至宝，赵王送璧之前，沐浴熏香、斋戒五日，才把此璧交到外臣手上。外臣劝说，秦国未必可信。赵王却言道，布衣之交尚不相欺，何况大国之间。因此让外臣把玉璧送来。现在看大王如此态度，绝口不提割地之事，难道秦国如此大国也要贪我们的玉璧吗？若果真如此，外臣之头将与玉璧共碎于此柱！"说着就要向旁边的柱子撞过去。

秦昭襄王赶忙让人拉住他，好说歹说，劝他放下了和氏璧，然后让人取来地图，装模作样地指了十五座城说："这是给你们的城池。"

蔺相如说："赵王送璧之前曾经斋戒五日，现在大王取璧也需要斋戒五日，五日后外臣定将把玉璧奉上。"

秦昭襄王没办法，只好假意答应五天以后再召见他。

蔺相如回到旅舍以后马上写信给赵惠文王说，他认为秦王肯定不会割让城池，和氏璧也不必献给秦国了，然后让随从揣着和氏璧从小路偷偷返回了赵国。

五天的期限到了，秦昭襄王按照约定，在大殿上安排九宾大典，让蔺相如来献璧。

蔺相如不疾不徐地走来，行了个礼，高昂着头说："和氏璧已经送回赵国了。当初大王说要和氏璧，赵王马上派我把璧带来，已经表明了我们的诚意，现在还请大王先割让十五座城池，之后赵国一定会把和氏璧奉上。秦强而赵弱，赵国绝对不敢欺骗秦国。外臣知道欺瞒大王是死罪，请大王现在就把外臣扔进油锅,外臣不敢有丝毫怨言。"

秦昭襄王没想到他真有这么大胆量,跟大臣们你看看我,我看看你,心想真的杀了蔺相如也没什么好处,白白落下骂名,这事也就只好算了。

蔺相如成功完成了"完璧归赵"的许诺,回到赵国,赵惠文王大喜,当即拜他为上大夫。

最后秦国没割让城池,赵国也没献和氏璧。

史书上的记载有许多属于文学创作的结果,当然不能全信,但从其中不难找出一些接近事实的线索——

"完璧归赵"事件本质上是秦国在主动试探赵国,试探什么呢?试探他们战斗的决心。

和氏璧虽然珍贵,但对于这时的赵国来说,生存才是第一位的,一块玉璧算什么。对于秦国来说,当然也不可能当真用城池去换一块玉璧,那些城池可是前线的将士们抛头颅洒热血换来的,即使秦昭襄王想换也得问三军将士答不答应。

所以从一开始,双方就知道这笔交易是谈不成的。秦国的态度是说:我给出这么扯淡的一个要求,你敢不敢拒绝?拒绝到什么程度?你能表现得多强硬?

态度背后是实力在支撑,赵国强硬的程度反映了他们拥有的实力。所以秦昭襄王是想借此事间接窥测一下赵国到底有多大的实力。

而赵国那边,则要尽量虚张声势,表明:我有足够的底气,我不怕你。但又不能装过头了,真的惹火秦国招来打击。这个"度"是很难把握的,这才是交给蔺相如的真正的任务。他完成得很出色,因此得以青史留名。

秦国的测试不止一次,"完璧归赵"以后,他们又再一次试探赵国。

渑池会

"完璧归赵"过后,秦国接连打下赵国几座城池,然后派使者去见赵惠文王,约他在渑池相会。

渑池是秦国边境上的一座小城。现在两国明明是敌对关系,而且秦国咄咄逼人，赵惠文王去秦国跟他们相会，万一被扣留怎么办？楚怀王的前车之鉴早就摆在那里了。

这又是一次艰难的抉择，多数大臣都劝赵惠文王不要去。

廉颇和蔺相如两人却觉得，大王要是不去就摆明了怕秦国，秦国会更加肆无忌惮，所以劝说赵惠文王前去渑池相会。

赵惠文王是饿死过自己亲爹的人，并不是胆小怕事的人，最终决定带着蔺相如亲赴龙潭虎穴。

赵国朝廷上下都捏了一把汗，送别赵惠文王的时候，廉颇向他说道："大王这次来回一趟大约要三十天时间，如果三十天以后大王还没回来，请允许下臣自作主张，立太子为王。"

这是效仿当年楚国的做法，彻底断绝秦国敲竹杠的念头。赵惠文王很干脆地答应了。

来到渑池后，双方互相见过礼，携手登入大殿，四周鼓乐齐鸣，大家都尽量露出友好的笑容。

赵国的随从们心里都特别紧张。只有蔺相如面色如常，没有表现出任何情绪，只是寸步不离地守在赵惠文王身边。

酒宴开始了，双方推杯换盏。秦昭襄王很热情地劝酒，酒至半酣，醉醺醺地问赵惠文王："听说赵王精通音律，请奏瑟来听听？"

手下人马上抬出来一把早就准备好的瑟，摆到赵惠文王面前，冷冷地说："请！"

赵惠文王尴尬地看看蔺相如，蔺相如点点头，赵王只好红着脸勉强弹了一曲。

秦国大臣马上叫出来一个史官，让他在竹简上记下："某年某月某日，赵王为秦王鼓瑟。"

过了一会儿，蔺相如手捧一只瓦盆，跪到秦昭襄王面前说："听说秦王也懂音乐，请击缶来给大家娱乐。"

秦王的随从们全都跳起来大骂，准备上来把蔺相如拖走。

蔺相如举着瓦盆，瞪着四周的人大喝："都退下！五步之内，蔺相如敢以颈血溅大王！"说着就要扑向秦昭襄王。

四周的人们都不敢上前了，秦昭襄王没办法，脸上红一阵白一阵的，只好拿根筷子在瓦盆上随便敲了几下。

蔺相如也叫出赵国史官，让他在竹简上记下："某年某月某日，秦王为赵王击缶。"

秦国那边随即有人喊："请赵国割十五座城池为秦王献礼！"

蔺相如马上高声回答："请秦国割咸阳为赵王献礼！"

双方剑拔弩张，秦国用尽各种办法，始终压不下赵国的势头，酒宴只好在极度紧张的气氛中结束了。

赵国已经在边境上布好了大军，随时准备开战。而楚国那边，秦楚鄢郢之战已经开打，这时并没做好跟赵国决战的准备。看到赵国这副拼命的势头，秦王只好作罢，跟赵国代表团握手言和，各自回家去了。双方后来几年都暂时保持着和平局面。

蔺相如在外交场合据理力争，两次赢得了心理战，这对赵国太重要了，赵惠文王回国以后就封他为上卿。

当时齐国刚刚倒下，秦国正在寻找下一个目标，他们的策略很清楚：先找弱的打，以最小的代价扩张领土，然后再去收拾强的那一个。他们面前有两个选择：赵国和楚国。应该先打哪一个呢？秦国朝堂上一定进行过激烈的争辩，所以才有了对赵国的这两次试探。

试探的结果，秦昭襄王觉得赵国的底气还是更足一些。像楚国那帮怂货，天天觍着脸贴上来，摇尾乞怜，一看就是欠收拾的，所以最终把他们选定为第一目标，于是有了惨烈的鄢郢之战。

事实证明秦国的判断是正确的。

至于赵国，秦国对他们采取了持续压制的策略。每年取两座城，日削月割，防止他们坐大。但又避免跟他们大决战，甚至在赵国反击的时候，秦国还会有所退让，例如大梁被围的时候，燕、赵联手救援，秦军就退走了。

"完璧归赵"和"渑池会"为赵国争来了二十年的宝贵发展时间，使他们能够暂时避免亡国的命运，继续积攒力量，迎接一定会到来的大决战，万一那时真能创造奇迹呢？

所以才说，蔺相如两次在关键时刻救场，确实挽救了赵国的命运，因此也就不难理解为什么他以门客的身份，火箭似地蹿升，迅速来到了上卿的位置。

当然，并不是每个人都能马上看清这一点，所以才有了"负荆请罪"的故事。

负荆请罪

廉颇这几年四处征战，为赵国打下许多土地，在所有武将当中位列第一。但蔺相如却后来居上，在朝廷上的地位超过了廉颇。廉颇私底下很是愤愤不平。

他对人说："老夫为国立下汗马功劳，蔺相如那个小儿，本是家奴出身，就靠着逞口舌之利，竟然位居老夫之上，实在让人气愤不过。"

并对手下的门客们说："老夫下次见到蔺相如，一定要给他点颜色看看！"

蔺相如听说以后，一直躲着不见廉颇，上朝的时候也都常常称病不去。

有一次蔺相如的车队出门，远远看到廉颇的车马过来了，马上命令手下掉转马头，避开他们。

蔺相如的门客们因此意见很大，都对他说："您这样怕廉颇，不觉得丢人吗？我们跟着您还有什么意思？不如大家散了吧。"

蔺相如问他们："廉颇跟秦王谁更有威严？"

大家都说当然是秦王。

蔺相如便说："我敢面斥秦王，怎么会怕廉颇？但将相不合国家怎能稳定？我是不愿意因为跟他斗气，而影响国家利益呀。"

门客们这才明白了他的苦心，钦佩不已。

消息传到廉颇耳朵里，他才醒悟过来，知道蔺相如的气度和见识远远超过自己。于是便按照传统的请罪方式，赤裸上身，背上绑一根荆条，亲自上蔺相如家里请罪。

蔺相如赶忙扶起廉颇，两人言归于好，从此一心一意辅佐君王，被后世传为佳话。

燕赵有义士

这一代赵国人出了许多智勇双全的忠臣义士,所以赵国才能在秦国的强大压力下支撑下来,始终没有被打垮。

除了廉颇、蔺相如以外,赵奢也是朝廷里一个重要人物。

他本来是一个征收租税的小官,平原君家不肯纳税,赵奢就展现出铁面无私的做派,按照赵国法律,杀了平原君家九个管事的人。

平原君赵胜是赵惠文王的弟弟,也是以礼贤下士著名的人物,在朝廷里具有极高的地位,他听说一个小小的税官竟敢来捋虎须,顿时大发雷霆,想要处死赵奢。

赵奢找到平原君解释:"您是国家的贵公子,如果您都纵容家人犯法,赵国的法令还能服众吗?赵国一旦衰弱,敌人必定来进攻,国家亡了,您的荣华富贵又怎么保证呢?"

平原君听他说得有礼有节,就宽恕了他,并且约束自己的家人不再逃税,还向赵惠文王推荐赵奢。

赵惠文王便提拔赵奢管理国家的财税,果然很快把国家财政整理得井井有条,没人敢不服。

不过赵奢最大的才能是在军事方面,廉颇四处出击的那些年,赵奢也是东征西讨,接连取得大胜,甚至在公元前269年的阏(yān)与之战中,取得了斩首八万秦军的惊人战绩。他是战国末年为数不多的几个可以打败秦国的将领之一。

有这些才识过人的将相在,赵国朝堂上一时间人才济济,让秦国长期不敢侵犯。

很快又传来另一条好消息——名满天下的大将乐毅也回到赵国来了,因为燕国已经出现重大变故……

齐人的抗争

燕国攻打齐国的战争,一开始战绩辉煌。但燕国自身的实力还是不够,开始纯粹是借着五国联军的势头。另外四国一撤走,燕国的攻势就没那么凌厉了。这时候齐国剩下两座特别坚固的城池,怎么都打不下来。一是莒城,齐湣王被杀以后,手下官员们还留在那里,所以那边的民众的凝聚力特别强;另一座是即墨,那里有田单在防守。

先说莒城的事。

当年淖齿虐杀齐湣王,在齐人中引起公愤。

齐国宗室里面有个叫王孙贾的人,多年来一直在齐湣王左右伺候。湣王被淖齿绑走以后,他到处都找不到,只好回家去。

他母亲听他说了,很不满意地说:"你每天早上出门,到晚上我都会倚着家门盼你回来;如果你晚上出门,我就会倚着外面巷子口的门盼你回来。如今你的君王不见了,你没找到他就回家来了吗?"

王孙贾听了觉得很惭愧,于是再次出门去找湣王,过了很久,终于发现了淖齿杀害湣王的真相。他悲愤莫名,冲到大街上对人们说:"淖齿杀害了我们大王,有要跟我一起去诛杀淖齿的,袒露右肩!"

街上的人们纷纷聚集起来,支持王孙贾。很快就集结起数百人,消息传遍全城,人人愤慨,家家户户拿起武器加入王孙贾的队伍,莒城的齐人暴动了!

狂暴的人群冲到淖齿的住处,拼死进攻,终于杀掉淖齿,重新夺回了莒城的控制权。

齐人急需一个领袖,最合适的人选是太子法章,但现在却不知道他在哪里,大家只好分头去找。

他们没料到,法章早就不在城里了。

那天晚上,齐湣王遭遇惨祸的消息传回宫以后,齐国贵族们吓得四散奔逃。太子法章只身一人逃进城阳山里,隐姓埋名,在当地一个地主家里做佣人,替他家浇菜园。

地主的女儿正值豆蔻年华,见法章气度不凡,隐隐约约猜到他是落难的贵族,就瞒着父母跟法章私订终身,两人在乱世中互相扶持,共同生活着。

法章经历了国破家亡的惨剧,对外面的世界戒心很重,一直不敢抛头露面,更不敢公开自己的身份。所以齐国大臣们一连找了很久,却始终没有结果。

终于有一天,法章鼓起勇气向周围的人们说明了自己的身份。消息传回城里,齐国的流亡大臣们急忙赶到山里来辨认,认出他果然是太子殿下,莒城的人们狂喜,蜂拥到山里拜见太子。

法章就在城阳山中接受众人拥戴,登基为王,是为齐襄王,然后通告整个齐国:"新王在莒!"战火中苦苦挣扎的齐人终于有了精神寄托,开始行动起来,反抗燕国的侵略。

再说即墨那边的事。

莒城在襄王的带领下抵抗侵略者的同时,即墨也在田单的指挥下进行着抗争。

田单复齐

田单本来是临淄城里一个管市场的小官,虽然他也是齐国王族的后裔,但亲缘关系太远,属于没落贵族。

当初临淄被攻破的时候,田单先带着全族老小逃到安平,随后安平也被攻破,他们只好再次逃亡。

田单特别会动脑筋。在安平城里休息的时候,他让族人们把车轴两头截短,用铁皮包上。后来安平城破的时候,城里的人们一拥而出,无数车子在路上乱撞,大多数人的车轴都被撞坏了,困在半路走不了,被赶上来的齐军活捉。只有田单他们家族的车子比别人都坚固,全都成功逃脱了。

这件事在难民中广为流传,为田单积累了很高的名望。

他们逃到即墨,在城里坚守,继续抵抗齐军。

即墨大夫战死以后,当地人共同拥护田单当临时首领,主持抵抗事宜。

燕军打到即墨的时候已经是强弩之末,即墨人又受到莒城那边新王初立的鼓舞,所以燕军包围即墨五年都没能打下来(同一时期秦国正在围攻魏国的大梁,燕、赵都派兵去救援,也间接导致了燕国兵力短缺)。

这时候励精图治的燕昭王过世了,燕惠王继位。燕惠王当太子的时候就跟乐毅有矛盾,田单便利用这一点挑拨离间,让人散布谣言,说:"齐国就剩两座城怎么会一直打不下来？因为乐毅留了一手，他想借助齐人的力量，在齐国自立为王。"

燕惠王本来就很担心乐毅拥兵自重，听到这些谣言后更加心慌了，赶紧派另一个将领骑劫去前线，换下乐毅。

乐毅知道燕惠王猜疑自己，继续在燕国待下去难免有祸患，他本来就兼任燕、赵两国的国相，心想不如干脆就去赵国吧，便投靠到了赵惠文王手下。

赵惠文王大喜过望，立即封乐毅为望诸君，给予重用。

这几年都是乐毅在带着燕国军队打仗，他一走，燕国将士们难免人心惶惶，新上任的骑劫很难服得住他们。

田单又告诉城里百姓："每次吃饭前都要先祭祖，要洒一些谷物在庭院里。"这样周围的鸟儿都飞到即墨来觅食，城市上空常常有鸟群飞来飞去。

田单又让人四处宣扬："有神人在帮助我们。"还找个小兵装扮起来，号称"神师"，时常带着这个"神师"招摇过市，城里百姓信以为真，士气大振。

田单还在城里大肆宣传燕国士兵在城外掘齐人的祖坟、烧先人的骸骨，还说燕国人抓住齐人都会割掉鼻子……四处散布的谣言，让城里百姓对燕人又恨又怕。

但在面对敌人的时候，田单却故意示弱，把精锐兵力都藏起来，让老弱残兵守城，还让人假扮逃出即墨的富豪，送给燕军一些金银财宝，请求："城破的时候别杀我们。"

燕军以为城里已经快支撑不下去了，就渐渐松懈了下来。

田单最大的发明是"火牛阵"。他把全城能找到的牛都搜集起来，给牛角绑上尖刀，牛身涂上油彩，再披上五颜六色的布帛，牛尾巴绑上稻草，灌上油脂。

等一切都准备停当以后，反攻开始。

一天夜里，五千名齐国士兵驱赶着这些牛到城墙边，把牛尾巴点燃，全城擂鼓呐喊，牛被吓到了，拼命往前冲，一时地动山摇。

燕军正在营帐里睡觉，蓦然听到外面一片轰鸣，出来一看，无数怪兽带着遍地火光冲了过来，士兵们从来从没见过这种阵势，都惊恐不已，拔腿就跑，将领禁止不住，燕军的阵营瞬间崩溃。

即墨城里的守军全体杀出，一路追杀燕军，燕军大败而逃，骑劫也被杀死在乱军中，即墨之围成功解除！

田单随后带领即墨的兵马继续攻打燕军，那些被占领的城池听说了这里的胜利，都纷纷起来响应，齐国土地上顿时烽火四起，燕军再也镇压不住。

田单的军马每到一个地方，当地民众都箪食壶浆来犒劳他们，有力气作战的都加入他们，所以他们的队伍越来越壮大，终于成为一支浩荡的大军。

另一方面，燕国本身是个小国，兵力不足以压制齐国这样一个人口众多的大国，一旦齐人全体起来反抗，仅有的一点燕军立即沦入人人喊打的局面。而且他们的主帅一开始就被杀死，群龙无首，当然就更抵挡不了齐人的反扑。

田单的队伍一路横扫，飞速推进，一座又一座的城池被收服。没过多久，齐国七十多座城池全部光复，齐人把侵略者彻底赶出了齐国领土。

公元前 279 年，田单亲自带领人马到莒城迎接齐襄王。齐人专门修了一座栈道深入城阳山，以盛大的仪式，把襄王夫妇接回临淄，齐国正式复国。

田单随后被封为安平君（他是从安平成名的），成为齐国朝堂上炙手可热的人物，他也因为恢复齐国的巨大功勋而名垂青史。

襄王很感激地主家女儿对自己的照顾，把她立为王后，史称君王后。

不过君王后的父亲，也就是当初收留襄王的那个地主，对自己女儿不听从"父母之命，媒妁之言"，私自找男友的事情始终耿耿于怀，终生不再见这个女儿，也不去拜见那个国君女婿。

君王后一直受到襄王的敬爱。她是一位很有想法的女人，后来当了太后，对齐国的内政外交有很大影响。

据说有一次秦王送给她一副玉连环，说："你们齐国人那么聪明，一定能解开这个吧？"君王后把玉连环拿到朝堂上，让大臣们来解，大家想破脑袋都解不开。最后君王后让人拿来一把锤子，一锤下去，把玉连环砸得粉碎，然后叫秦国使者回去复命："已经解开了。"

这就是她的做派。

再说齐国，遭受这次灭国之灾以后，国力严重受损，虽然复国，但再也无力对外扩张了。而且这一代齐人，从国君到平民都亲身经历了惨烈的灭国之战，对于战争有极度的厌恶心理。在往后的日子里，齐国的对外政策只剩下一个目标——避免战争。

他们竭尽全力地避免卷入任何纷争之中。不管秦国侵吞天下的战争打得如何激烈，他们一概视而不见，即使赵国时不时来占一些领土，他们也只唯唯诺诺地勉强抵抗一下……

这是一个被打断了脊梁骨的国家，从今往后，国际上再也见不到当年那个称霸一方的齐国了。

有一个绝顶聪明的人最早注意到这一点，针对这种局面专门为秦国提出一套新的策略：远交近攻。

第十五章　秦赵大决战

小人物的发迹史

魏国在整个战国时代都是人才输出地，范雎（jū）也是魏国人。跟商鞅、张仪那些前辈一样，他也胸怀安邦定国之才，一直想有一番作为。

但他出身贫寒，没有机会得到当权者的赏识，只好投靠到中大夫须贾手下，当了一名门客。

有一次魏昭王派须贾出使齐国，范雎也跟着去了。

这次出使没办成什么事，但范雎的才华却给齐襄王留下了深刻印象——大概怀才不遇的他太希望表现自己了吧，锋芒毕露。

襄王正在招揽贤才，就送给了范雎很多黄金、酒肉之类的礼物，满满装了一车。这是在暗示他留在齐国辅佐自己。

但这时的范雎还有些单纯，他不想留在齐国，又不知道该不该收礼物，就把这件事情直接告诉了须贾。须贾气得七窍生烟，他在齐国辛苦跑腿几个月，到处受人白眼，粗茶淡饭都没一口，手下的奴才却得到齐王亲自赏赐，这奴才是要翻天了吗？

他不动声色地告诉范雎："人家送我们礼物是尊重我们，不收不太好。黄金就算了，退给别人，就把酒肉收下吧。"范雎便照着做了。

等回到魏国以后，须贾找到相国魏齐，报告他："范雎这狗奴才里通外国，不知道把什么情报出卖给齐国了，竟然得到齐王的赏赐。"

魏齐大怒，马上让人把范雎抓到府里来，严刑拷打，逼问他卖了什么情报。

魏齐是魏昭王的兄弟之一，杀个人也不算事，那些家丁们下手非常重。范雎当然知道现在绝对不能承认出卖国家，承认了就是死，所以不管别人怎么打，一口咬定：没干卖国的事。最后被打成重伤，肋骨都断了几根，昏死过去。

魏齐看到这情形，估计也问不出什么，只好让下人把奄奄一息的范雎拿个破席子裹了，扔进厕所，让他自生自灭。

范雎只能装死等待机会，来魏齐家里喝酒的宾客们纷纷尿在他身上，他也不敢动一下。直到宾客们都走了以后，他才悄悄向看守他的人说："你如果放我出去，以后一定重谢。"

看守的人就假称范雎已经死了，报告给魏齐，魏齐正喝得醉醺醺的，也没在意这种小事，挥挥手说："那就扔出去吧。"范雎因此从鬼门关捡回一条命。

朝廷里有个小官叫郑安平，很同情范雎的遭遇，他偷偷把范雎藏起来。范雎从此改名"张禄"，在郑安平家里躲着，昼伏夜出。

魏国待不下去了，"张禄"谋划逃到国外去，最安全的地方当然就是秦国。正好这时候秦昭襄王派大臣王稽出使魏国，郑安平争取到了接待他的机会，跟王稽私下交谈的时候，郑安平故意提到自己认识一个叫"张禄"的人，有经天纬地之才，建议王稽把这人带回秦国，推荐给秦王，以后万一他发达了，肯定会报答王稽的。

王稽听了很感兴趣。不久后，郑安平把"张禄"找来，跟王稽谈了一会，见他果然口若悬河，对国际形势有深刻见解。王稽被他的才华震惊了，当即决定偷偷把他带回秦国去。

回到咸阳以后，王稽把"张禄"安顿好，就去跟秦昭襄王说："下臣在魏国找到一个奇人，声称'秦国已经危如累卵，只有得到我才能安定'，所以下臣把他带回来了，大王要不要见见呢？"

这些年秦国都是暴力开疆，对于游士说客们"合纵连横"的把戏早就不感兴趣了,而且来秦王跟前献计献策的人,一年到头络绎不绝,秦昭襄王哪有工夫挨个接见他们,所以听了这话并没有什么反应。

王稽没办法,只好回来说:"兄弟要不先在这边住着,兴许哪天大王一高兴就见您呢?"然后把"张禄"送去客栈,略微给他点生活费,就让他这样在咸阳住着。

这一住就是一年。这是"张禄"一生中最焦虑的时期:举目无亲,前途未卜,空有满腹治国平天下的策略,却找不到赏识自己的人。难道以谋略定天下的时代真的已经过去了吗?难道这个世界真的没有他的用武之地了?

他在客栈里苦苦思索,什么政策才是当前的秦国最需要的,怎样的言论才能打动秦王的心。

直到一年之后的一天,他在街上听到一个消息,突然豁然开朗,急忙跑回客栈,一挥而就,写成一封奏折,又想尽办法托关系,让人把这封奏折递到秦昭襄王手里。

秦昭襄王看完这封奏折,拍案叫绝,当即下令:"宣张禄进见。"

秦昭襄王的烦心事

"张禄"住在馆舍中的时候,秦国发生了一件让秦昭襄王不太愉快的事。魏冉是宣太后手下的党徒之一,也是秦国朝廷里一等一的红人。

前些年齐国被围攻的时候,魏冉从他们那边抢到了陶邑。这里本来是宋国苦心经营的经济中心,交通极为便利,商业高度发达,是天下最富庶的地区,号称"天下之中",也因此受到天下各国的垂涎。最后齐国消灭宋国,抢到陶邑,随后又被魏冉夺走。

魏冉请求宣太后把陶邑赐给自己做封邑——他本来已经有穰地做封邑了,但还不满足。宣太后答应了,从此他每年从陶邑拿到巨额税收,成为富可敌国的超级土豪。

从那以后,魏冉的心思就不在正事上了,整天想着怎么经营自己的封地,收到的钱财也都进了自己的私囊。陶邑挨着齐国,离秦国远得很,魏冉为了自己的个人利益，不断地派兵攻打齐国，把抢来的领土都并入陶邑。相当于他自己成了一个小诸侯，并驾着秦国这辆战车替自己开疆拓土。

公元前271年，魏冉再次发兵攻打齐国，打下刚、寿两座城池，把它们也并入了陶邑。陶邑因此进一步扩张了，秦国却没有得到任何好处，白白劳民伤财。

魏冉如此明目张胆地拿国家机器谋私利，朝廷里很多人都看不惯，但没人敢说。一来魏冉确实功劳很大，二来，也是更重要的，他有宣太后这座大靠山，谁敢对他表示不满？

宣太后是奉行极端利己主义的人，她喜欢的人，不管三七二十一，一律给予重用。她最宠爱的魏冉、芈戎、泾阳君、高陵君四人，号称"四贵"。他们拿着鸡毛当令箭，在朝廷里横冲直撞，无人能挡，秦国朝廷俨然成了他们这帮人的私家财产。就连秦昭襄王都不太敢说他们什么，虽然心里早已不耐烦了。

"张禄"看出了秦昭襄王的心事，就拿这一点做文章。

他的那封奏折里说的，就是魏冉专权的事。

秦昭襄王召见他的那天，他来到王宫的内廷，假装不懂礼节，直接往里走。

这时有宦官大喊："大王来了！"要赶"张禄"走。

"张禄"摇晃着脑袋说："什么大王？我只听说秦国有太后跟穰侯（魏冉），没听说有大王。"

秦昭襄王正好听到这句话，马上明白了"张禄"的意思，于是走过来对他拱手说："失敬！寡人早该聆听先生的教诲了，因为最近一直在操心义渠国那边的战争，所以冷落了先生，还请先生勿怪。"

"张禄"赶忙回礼，与秦昭襄王携手进入内廷。

秦昭襄王问起他对国家大事的看法，"张禄"便坦然说了自己的观点。

远交近攻

"张禄"知道秦国内部的权力斗争是个敏感话题，先不能碰，于是先说对外政策。

他明确反对魏冉攻打齐国，他举出齐湣王为例。

齐湣王前些年带领韩、魏攻打楚国，取得大胜，抢到大片土地。但这些土地都远离齐国本土，只挨着韩、魏，所以最终结果是齐国出力，韩、魏得地，这就是所谓"借贼兵而赍（jī）盗粮"。

齐国在连年的对外战争中耗尽了国力，这才让诸侯们得到了机会，联合起来一举把齐国打垮。

所以齐国失败的根源就在于采取了"远攻近交"的政策。

现在秦国也在犯同样的错。越过韩、魏攻打遥远的齐国，打下来的土地都让韩、魏占了——其实是让魏冉的陶邑占了，"张禄"不好直说——这样下去，秦国也会走上齐国的老路，这是极度危险的。

所以秦国的正确做法应该是"远交近攻"，稳住远处的齐、楚、赵，对身边的韩、魏大开杀戒。这两个国家处在天下的中心，战略意义重大，又跟秦国接壤，抢得一寸土地，秦国领土就扩大一寸，这样步步推进，然后再威逼楚、赵，才是最好的方案。

而韩、魏两国对比，应该先打韩国。韩国的领土形状奇特，呈"了"型，分成三个主要部分，中间有两个连接通道，那里是韩国最薄弱的两处：一个是太行山西麓的通道。占领这里，可以把韩国北部的上党郡与南部的三川郡割断。另一处是荥阳。占领荥阳，可以割断三川郡跟东部新郑的联系。这样就可以把韩国领土分割成三段，那么消灭韩国则指日可待。

除了远交近攻，"张禄"还提出：要征服一个国家，不仅要"攻地"，还要"攻人"——也就是向对方的统治者施压，逼迫他们屈服。

他说，魏冉攻打魏国那么多次，却没能成功削弱魏国，是什么原因呢？因为他只攻打土地，不跟敌人谈判。正确的做法是武力威逼与和平谈判并用，让敌人乖乖交出土地，交完再打，打完又谈，相当于无限制地勒索。

后来秦国对韩国果然就用上了这套方案。他们先打韩国的重要城市，逼迫韩国谈判，交出其他不重要的地区，换来秦国退兵，称为"驰割"。但韩国一旦交出土地，秦国马上又去打他们的重要城市，逼迫他们再次割地。

秦昭襄王听完"张禄"的言论，大喜过望。"张禄"已经把吞并天下的一整套方案都给出来了,这正是秦昭襄王梦寐以求的。秦昭襄王当即拜他为相,封为"应侯",让他全权负责秦国的内政外交。

"张禄"从此得到秦昭襄王的极大信任,一举成为秦国朝廷里最重要的人物。秦国也开始正式实施远交近攻的对外战略,吞并天下的步伐骤然加速。

等位置稳固以后,"张禄"终于可以把剩下的一半话也说出来了,就是关于秦国内政的问题。

他认为宣太后那伙人已经严重威胁到了秦国的利益,不得不除,劝说秦昭襄王尽快下手。

秦昭襄王其实早已经在这样想了。

他很清楚自己那个老妈是怎样一种人。前段时间,他们母子刚刚合谋干掉了义渠王,然后顺势灭了义渠国。

这是秦国的重大胜利,从此以后,秦国后方再也没有威胁了,可以毫无顾虑地出兵东部。

但秦昭襄王内心却是五味杂陈:宣太后对跟自己恩爱了三十多年的老情人都能痛下杀手,这样狠辣的手段让秦昭襄王心里发凉。

世人都知道,宣太后最宠爱自己的两个小儿子,尤其是泾阳君公子芾。当年要不是赵武灵王一力主持,她就立泾阳君为秦王了。

现在宣太后一伙人已经嚣张到了无法无天的程度,泾阳君的权力也日益膨胀,继续这样下去,万一哪天他们联合起来夺权,秦昭襄王挡得住吗?

就算秦昭襄王自己没事,但能保证以后能把权力顺利交给自己的儿子吗?毕竟他的王位就是从自己哥哥手上继承的。现在他年纪也大了,必须要考虑身后事了,有宣太后这伙人在,他怎么放心得下?

他纵横天下一辈子,绝不能在这件事情上翻船!

他早就想谋划除掉这帮人,但苦于没有心腹大臣跟自己配合。朝廷里那些人都畏惧宣太后的势力,个个心怀鬼胎,找他们商议的话,说不定一转身把自己给出卖了,反倒打草惊蛇。现在张禄主动挑明这件事,正是送上门的帮手。

所以秦昭襄王一听这话,马上举双手支持:"此言甚得我心,先生有何高见?请进一步言明。"

"张禄"俯身过来:"如此这般……"两人私下一合计,制订了一套扳倒宣太后集团的计划。

公元前266年的一天,秦昭襄王突然发动政变,废掉宣太后,将她软禁在后宫,再把魏冉为首的"四贵"全部赶出咸阳,自己完全掌握了朝政大权。

魏冉被夺权以后,带着一千多车金银财宝回到陶邑,过了几年担惊受怕的日子以后,躺在他的金银财宝上郁郁而终。秦昭襄王下令把陶邑收归国有。陶邑这块天下第一的大肥肉,连带着魏冉攒下的巨额财富,全部落到了秦昭襄王手里,够支撑他发动一场大规模战争了。

他很感激为自己做出巨大贡献的"张禄",从此对"张禄"言听计从。"张禄"在秦国朝廷里拥有了一人之下万人之上的崇高地位。

现在,终于可以找当年的仇人算账了。

睚眦必报

范雎这些年一直以"张禄"的身份生活着,秦国官方也一直称他为"张禄",所以魏国那边的人们都以为那个"范雎"已经死了。

"远交近攻"的政策实行以后,韩、魏马上感受到巨大的压力,魏安釐王(这时候魏昭王已经过世,魏安釐王是魏昭王的儿子)赶紧派须贾去秦国求和。

范雎听说须贾来秦国,心想:"可等到你了!"真是天堂有路你不走,地狱无门你闯进来。于是故意穿上一身破旧衣服,一个人到须贾住的客栈去找他。

须贾见到他,大吃一惊,半天才憋出一句:"原来你……在秦国?"

范雎笑笑说:"是呀。"

须贾问道:"你不会是在这边当说客吧?"

范雎冷笑着说:"我是魏国的罪人,是被大人您赶出来的,哪个国君肯听我游说啊?"

须贾不好意思地问:"那你在秦国做什么?"

范雎淡淡地说:"没什么,衙门里随便给人跑腿而已。"

须贾便留他吃饭，见他衣着寒酸，在风中瑟瑟发抖，不禁有些怜悯，便又找来一件锦袍给他披上。

范雎略微道声谢，不动神色地吃着饭，也不抬头看须贾。

须贾只好有一搭没一搭地扯些闲话，无意中谈到"张禄"，说："你知道现在秦王跟前的红人张相国吗？据说秦王对他非常信赖，我这次来特别想拜见他，要是他老人家能帮我们魏国说几句话，那就什么事都好办了。"

范雎心里暗笑，说："这倒巧，我家主人正好有门路可以见到张相国，要不你跟我坐车回去，我向主人通报一下。"

须贾大喜，一迭连声道谢。范雎找来一辆大马车，把须贾扶上去，范雎亲自驾车，去他"主人"家拜访。

马车来到范雎的府上，范雎已经先打过招呼，不要泄露他的身份。所以下人们看到他驾车来了，也没说什么，只是默默地让开道路放他们进去，须贾摸不着头脑，暗说"怪事"。

到了院子里，范雎说："容在下先进去禀报。"撂下须贾，自己走进大堂去了。

谁知他进去以后就没消息了，须贾被晾在院子里面，半天没人来接他，他很奇怪地问周围的人："范叔呢？怎么还没出来？"

周围的人回答："什么范叔？刚才带你来的是我们相爷。"

须贾感到头顶一个霹雳炸起，吓得魂飞天外，赶忙跳下马车，连滚带爬地跑到台阶下，咚咚咚地磕头，请求范雎原谅。

下人进去通报，范雎换好了衣裳，这才带着一大帮随从，风风火火地走了出来。

须贾跪在下面磕头如捣蒜，战战兢兢地说："小的冒犯大人，自知罪孽深重，请大人发落！"

范雎大喝："你知道你犯了什么罪吗？"

须贾浑身颤抖："罪该万死！罪该万死！"

范雎厉声说："你包藏祸心，污蔑我通敌，这是罪一；魏齐奸贼辱我于厕中，你不制止，这是罪二；便溺到我头上，辱人太甚，这是罪三。三罪并罚，你说该怎么处置？"

须贾伏在地上说:"请就汤镬之刑!"

范雎觉得吓唬得差不多了,这才说:"你本该死罪,但你见我衣衫单薄,赠我绨袍,还算有一点良心,看在这件事上,我才饶你死罪,知道了吗?"

须贾长出一口大气,拼命磕头,千恩万谢地告辞回去了。

范雎到宫里跟秦昭襄王说明了情况,秦昭襄王当即表示支持他报仇,范雎说:"须贾是从犯,可以宽恕,但魏齐绝对不能饶恕。"

于是在秦昭襄王的支持下,范雎命令须贾回去报告魏安釐王:立即把魏齐的人头送来秦国,否则将派兵屠戮大梁。

收到须贾的回报,魏国朝堂上炸锅了,众人议论纷纷,都在讨论该不该答应秦国的要求。

魏齐是朝廷重臣,又是魏国宗室成员,不是一般的大臣能比的。魏安釐王很想保他,但秦国是肯定不能得罪的,最后只好退一步,让他逃到赵国去寻求庇护。现在也只有赵国敢跟秦国对抗了。

赵国平原君是魏安釐王的妹夫,跟魏齐关系也很好,所以魏齐就躲到了他家里。

秦昭襄王和范雎马上得到了这个情报,他们不肯善罢甘休,便命令平原君:"来秦国,当面说清楚!"

平原君不敢不从,只好亲自到咸阳向秦昭襄王说情,但范雎坚持不饶恕魏齐,最后秦昭襄王下令将平原君扣押在咸阳,同时秦国大军开向赵国,逼他们交人。

秦国态度如此强硬,不拿到魏齐绝不罢休,赵国难道要为了魏齐跟秦国火拼吗?这时候赵国是赵孝成王当政,眼看前方告急文书不断送来,他顶不住压力,只好派人去平原君的府上捉拿魏齐。

但他显然耍了个心眼,故意留了个缺口让魏齐逃走了。魏齐逃到赵国的相国虞卿那里,虞卿可能得到了赵孝成王的授意,当即扮成平民,带着魏齐逃回魏国,把这块烫手的山芋又扔回给了他们。

他们想向信陵君求助。信陵君是魏安釐王的弟弟,在魏国拥有仅次于国君的地位,在国际上也拥有非常大的势力,现在看来也只有他敢对抗秦国。

信陵君是仗义的人,但他不傻,现在这样的局面谁能保得住魏齐?不过平白招来秦国的军事打击，所以拒绝了两人的投靠。

走投无路的魏齐只好自刎而死。赵国随后把他的头颅送到秦国，秦昭襄王这才把平原君放了回去。秦国大军也撤了回去，赵、魏两国终于可以松一口气了。

范雎对魏齐穷追不舍，终于报了大仇，但却放过了须贾，让世人看到了他的恩怨分明。所以后人评价他"一饭之德必偿，睚眦之怨必报"。

须贾因为送了一件锦袍，竟然捡回一条命，那么真正对范雎有恩的人，得到的回报当然就相当丰厚了。范雎向秦昭襄王申请，把当年帮助过他的王稽和郑安平都提拔为朝廷里的高官，哪怕明知道他们没什么才能也重用他们。后来他们两人却把范雎给坑了。

秦昭襄王对范雎报仇和报恩的行为都积极支持，不仅因为范雎是他的首席谋臣，也因为范雎这种性格很对他的胃口。秦昭襄王本人，以及秦国这个国家，都是"睚眦必报"的，对于他们的仇人，他们出手绝不留情。

东方六国可得长点心眼了，谁要敢跟秦国做对，那就走着瞧吧，秦国的军事打击必然会到来，而且会非常凶猛！

意外来临的决战

按照"远交近攻"的构想，秦国第一个要打击的国家是韩国，打韩国，首先要打断"太行道"。

公元前264年，秦昭襄王派出白起攻打韩国的汾城、陉城，这两座城正是太行道的薄弱处，秦国的目的很明确——掐断太行道，断绝上党郡跟韩国的交通，把韩国一分为二。

这是灭亡韩国的第一步。韩国人慌了，赶忙去秦国求和，许诺把太行山以南的"南阳"割让给他们，换来太行道的平安。

不料秦国一方面收下韩国割让的土地，一方面继续进攻，丝毫不停，最终把南阳、汾城、陉城全部拿到手，甚至更向东推进，拿下野王，彻底斩断了太行道。

这时候秦国大军像一把尖刀，从西到东直插过去，把韩国砍成南北两段，韩国已经危在旦夕了。

上党郡被分割在太行道北边，跟韩国其余部分断绝了联系。这片土地的形状很奇特，是一块向东北方凸起的地带，深深插入赵国内部，攻占上党郡，就可以把赵国南方领土分割成两块，对赵国的威胁也就大大加强了。

所以赵国也高度紧张，密切关注着事态发展。

上党郡守冯亭跟下属商议："国内现在想救我们也救不成，秦军那么强大，我们自己肯定挡不住的。与其被秦国吞并，不如把上党郡献给赵国，让赵国去阻挡秦国。"

大家都没得选择，只好同意他的提议。

冯亭派使者去求见赵孝成王，说了投靠的事，赵孝成王便召集大臣们来讨论。

这对于赵国是一个异常艰难的抉择。接受他们的投靠吧，是对秦国的公然挑衅，秦、赵之间的战争就不可避免了；不接受吧，秦国一旦消灭韩国，接下来也就该轮到赵国了，战争会来得迟一些，但还是免不了。

大臣们也激烈争辩，平阳君反对接收上党郡，平原君却支持。

接收上党郡有一个巨大的好处：可以立即得到一大片土地作为秦、赵之间的缓冲区，使赵国有更多的腾挪空间——既然秦、赵之间的战争迟早都会来，改善自己的地理条件，先做好战争准备，看来是比较明智的做法。

反之，如果让秦国拿下上党郡，由于上党郡独特的地理位置，那么秦国军力就会深入赵国疆域内部，使得赵国的防守形势大大恶化，到时候再跟秦国决战只会更吃亏。

所以最后讨论的结果，赵孝成王决定接收上党郡。

赵国人都知道秦赵大战是一定会来的。从赵武灵王的时代开始，他们就一直在做对秦的战争准备，不管从军事上还是心理上，都基本上准备好了。

所以接收上党郡的消息传出来以后，赵人并不惊慌，只是开始全国动员，迎接即将到来的重大考验。

另一边，从秦国的角度来看，赵国的做法是不可饶恕的。

秦国这些年南征北战，天下各国望风披靡，各路诸侯、公子、说客的车马络绎不绝地来到咸阳，献上珍宝、赔上笑脸，只为了求秦国高抬贵手，对他们手下留情。

现在赵国直接骑到老虎背上来了。

秦国花了那么大力气把韩国砍成两半,眼看要收获的时候,赵国从斜刺里蹿出来,直接抢走一半成果,他们把秦国当成什么了?难道威震天下的大秦帝国是可以让人随便欺负的?

是可忍孰不可忍!

秦昭襄王拍案而起,立即派王龁(hé)带领大军杀奔上党郡,秦赵大决战意外来临!

长平之战

上党郡这时候刚刚投靠赵国,赵国还没来得及完全接手,秦国大军却已经杀到,迅速攻城略地,占领了上党的一些主要城池。

赵孝成王派廉颇率领赵国主力部队,驻扎在上党郡东边的长平。这时候上党郡的难民如同潮水一样涌到,赵国把他们全部接收下来,扩充自己的实力。

秦国的军队随后杀到,廉颇派兵迎战,一交手,马上发现双方的实力根本无法相比,秦师的威猛远远超过想象。

秦国实行最严酷的军功制度,按照功劳大小赏赐不同的爵位,爵位分成二十个等级,每一等爵位对应不同的田产、房产、金银等赏赐。前线的战士只有杀敌立功才能得到赏赐,否则就会陷入赤贫状态,甚至被以军法论处。

有一件事可以间接说明秦国法律之严酷。

长平之战爆发前,秦国发生严重饥荒,很多老百姓都快要饿死了。范雎向秦昭襄王上书,请求拿王宫禁苑内产出的蔬果救济百姓。秦昭襄王否决了这个提议,理由是:按照秦法,只有有功的人才能受赏,拿禁苑的蔬果救济灾民,会使得有功无功的老百姓都受到赏赐,法令的威严何在?

哪怕让老百姓饿死,也不能让那些"无功"的人占到便宜,这就是秦法的严酷!

可以想象,前线杀敌的将士们如果长期不能立功的话,等待他们的可能不仅仅是"没有赏赐"那么简单,而是能否活命的问题了。

在如此残酷的制度下,前线将士为了生存都会拼死力战——胜利或者死亡,没有第三条路。

在这样如狼似虎的军队面前,"胡服骑射"的赵国军队也黯然失色。他们不是不尽力,而是确实没有能力战胜面前的敌人。

赵军接连几场战役大败,丢掉了许多堡垒。廉颇无可奈何,只能在丹河东岸筑起高高的防御工事,依托丹河严密防守,无论敌人怎样挑衅都不出战。

廉颇是当世奇才。他组织的防御阵线如同铜墙铁壁,秦军冲杀了很多回合都无法突破。战争陷入了胶着状态。

秦、赵双方都知道,这是决定双方国运的大战,获胜的一方将成为天下无敌的霸主,失败的一方则将面临亡国灭种的命运——两国都没有退路,只有用尽举国之力以支持前线的战争。

而东方五国呢?韩、魏都被打怕了,再加上秦国通过外交手段软硬兼施,迫使他们袖手旁观;楚国刚刚被秦国打过,被迫割让了夏州,正自顾不暇;燕国前两年又刚刚被齐国打过,也是自身难保;唯一有点实力的齐国,却不顾赵国的一再哀求,一口咬定:坚决不参与国际上的任何纷争。

所以尽管赵国竭力向各国求助,却得不到一点回应。只能以自身国力跟秦国硬拼。长平之战演变成了两大国互拼国力的消耗战。

赵国的优势是本土作战,补给比较容易。

秦国那边,国内已经推广了牛耕,粮食产量远远超过赵国。但这时秦国正在闹饥荒,可秦昭襄王把心一横:宁愿饿死老百姓,也要保证前线物资供应!

另外,秦国早已打通了渭河到黄河、洛河的漕运,后方的粮食可以源源不断地运往前线,抵消补给线太长的劣势。

秦军高层很清楚,现在拼的就是两国的经济承受能力,必须压垮赵国才能获胜。他们改变策略,把主要精力用来拦截赵国的后勤补给,同时在国内发起全民总动员,征召整个国家的男性压向长平。

秦国已经赌上了国运,只许胜,不许败!

赵国也咬紧牙关苦苦支撑。从"胡服骑射"开始积攒的国力全部押上桌子了。民众在饥饿中勒紧腰带,从牙缝中省出口粮送到前线。运送补给和接收伤兵的车队络绎不绝。从宫廷到民间,人人都在密切关注着长平的战况。前线汇报军情的快马一到邯郸,立即被人们团团围住,人们谈论的唯一话题就是:"我们挺得过去吗?"

双方的对峙持续了一年(从秦国攻打上党郡算起,长平之战持续三年)。

赵孝成王承受着极大的压力。国库已经空了,农忙季节又已经来到,国内劳动力严重短缺,农田大片地荒芜,眼看一场全民大饥荒即将上演,可前线军队却依然按兵不动。他不停地逼问前线的廉颇:"还要相持到什么时候?"

廉颇的回答永远是:"再给我一些时间。"

廉颇同样承受着无法想象的压力。他很清楚:目前的赵军没有能力打退四周重重包围的秦军,一旦出击就是自寻死路。赵军唯一能做的就是等待,秦国国内也面临着大饥荒,赵国只有拖得更久一些,拖到秦国自己扛不住,军心涣散的时候,赵国才有一点点的机会。

但赵国自己先扛不住了。赵国的国民经济濒临崩溃,国内谣言蜂起,人们都在传说廉颇治军无能,一直龟缩不出,眼看要拖垮整个国家了,赵国需要一位年轻有为的将领。

朝堂上,赵孝成王焦躁不安,一次又一次地召集群臣讨论,是否要撤换廉颇成了大家的主要议题。

赵国君臣都感到实在不能再这样僵持下去了。如果廉颇继续坚持己见,就只能把他换掉。

如果要换下廉颇,谁又能够顶替他呢?赵国的另一位名将李牧,此时正在北方边境防范匈奴,无法抽身;乐毅又是燕国投奔过来的将领,很难得到士兵的信服,而赵奢已经病故。

大多数人都看好赵奢的儿子赵括。他是目前赵国最炙手可热的新星,拥有廉颇不具备的朝气和锐气。人们都传说,他自小熟读兵书,跟自己的父亲讨论兵法也能说得头头是道,换他上场也许能打破目前的僵局?

赵括的母亲听说朝廷里在考虑换自己儿子去前线,大惊失色,急忙上书给赵孝成王:"此事万万不可!当年赵括跟他父亲谈兵,他父亲都说不过他,然而心里却并不满意,私下跟我说'兵者,死地也,是需要万般谨慎的事。这孩子看得太轻率了,以后赵国不用他领兵还好,一旦用他,必有大患',还请大王收回成命。"

赵孝成王不听,赵括的母亲只好又说:"如果赵括出现差错,还请大王饶恕老身的性命。"赵孝成王便答应了下来。

蔺相如也不看好赵括,竭力劝阻,但赵国君臣讨论的最终结果,还是决定让赵括替下廉颇。

廉颇悲愤莫名,但君命难违,只好交出兵权,回家养老去了。

赵括年轻气盛,一上来便开始大刀阔斧地改革,换上一大批新人,赵国军营里看起来气象一新,士气似乎比以前更加振作了。

秦国高层听说了赵国换帅的事,不由得大喜,暗地里派白起到前线接下了王龁的主帅位置。但对此事严格保密,对外仍然宣称王龁是主帅。他们的想法是以老打新,依靠白起丰富的经验碾压赵括。

赵括来到前线就是为了打破僵局。整顿军纪以后,他立即发起主动进攻,带领赵军主力冲出廉颇精心构筑的堡垒。

白起是老狐狸,看到这群初生牛犊不怕虎的年轻人,他很配合,假装败退,把赵括的军队引到早已筑好的秦国营垒前。这些营垒,秦军花了两年之久方才修成,坚固无比。

赵括带领军队攻打秦国的营垒,这才发觉敌人戒备非常严密,根本毫无破绽;他想要撤退,却发现后方道路已经被两万五千人的秦军大部队截断。赵括大惊,赶忙指挥军士冲锋,可是秦军已经层层叠叠地包围上来,哪里还能冲得出去?

后方赵军基地的军队也在拼命冲过来救援。但白起早已经派人前去拦截,那里的赵军面对秦军的铜墙铁壁也是束手无策,只能眼睁睁地看着前方军队被困死在包围圈中。

赵国上下轰然震动。前线士兵的父母妻儿们哭喊着请求政府尽快打破包围圈,赵孝成王不停地调集军马加入救援行列,后方的人员和物资潮水般涌向前线,整个国家都拼了!

秦国也把能调集的人员全部调集到长平,阻挡赵国的援军。秦昭襄王甚至亲自来到长平附近的河内郡，宣布：当地所有人都加封爵位一等，十五岁以上男丁全部上战场，秦人要亲手捏死这一代赵国人！

长平战场上，厮杀一刻也没有停止。被围困的赵国部队发起一波又一波的冲锋，但每一轮冲锋都遭遇到惨烈屠杀，人员十不存一。包围圈越收越紧，粮草很快就断绝了。赵国的士兵开始吃马肉，吃尸体，甚至杀掉伤兵来吃。

数十万赵军在绝境中苦苦支撑了四十六天，拼死挣扎，竭力求生，一人倒下，立即有一人补上，再倒下，再补上……援军却始终没有到来——他们的祖国也已经尽力了，无力回天。

四十六天的炼狱生活终于磨尽了这群热血男儿的意志。他们的防线一点点收缩，终于被压缩到极限，极度疲惫的赵军，再也看不到突围的希望。

最后时刻已经来临，赵括带领一群精壮士兵发起自杀式冲锋，飞蛾扑火一样冲向敌人的阵营。

秦军毫不犹豫地挥起屠刀，赵括和他的士兵都倒在了血泊里。

主帅阵亡，睥睨天下的赵国男儿终于崩溃了，四十多万赵军放下兵器（这个数字有很大争议），向秦军投降，天下第二的精锐之师自此灰飞烟灭。

长平之战，以秦国的惨胜告终。秦国付出了几十万人伤亡的代价，彻底把赵国打下了悬崖，独自占据了天下第一的高峰！

大屠杀

如何处理赵国的四十万降卒？

这是个棘手的问题。

白起的想法很直接：这些人不可能听命于秦国，杀！

得到秦昭襄王的默许后，他先把赵国降卒分割为许多支小分队，骗他们说可以放他们回去或者带他们回秦国。然后把这些人领到一处幽深的山谷中，这里有许多天然的巨坑，正是埋人的好地方……

那天夜晚，神鬼震恐，天地变色，中国古代历史上最大规模的屠杀开始了！

秦国士兵刀砍，斧剁，弓箭射，匕首刺……用尽一切杀人方式，对手无寸铁的赵国降卒展开屠杀。

山谷中惨叫声连续不断，汇聚成一种骇人的尖啸，排山倒海扑面而来，似乎要把一切生灵拖入深渊，大地在剧烈颤抖中被撕裂，哀怨之气直冲天际，连天空的云朵都抹上了一层诡异的殷红色……

天色蒙蒙亮，山谷中的惨叫声终于平息了，四周魅影憧憧，四座幽暗的山峰仿佛四只巨魔，带着诡秘的笑容俯瞰着中央鲜红的血池，整个世界在迷离中堕入鬼域，似梦似幻，人鬼难分，这里从此被称为"杀谷"。

一个国家的成年男性全体喋血于此，尸山血海堆成了战国时代最壮烈的祭坛，作为对这个恐怖时代的最后的献祭。

因为这次屠杀，这片土地永久沾上了死亡的气息，周围的山峰叫作"头颅山"，山下有"骷髅庙"，庙前是白起用人头堆成的"白起台"。在两千多年的时间里，这里不断挖掘出人骨，到今天仍然挖不尽。

这是秦国永远不会被饶恕的罪行！天下人终有复仇的一天！

长平大屠杀的消息传回赵国，赵国人的精神崩溃了，家家哀恸，户户悲鸣，哭喊声响彻每一条街道。三年战争期间，赵国有四十五万士兵被杀，几乎全国的青壮年男性都阵亡在前线。这是一场灭族之灾，雄冠天下的赵国从此香火断绝，再也不能复兴。

赵国彻底失去了防卫能力。秦国大军一旦杀过来，毫无疑问会立即灭国。但赵人已经无所谓了，连死亡都已经不再能让他们感到恐惧，他们只剩下空洞无助的眼神，呆呆地望着远方的地平线，等待着命运最后的裁决……

第十六章　英雄传奇

赵国的命运

长平之战过后，赵国的生死存亡完全掌握在秦国人手上。赵孝成王只好亲自到咸阳，卑躬屈膝，请求秦昭襄王饶命。天下人都在密切关注这次谈判的结果，期待着奇迹的出现。

前线的白起丝毫不为所动，占领上党以后，准备继续推进下一步的攻势，一举拿下邯郸，灭亡赵国。但这时候他却收到了秦昭襄王要求他撤军的命令。

史书上说，赵国派出说客去游说范雎，告诉他："白起的功劳已经太大了，再让他灭亡赵国，他必定会位列三公，到时候您只能屈居于他之下。"范雎怕白起超过自己，就借口说秦国士卒疲敝，不能继续征战了，成功说服秦昭襄王退兵。

这段记载显然不可信，是否要灭亡赵国是关系到秦国命运的大事，不可能因为范雎一句话就决定了，甚至秦昭襄王自己都决定不了。秦国退兵的唯一原因只能是——他们有一些严重的顾虑。

三年的长平之战不仅对赵国是毁灭性的打击，对秦国也造成了严重伤害。

长平之战前秦国就出现了大规模的饥荒，他们硬是饿着肚子挺了下来，但战后的国民经济已经濒临崩溃了。而且战争中秦国士兵也承受了巨大的伤亡，人员损失惨重，百姓严重不满，如果继续发动战争，即使打下赵国，也难保国内不出现变乱。

更重要的是，秦国已经连续发动战争超过四十年了。

从攻打楚国的垂沙之战开始，秦国的对外征伐就一刻也没有停过。虽然秦国的攻势压得山东六国喘不过气，但自己的国力也遭到严重损耗。现在秦国的国力已经没法跟当年相比，在接下来的灭赵战争中，一旦有什么闪失，暴露出自己虚弱的一面，东方五国难保不趁火打劫——尤其是齐国，这些年一直坐山观虎斗，实力保存得很好。到时候可能出现二虎相争，一死一伤的结局，反而让东方五国来给两大国收尸。

这是秦国绝对不愿看到的情况。

所以秦昭襄王只能选择退兵，先修养一段时间，缓一缓再说。

但现在退兵，对于白起却是非常大的伤害。

白起认为现在是消灭赵国的最好时机。错过这个时机，秦国再要灭亡赵国只怕要等很多年了。

消灭赵国将会开启秦国吞并天下的伟大征程，白起的梦想就是由自己亲手完成这个壮举，成为将来的秦王朝最重要的一个缔造者，由此名垂青史。现在，他一生最辉煌的功业即将展开的时候，却被强行喝止。他只是杀了许多人，还没能替秦国消灭任何一个国家，以后的史书上只会记载他是一个残暴的屠夫，而不是开启大一统王朝的传奇人物，他对秦国的巨大贡献将会被记到别人头上，这是他绝对不能接受的。

白起极度愤懑。但君命难违，他只能依依不舍地告别前线，告别自己战斗了一生的疆场，郁郁寡欢地回到咸阳。他不敢直接对秦王表示愤怒，只好把所有矛头都对准范雎，认为是范雎挑拨离间坏了自己的事业，两人从此结下深仇。

秦昭襄王向赵孝成王提出撤军的条件：割让六座城池。赵孝成王毫不犹豫地答应了，随即被放回赵国筹备割地事宜。秦昭襄王也找到了台阶，三年的战争以这种方式暂告结束。

赵孝成王回国以后痛定思痛，带领赵人积极备战，防备一定会到来的下一波打击。

赵人已经失去了一切，无所畏惧，全国上下万众一心，励精图治，民众纷纷自发加入重建工作，半年时间内就构筑起了新的防线。

楚、魏等国也意识到再不帮助赵国就晚了，态度也稍稍有些改变。

缓过气来以后，赵孝成王开始跟属下商量割地的事情，正好秦国使者来讨要城池，大臣虞卿极力劝阻，说："王之地有尽而秦之求无已。"割一次地只换得片刻安宁，你有多少地可以割呢？

赵孝成王思前想后，决定毁约翻脸，通知秦国，拒绝割地。

消息传到咸阳，秦昭襄王暴跳如雷，命令军队立即杀向邯郸，邯郸将再次面对秦师的刀锋（长平之战过后赵国西部大片领土沦丧，秦赵边境线已经离邯郸不远）。

白起的末日

公元前259年10月，秦国军队在王陵率领下扑向邯郸，准备一举灭掉赵国。

出乎秦昭襄王意料的是，这次战争打得并不顺利。尽管后方连续增派援军，前方战事却一直没有进展，反而折了不少兵将。

秦昭襄王只好传唤白起进宫，命令他去接替王陵的帅位。

白起从半年前被撤回来以后就"病了"，一直不肯见人，听到秦昭襄王的召唤，他很明确地表示拒绝："现在打赵国不合适。"

他认为消灭赵国的最佳时机已经过去了。赵国这半年一直在全力备战，准备很充分，赵人同仇敌忾，凝聚力非常强。而秦国经过连年战争，实力明显削弱，现在长途跋涉去打赵国难免又是一场消耗战，鹿死谁手难以预料。另外，赵国最近一直在卑躬屈膝地巴结东方各国，齐、楚、燕、魏等国已经有跟赵国合纵的趋势，一旦各国联合起来，秦军前方攻城不下，后方被诸侯援军包抄，只怕会有大麻烦。

白起的战争经验是当时天下第一，他的判断非常准确。但秦昭襄王听来却不是滋味——这不是在暗讽他半年前撤军是错的吗？而且前几年闹饥荒的时候白起都坚持打赵国，现在却反过来说不能打赵国，这不是明显鬼扯吗？

秦昭襄王觉得白起就是在赌气，完全不顾国家利益和他作为君王的脸面，只顾着要自己那点脾气。

但是白起一口咬定身体不适，无论如何都不出征，秦昭襄王只好让范雎直接上白起府第数落他。白起还是不从。

秦昭襄王勃然大怒："难道离了你我就真打不下赵国了？"马上派出更多军队，让王龁替下王陵，更加凶猛地攻打邯郸。

邯郸那边，赵国军民上下一心，正在全力抗击侵略者。

长平之战赵国失败的关键原因是粮道被截断，现在在自己家里抗敌，没有保护粮道的压力。反倒是秦军战线太长，后方大片土地都是原来的赵、韩领土，面临被切断补给线的危险。

赵国统帅看到这一点，派出轻骑兵不停袭扰秦军后方，给秦军带来很大麻烦。

白起在国内听到前方战况不利，冷笑道："不听我的吧？现在怎么样？"

秦昭襄王脸上挂不住了，亲自闯进白起家里，把他拎起来："你就是躺在那边给我指挥军队都行！你要再不去，我绝不饶你！"

白起跪在地上连连磕头："大王请听臣这一次！现在放过赵国，勤修国政，等国力恢复再出征，可以一举而定天下。何必一定咬着赵国不放呢？大王如果一定要跟我斗气，拼尽国力拿下赵国，损害的是秦国的利益。大王胜了我却输了天下，何苦呢？臣为国家考虑，宁死不能接受大王的命令！"

秦昭襄王默然无语，转身离开了。

不久以后，秦昭襄王的命令来了——废去白起的爵位，降为士卒。

又过了一段时间，前方战况不利的报告接连传来，秦昭襄王再发布一道命令——驱逐白起，令他即刻启程离开咸阳。

战争失败的责任总得有人担，君王是绝对不可能错的，所以错的只能是白起。

病榻上的白起被提起来强行赶出咸阳，一个人踽踽独行，走出咸阳西门往阴密去了。

刚走到杜邮，使者的快马又追了上来，宣布最新的命令："白起快快不服，有怨言，特赐宝剑一柄，令自裁！"

白起仰天长呼："我何罪于天？"过了片刻，又叹息说，"我在长平杀孽过重，当受天谴。"于是伏剑自尽。

秦人都知道白起是被冤杀的，非常同情他，民间香火不绝，世代祭祀。人们心里很清楚，白起是秦灭六国的头号功臣，他以一生百战百胜的恐怖战绩为秦国打通了一统天下的康庄大道。

但他在长平的罪行永远不会被世人遗忘，永远只能以"人屠"的恶名留在史书上。

白起被杀，范雎是最大的受益者，现在他不用担心位置不稳了。

但范雎万万没想到，自己的麻烦也即将来临。

毛遂自荐

邯郸城下的战斗还在激烈进行着。

秦国大军围城已经接近两年，尽管赵国军民无数次打退他们的进攻，秦人仍然不肯退却，反而源源不断地派军前来增援。

城内的粮食已经吃完，眼看要全面告急了，现在唯一的期望就是楚、魏两国的援军尽快到来。

平原君是赵孝成王的叔叔，长期参与赵国的内政外交，是国际上响当当的实权人物。

邯郸保卫战刚刚打响的时候，平原君就奉命向楚、魏两国请求援助。

魏安釐王已经派晋鄙带兵在赶来的路上了，看来问题不大。但楚国那边很麻烦。楚考烈王一直推三阻四，明显不太想出力，平原君只好亲自去走一遭，不管用什么手段，都得说服楚考烈王派兵。

平原君把家里的几千个门客召集起来，准备从他们中间挑二十个智勇双全的人物，跟自己一起去楚国。这趟行程极为凶险，必须要做好以命相搏的打算，带去的人必须极度可靠才行。

但选来选去，只挑中十九个人，再也找不到合适的了。

门客里面忽然走出一人，向平原君行礼说："在下毛遂，愿跟公子同行。"

平原君一打量他，完全陌生，很奇怪地问他："你到我这边几年了？"

毛遂回答："三年了。"

平原君有点不屑地说："真正有才能的人，如同锥子插在囊中，一眼就能看得出来。先生在寒舍住了三年我也没有听说过您，您的才能恐怕并不出众吧？还是留下算了。"

旁边的十九个人听到这话都开始起哄，嘲笑毛遂不自量力。

毛遂说："公子现在才把我放入囊中啊。只要给我机会，一定会脱颖而出，公子不妨试试。"

平原君见他这么热忱，有些动心，再加上确实找不到合适的人，只好同意了他的请求。

于是平原君就带着这二十个随从出发了。

到了楚国，他们直接找楚考烈王谈判。

这时候秦国"远交近攻"的策略已经发挥作用。楚国最近几年都奉行"亲秦"的外交政策，对于赵国的求助，他们并不太热心。

双方从当天早上开始谈判，一直谈到中午都没有结果，平原君的二十个门客一直在台下观望，这时另外十九个人就一起怂恿毛遂上台去帮忙。

毛遂径直上台，大声喝问："合纵的利害两句话就能说清楚，怎么谈了这么久呢？"

楚考烈王很不高兴地斥责他："你是什么人，谁让你来的？"

平原君赶忙打圆场："这是在下的随从，不懂规矩，还请大王不要怪罪。"

楚考烈王更加生气："滚下去！我跟你主人谈，哪轮到你说话？"

毛遂一手握着腰间的剑柄，逼近楚考烈王说："大王仗着楚国势大就呵斥我，现在十步之内没人能帮您，您还能倚仗谁？我的主人就在旁边，哪轮到您来呵斥我？"

楚考烈王一愣，没想到他竟然这么大胆，一时间说不出话来。周围的侍卫们不清楚发生了什么情况，又没接到命令，也不敢擅自围上来。

毛遂继续说："当初商汤凭借七十里的土地就能称王于天下，文王以百里的土地降服诸侯。现在楚国地方五千里，持戟之士百万，却不敢奋起抗敌，反而受白起竖子的羞辱：一战而失鄢、郢，二战而丢夷陵，三战连先王陵墓都被焚毁。这是祖宗之羞、百世之仇！大王却丝毫不放在心上，还以为是赵国求着楚国要合纵，不敢找仇人算账，只敢把威风发在我这种小人身上——不必大王发威，我主人在那边，问他怎么处置我？"

一席话说得楚考烈王脸上红一阵白一阵的。平原君赶忙上来赔礼，一边假装呵斥毛遂："快下去！这人没受过调教，不懂规矩，请大王千万别怪罪。"

楚考烈王一摆手："罢了，我不跟他一般见识。叫人来开始结盟吧。"

毛遂向台下的随从们喊道："取鸡血、狗血、马血来。"

下人立即把盛血的铜盘捧上来，毛遂双手接过铜盘，跪着向前递给楚考烈王说："请大王先歃血。"

于是楚考烈王第一个歃血，然后平原君和毛遂依次歃血，再是台下的十九个随从，然后订立盟约、相互交换文书，终于完成了结盟仪式。

两国合纵由此艰难达成。

回到赵国后，平原君一再拜谢毛遂，说："赵胜以后再也不敢品评天下名士了。毛先生以三寸不烂之舌，强于百万之师，赵胜竟然一直没有看出先生的大才，今后还有什么脸面招贤纳士？"从此给予毛遂极高的礼遇。

赵国上下都非常感激毛遂，也都松了一口气，有楚、魏联军援助，看来胜利的曙光已经在不远处了。

不料这时候却传来一个噩耗——魏国翻脸，停止发兵。

赵国人全都惊呆了，这件事情非常严重。魏国处在赵国和楚国之间，魏国不肯援助赵国，意味着楚国的援军也过不来。说好的三国合纵瞬间成为泡影，难道赵国还要继续独自忍受秦军的围困？

赵孝成王紧急召集群臣商议，平原君再度自告奋勇，声称愿用尽一切办法说服魏国派兵前来。

但魏国的情况更加复杂，这次的任务比说服楚国要困难得多。

义不帝秦

魏国派出晋鄙援助赵国之后不久，秦国的威胁就来了。秦昭襄王派人恶狠狠地警告魏安釐王：谁敢援助赵国，秦国打下赵国以后马上就去打他！

魏安釐王怕了，紧急命令晋鄙停止进军，十万大军驻扎在荡阴，静观事态的发展。

魏安釐王派大将新垣衍到赵国说明情况，并且告诉他们："秦国的目标并不是打下邯郸，他们是想称帝。以前他们曾经跟齐国共同称帝，现在齐国衰落了，秦国想单独称帝，你们只要派人去尊秦昭襄王为帝，他肯定就会撤走军队了。"

赵孝成王犹豫不决，找平原君商议，平原君也拿不定主意。

这时候齐国人鲁仲连正在赵国，听说这事，就请求平原君带自己去见新垣衍。

见到新垣衍以后，鲁仲连很坚决地表示：秦国是靠奴役人民而发达的暴虐国家，自己就算跳入东海，也绝不接受"暴秦"的统治。

他举了历史上许多暴君凌虐属下的例子，告诉新垣衍，魏国想通过投降秦国来换取暂时的安宁是根本不可能的，只能使自己变成暴政的牺牲品，到时候魏国君臣获得的不是秦国的保护，而是奴役。

这段"义不帝秦"的演说成为战国时代忠勇之气的象征，流传千古，鲁仲连也因此被后人奉为不屈服于暴政的英雄。

新垣衍被说服了，回去报告魏安釐王：赵国人绝不会被暴秦吓倒，只会战斗到最后一刻！

这时魏国国内也发生了一起惊天动地的事件，彻底扭转了天下局势。

窃符救赵

魏安釐王刚登基的时候就封自己弟弟公子无忌为信陵君。

信陵君跟当年的孟尝君一样热情好客，把四方贤才都招纳到自己手下，门客有三千之众，形成一股重要的政治势力，作为对政府力量的补充，配合魏安釐王管理国家。

信陵君对人宽容忍让，又十分仗义，无论是王公贵族，还是贩夫走卒，他一概平等相待，丝毫没有贵公子的骄矜之气。

其中最有名的就是他礼遇侯嬴的故事。

侯嬴是大梁城东门守门的老头，已经七十岁了，过着普通贫苦百姓的生活。但大家都传说他其实是个隐士,所谓"大隐隐于市",真人不露相而已。

信陵君听说以后,派人带着大量钱财去拜访侯嬴,想招纳他到自己门下。但侯嬴冷冷地拒绝了。

信陵君认为他是嫌排场不够,就大摆宴席,邀请许多好友赴宴,等宾客们来齐以后,自己带着大队人马去东门延请侯嬴。

这次侯嬴没有拒绝。他穿得破破烂烂的,只略微整理一下衣冠,也不打招呼,默默上车,坐到信陵君左边,那是尊位。然后信陵君亲自驾车载着侯嬴回自己府上。

大梁城轰动了。人们全部涌到街上,都想看看什么人能让信陵君为他当车夫。

走到闹市区,侯嬴说:"在下有一位当屠夫的朋友,就在不远处的市场上,请公子驾车过去,我去看看他。"

信陵君恭恭敬敬地说:"谨遵君命。"就把马车驾到菜市场那边去了。

侯嬴在众人的围观中下车,找到自己那个朋友。那人叫朱亥,是个莽汉。两人就站在信陵君的车前,在众目睽睽之下攀谈了半天,然后侯嬴才跟他告别,慢吞吞地上了信陵君的车子,到信陵君府上去了。

信陵君府上那些宾客早都等得不耐烦了,以为侯嬴是个什么仙风道骨的高人,结果一看,来人只是个干瘦老头而已,都觉得很诧异,不懂为什么信陵君会这样对他。

信陵君却很开心,把侯嬴介绍给众人认识,然后把他留在自己府里,拜为上宾。

其实这是侯嬴跟信陵君出的主意。侯嬴故意表现得很傲慢,信陵君配合演出,在闹市区晃一圈回来,让全大梁的人都知道:我们的公子对一个普通的门卫都如此殷勤,可见他多么的平易近人呀!

从此以后,信陵君"礼贤下士"的名声就更响亮了。

魏国的百姓都特别敬爱他,在魏国百姓的心目中,信陵君是比魏王更加亲民的一个领袖。

又因为手上掌握着三教九流各种阶层的人脉资源,信陵君的触角得以伸展到社会的各个角落。他的情报网遍布天下,消息甚至比国君还灵通。

据说有一次信陵君在王宫里和魏安釐王下棋，忽然有哨兵来报："北方边境有赵国军队入侵！"

魏安釐王大惊失色，跳起来准备去召集大臣商议，信陵君拉住他说："王兄不用怕，不是赵国入侵，是赵王在边境田猎而已。我们继续下棋。"

魏安釐王将信将疑地坐下，过了一会儿，果然又有下人来报："已经探明，是误报，只是赵王田猎而已。"

魏安釐王很奇怪，问信陵君："你怎么知道的？"

信陵君回答："我在赵王身边有卧底，赵王的行动我清楚得很。"

魏安釐王佩服不已，连连称赞，内心却对这个弟弟又敬又怕，暗暗起了防备之心。

长平之战过后，邯郸被围困，赵国的求救文书雪片般飞来，赵国人不仅求魏安釐王，也求信陵君，所以到信陵君府上游说的人也是络绎不绝。

信陵君很清楚，赵国一旦倒下，魏国的亡国之祸也就不远了，救赵国就是在保魏国自己。因此他是坚决支持救赵的，他积极奔走，呼吁魏国人立即行动起来帮助赵国。

一开始魏安釐王也是答应救援赵国的，但突然收到秦国的威胁，又被吓到了，命令前方军队停止行动。

信陵君很着急，三番五次地进宫去劝说自己的哥哥，但都没用，魏安釐王始终坚持"看看情况再说"。

赵国那边心急火燎的，信陵君的姐姐（也是魏安釐王的姐妹）是平原君的夫人，不断地写信请求信陵君尽快推动救赵行动，平原君也不断派使者来求信陵君。

到最后，平原君甚至抛出狠话："不是都说你能急人之困吗？现在怎么眼睁睁看着我们坠入火坑？就算你看不起我这个姐夫，你也不想想，邯郸一旦被攻破，你姐姐怎么办呢？"

信陵君被噎得说不出话来，他心里不比平原君好受，但魏王那边他实在推不动了，最后只好把心一横："我去跟你们一起死！"他准备好车队，带上自己的一帮门客，就想冲到邯郸去跟秦国人拼命。

他们的车队经过大梁东门的时候，正好看到侯嬴在那边，信陵君简单地跟他说了自己要带人去拼命的事，侯嬴只是面无表情地"哦"了一声。信陵君见他没说什么挽留的话，也懒得多说什么，带着自己的人就出城门了。

走了一段，越想越觉得心里憋得慌，侯嬴这人怎么这样呢？我当初怎么对他的？他现在看到我要送死，竟然一句安慰的话都没有！信陵君实在气不过，一定要问个清楚，拨转马头，回去找侯嬴。

侯嬴见他回来，微笑着说："我就知道公子会回来找我的。"

信陵君跟他说起自己的不满，侯嬴说："公子这一去，好比以肥羊投恶虎，除了白白牺牲，能有什么用呢？公子好客之名天下皆知，现在正是用我们这些门客的时候了。"

信陵君听他这话不简单，赶忙追问。

侯嬴把他带到僻静处，小声说："公子可还记得如姬？"

信陵君当然记得。如姬是当下最受魏王宠爱的姬妾。当年她父亲被人杀害，魏王悬赏三年都找不到凶手，还是信陵君找人替她把凶手杀了，又把人头送进宫去给她，当时如姬再三拜谢，说以后一定要报答公子的大恩大德。

侯嬴接着说："真要救援邯郸，还得靠晋鄙的十万大军才行。现在这批军队停在邯郸以南八十里的邺城，等着大王的命令。我听说大王的虎符放在寝宫内，只有大王和如姬才能接触到。公子可以找如姬帮忙盗出虎符，然后拿虎符去命令晋鄙的军队出击，如此邯郸方能得救！"

这样一来，如姬必定获罪。但国家利益当前，人人都应当牺牲。信陵君决定按照侯嬴的计谋去做。

他让人秘密联系如姬，如姬毫不犹豫地答应下来，趁着魏安釐王不注意，她把半只虎符偷出来送到了信陵君手上。

虎符是虎形的兵符，从中间分为两半，两半的形状刚好对称。君王手里保存着右边一半，左边一半在前线的将领那里，发布重大军令的时候，只有把君王的虎符拿到将领那边去，两只虎符严丝合缝，才能证明这个命令是合法的。

几天以后，信陵君带着虎符，又一次领着手下人前往邯郸。出行前，侯嬴对他说："将在外，君命有所不受。晋鄙是谨慎的人，就算公子拿着虎符去，万一他还是不同意出击怎么办？臣的好友朱亥是个仗义的人，力大无比，公子可以带他一起去。晋鄙要是听话还好，一旦不听话，可以让朱亥杀掉他，公子自己统领军队。"

上次在闹市中，跟着侯嬴见过朱亥后，信陵君就对这个铁塔般的壮汉印象深刻。他曾多次派人拜访这个壮士，又不停地送钱送物，但朱亥只是默默收下礼物，并没说什么感谢或愿意为他效命的话。

现在朱亥听说要让他去完成一件重大任务，大笑着说："小人早在心中感激公子的恩德了，只是因为小礼无所用，才没有说出来。现在公子用得着小人，小人焉敢不从？"当即加入出行的队伍。

侯嬴给他们送行，牵着信陵君的手说："微臣老了，不能跟着公子出行。但微臣会算好日子，等公子到达晋鄙军中的那天，微臣在这里向北自刎，以祈祷公子成功！"两人洒泪而别。

信陵君让朱亥在衣袖里暗藏一把四十斤重的大铁锤，假扮侍卫，跟在自己身边。

一行人来到前线晋鄙的军营里，亮出虎符，声称是奉王命而来，命令军队立即开往邯郸。

不出侯嬴所料，晋鄙果然是个非常谨慎的人，他拿着合在一起的虎符，想了一会儿，对信陵君拱手说："十万大军开赴前线，此乃国家大事，为何仅仅公子只身前来发布命令？请恕臣不能相从。"

说时迟那时快，信陵君身后闪出一人，正是劲装结束的朱亥，他手里早已暗暗提着大铁锤，不待信陵君发话，便直接抡锤砸向晋鄙。

晋鄙万万想不到信陵君会痛下杀手，一时反应不及，当即被朱亥砸死。

晋鄙的手下们听到声响，迅速闯了进来，信陵君非常平静地对他们说道："晋鄙违抗王命，已被执行军法。从即刻起，军队由我直接统帅。"事已至此，这些手下也没人再敢多说什么。

信陵君拿着虎符，亲自向军队发布命令："立即开往邯郸，救赵！"

大反攻

邺城兵变的消息传回国内，魏安釐王气得半死。但现在军队控制在信陵君手上,他不敢乱来,只好就坡赶驴启动救赵行动。

魏国的道路总算打通了。春申君也带着楚国军队赶赴邯郸,加入救赵的行列。

邯郸的战况已经白热化。赵国军民把所有人员都动用起来了,不分男女老幼,赵人日夜不停地修筑城防,敌人打破一尺,便修补一尺,苦苦支撑。

平原君已经搬空了自己的府邸。他把财产全部分发给士卒们,又把家里夫人以下的仆役姬妾们都编进军队帮忙,通过这种方式,他组织起了一支三千人的敢死队。平原君亲自带领这支队伍,在一天早上,打开城门,冲进了城外敌军的阵营,疯狂砍杀。

取义成仁,就在今日!

烟尘滚滚,残肢乱飞,冲锋的勇士们倒下了一批又一批,双方都已经杀红了眼,胜负即将决出。

这时候,远处地平线上红旗招展,喊声大作,数十万魏楚联军来了!

秦国的军士都懵了,两国援军的到来完全出乎他们意料——魏王不是已经被吓退了吗?怎么会突然改变主意?

白起预言的情况发生了。秦军长期攻城不克,士气本就非常低落,战场远离本土,后方又被突如其来的援军包抄,再加上原来的主帅白起刚刚被杀,军心不稳,兵法上所有危险的因素同时出现,这时候秦军哪怕有再强的战斗力都坚持不住了。

形势陡然逆转。围城的秦军瞬间分崩离析,掉头狂奔,王龁约束不住,几十万军队飞奔逃向秦国方向。

被秦军围城两年之后,邯郸得救了!

平原君、信陵君、春申君,三位公子携手登上战车,高举战旗,向天下人宣布:大反攻正式开始!

邯郸城外山呼海啸,刀剑纵横。城内军民合力打开大门,拿着镰刀、锄头、棍棒等各式武器杀出城来,跟两国援军汇成了一股滚滚洪流,排山倒海般卷向敌军。

大地在颤抖!积压了五年的愤懑如同火山一样爆发出来。赵国人都疯狂了,从白发老者到垂髫少年,全都加入战斗,见到身着秦国服装的人就砍,不分青红皂白，一路追杀，连尸体都剁成碎片！

秦国士兵抱头鼠窜，溃不成军，被歼数万人，尸体堆积如山。

秦国遭遇到几代人以来最严重的惨败！

三国联军如同风卷残云，迅速向秦国本土推进，各地百姓群起响应，秦国的统治如同雪崩一样垮塌：长平、上党、河东、太原、陶邑、卫地……数十年来被秦国占领的土地被一一收服。

这是秦昭襄王晚年盲目自大、过度扩张的结果。他不听白起的忠告，终于导致三国合纵局面的形成，硬生生把秦国一统天下的日期推迟了二十多年。

秦军一路溃散，逃到河东的汾城才暂时安定下来。

汾城是河东的首府，也是前几年攻打邯郸的后方指挥部，目前由王稽镇守——范雎发迹以后把当年帮助过自己的兄弟们都封官晋爵，王稽被派到汾城当河东郡守，郑安平则被任命为将军，到前线跟王龁一起统领军队。

范雎的如意算盘是让这两个老伙计都拿一个"灭赵"的大功，却不想秦军会在邯郸城下遭遇惨败。

这两人都是靠着范雎爬上去的"关系户"，本身是酒囊饭袋的货色，一见到敌人杀过来，脸都吓白了。

郑安平在逃跑中被三国联军追上，吓得立马投降，连带着手下两万军马一起被活捉。

咸阳城内轰动了。秦国以军功立国，人人以战死沙场为荣，如此大规模的投降行为百年以来还是第一次，简直是国耻！

秦昭襄王震怒，不仅下令捉拿郑安平一家老小，还要处罚当初推荐他的人。按照秦法，有官员犯了罪，推荐他和提拔他的人也要被牵连，范雎是郑安平的后台老板，按律当灭三族。

范雎魂飞魄散，赶忙去向秦昭襄王请罪。秦昭襄王念着他是自己的股肱之臣，不忍心处理他，反而赐礼物抚慰他，并且颁布命令："谁敢议论相国的私事，治以重罪！"

秦军的颓势还没有完全止住。在汾水东岸驻扎的部队经不住三国联军的冲击，大败而逃，又被杀死两万人。这些残兵败卒退到汾水西岸，进入汾城防守。而三国联军也成功渡河，开始围攻汾城。

王稽吓得魂飞天外，准备献城投降。结果被手下人捅出来，告了一个"里通敌国"的罪名，全家都被捉拿入狱。

这是对范雎的又一记重击。这回连秦昭襄王都不好保他了，他伏地请罪，请求秦昭襄王赐死，秦昭襄王还是不忍心，范雎只好辞掉官职回家养老。从此他惶惶不可终日，不久以后忧惧而死（也可能是被赐死的）。

当初他因为两个老伙计的帮助才得以飞黄腾达，如今又把一切都还回去了。

同一年，郑安平在赵国忧惧而死，王稽被秦昭襄王处死，三位老哥们同赴黄泉。

大恩与大仇至此都烟消云散，只留下好一片白茫茫的大地。

逝者已矣，新一代人的恩怨情仇即将拉开帷幕。

就在邯郸城被围的时候，城内一个大户人家的宅院里，一位年轻的母亲正搂着怀里的孩子瑟瑟发抖。

孩子的父亲刚刚花重金买通守卫逃出城去了。这位母亲只好带着刚出生不久的儿子躲在自己娘家，逃避官府的搜捕。

夫妻二人曾经商议，这孩子出生在赵国，就以"赵"为氏吧，生在正月里，名字就叫"政"，当时他们怎么也想不到，这个叫"赵政"的孩子，以后会有一个震烁千古的名号——"秦始皇"。

第十七章 英雄的黄昏

吕不韦的生意经

吕不韦是邯郸城内最有头脑的商人。这些年靠着四处倒卖货物赚了一大笔钱,是当时最富有的人物之一。

但他的野心远不止于此,他在筹划干一票真正的大生意。

长平之战前夕,正在邯郸的吕不韦听到一个消息:秦国太子的儿子异人正在邯郸做人质。

异人的身份听着很威武,但其实很心酸。他父亲安国君有二十多个儿子,他母亲夏姬是个地位低贱的妃子,所以他在父亲眼里根本就可有可无,也因此才被送到赵国来当人质。

这些年赵国跟秦国打得天旋地转,赵人恨死了秦国,把气都撒到异人身上,他在邯郸城内备受冷落,生活比一般的贵族还差,连基本的衣食住行都无法保证。

这样一个落拓王孙,自然没人去结交他。

吕不韦却看出了其中的商机。他知道安国君的正室夫人华阳夫人一直没有子嗣。按照以往的经验,这样的夫人都会选一个低等妃子的儿子收为养子。如果说服华阳夫人把异人收为养子,将来再设法立他为继承人,异人不就摇身一变成了未来的秦王了吗?而他吕不韦不就成了秦王上台最大的功臣了?

这个想法听起来很离谱，但不是完全没可能。就算失败了，大不了把异人抛开就是，也没什么危险。

所以吕不韦一见到异人就惊叹道："奇货可居！"

他主动上门拜见异人，并说出了自己的想法。异人心想哪有这样的好事？但自己现在既然已经落魄到这种程度了，试试也无妨，就勉强答应了他的提议，并且感激地说："事情要真像您预计的那样，将来我将和您共同统治秦国。"

吕不韦最大的优势是钱多。他先给异人一大笔钱，让他在赵国广交社会名流，异人的特殊身份加上"孔方兄"的推动，使得他立即在赵国的上流社会中结交到一大群"朋友"。

吕不韦再拿出一大笔钱，买了许多珍奇古玩，亲自到咸阳求见华阳夫人的姐姐和弟弟，让他们帮忙把这些珍宝献给华阳夫人，并且说："异人在邯郸整天思念父亲和华阳夫人。他说，他把华阳夫人看得跟自己亲生母亲一样。而且他现在也成长起来了，在邯郸广结宾客，贤德之名传遍天下，将来一定大有作为。"

世上的女人，不管地位多高，都爱两样东西——奇珍异宝和甜言蜜语。华阳夫人也不例外。听到吕不韦的话以后，她心花怒放，原来自己在遥远的邯郸还有一个这么乖巧的"儿子"。

吕不韦趁机进言："夫人现在深受太子宠爱，但有没有想过，将来太子年老了，夫人没有子嗣，如何立足？不如趁现在赶紧在王孙中选一位贤德之人，收为养子，再劝太子立他为嫡子，以后夫人的荣华富贵，世代不绝，全从这养子身上来。"

华阳夫人被说动了。开始在安国君身边吹枕边风，天天说异人如何如何贤德，安国君的心里也渐渐起了变化。

但这还只是吕不韦宏大计划的第一步。他看到异人的地位渐渐提高，开始实行下一步计划，以便更进一步控制他。

他在邯郸城内找到一个富豪家的女儿，叫作赵姬，把她送给异人为妻。但有另一种说法，说赵姬本来是吕不韦家里的一个舞姬，异人有一次偶然见到她就被迷住了，于是吕不韦顺势把这个美女送给了异人。

而坊间的传言更加离谱，传说赵姬嫁给异人的时候已经有了身孕，所以后来生下来的赵政，也就是秦始皇，其实是吕不韦的儿子。

到底那种情况是真实的？现在已经说不清了。有可能是秦国人为了拔高祖先的身份篡改了史书，也有可能是六国的人们为了埋汰秦国编造了这些谣言。

但要说秦始皇是吕不韦的儿子，这个基本不可能。

总之，赵姬嫁给异人以后，为他生下了儿子赵政。

那时候长平之战刚好结束，赵国士卒遭遇惨烈的大屠杀，赵国人咬牙泣血，见到秦人就杀，异人不出意外地沦为了大家的活靶子，赵国政府派出士兵全城捉拿他们一家三口。

关键时刻，又是孔方兄发挥了威力。

吕不韦和异人拿出重金，买通了守城的官吏，成功逃出邯郸，逃到秦国。

赵姬则带着儿子到娘家躲避，在刀光剑影中勉强逃过一劫。

战火纷飞的年代，年幼的赵政在东躲西藏中艰难成长着。

他们一家三口都因秦国承受了很大的磨难，这让秦人对他们普遍报以同情。异人在秦国的名声也因此更加响亮了。

异人来到咸阳，首先拜见父母，他依照吕不韦的计策，穿上楚国人的服装——因为华阳夫人是楚国人，拜倒在华阳夫人脚下，声称："儿子是楚国人。"

华阳夫人感动得无以复加，当即决定正式收他为养子，异人从此改名为"子楚"。

子楚正式成为了安国君的嫡子，开始了他飞黄腾达的人生。

华阳夫人和子楚都极其感激吕不韦，子楚还亲切地称他为老师。再加上赵姬母子跟吕不韦千丝万缕的联系，吕不韦终于成功登上秦国政坛，成了子楚身边最重要的人物。

但这一家人可没想到，吕不韦的计划还不止于此，他还有第三个步骤。

债台高筑

窃符救赵过后，出现了诸侯合纵讨伐秦国的局面。

这是秦昭襄王晚年过于激进的政策造成的。但这只是一时的失误，不会从根本上改变局面。

从根本上来说，这几十年秦国确实已经把山东六国打残了。合纵联盟就算趁着秦国暂时没缓过气来大杀一通，收服大片土地，但他们跟秦国之间国力上的巨大差距还是弥补不了的，一旦秦国恢复过来，山东六国将又会重新陷入被动挨打的局面。

秦昭襄王末期，秦国就处在恢复中。

这时候秦国暂停了之前强势扩张的过程，只是偶尔对三晋发起一些小规模的战役，继续蚕食他们的领土。

当然，还有一个倒霉蛋，因为太弱小，不幸沦为了秦国的出气筒，那就是早已被天下人忘记的周王室。

周王室现在已经没有自己的地盘了。周赧王这些年一直依附于西周国和东周国两个芝麻绿豆的小国。

但他们可不认为自己是小不点。就在魏、赵、楚三国合纵攻秦（后来韩国也加入），双方展开激烈战斗时，西周文公和周赧王受到鼓舞，也准备加入战团。

他们穷困潦倒，就找洛邑的富人借钱，拼凑了一支六千人的军队，由西周文公领着，雄赳赳气昂昂地开到伊阙去，传檄天下，号称要联合六国兵马一同伐秦。

结果回头一看，根本没有几个国家响应，只有楚国和燕国派了三三两两几支人马过来凑数，西周文公没办法，只好解散军队回家去。

秦昭襄王却被惹火了："轮到你这种货色来欺负我？"立即点起军马，直扑洛邑。小小的西周国哪里挡得住秦国大军，瞬间分崩离析，西周文公只好亲自到咸阳跪求秦昭襄王的原谅。

秦昭襄王一声冷笑："饶你性命可以，但你们的国家就不必存在了。"

西周文公只好献上本国的典籍图册，三十六座城邑从此并入秦国版图，三万周朝子民从此变成秦人。

被放回洛邑的西周文公没过多久神秘死亡，西周国民众纷纷逃往东周国，西周国整个国家也就从历史上彻底消失了。

西周国灭亡，把周王室也顺带拖下了水。

周赧王当时还在洛邑。这些年他都是靠着西周文公生活的,西周国被吞并后,他很尴尬地沦为了秦国子民,秦国也懒得管他,就让他在洛邑自生自灭。

但他没了经济来源,之前为了拼凑军队借的钱怎么还?

洛邑那些债主们不干了,天天上门催债,周赧王被逼得走投无路,只好筑起一座高台,自己搬到上面去躲债。这座台子后来就被人称为"债台"。

谁曾想,曾经富有四海的周天子竟会沦为"老赖",从文王、武王开始的历代先王的脸面都丢得一干二净了。

不久以后,周赧王就在债主们的逼迫中郁郁而终。

人们也不再在乎这个家族是否会传承下去,没人说要拥戴新的周王,立国八百年的周王朝在一片嘲笑声中,退出了历史舞台。

而象征着国家权力、代代相传的周室九鼎也从此神秘失踪,下落不明。

那是公元前255年。

同一年,楚国攻灭鲁国,周文化最后的守护者也消失了。

从那以后,周朝血脉由东周文君继承。但好景不长,六年之后的公元前249年,秦国再次出手,派吕不韦灭掉东周国,杀死了东周文君。周朝香火至此断绝。

秦宫秘事

再说秦昭襄王。消灭西周国是秦昭襄王一生最后的壮举。公元前251年秋天,秦昭襄王逝世,五十六年征伐四方的传奇人生终于画上了句号。

到这时为止,东方六国已经彻底被秦国压制,秦国征服天下已经只是时间问题。可以说,秦国的统一大业是由秦昭襄王完成的,后来的一切不过是水到渠成。

秦昭襄王死后,诸侯们纷纷派出使节前往咸阳吊唁。一方面是为了讨好秦国,另一方面也想暗中观察一下秦昭襄王的继任者是什么样的人。

安国君作为继任者主持秦昭襄王的葬礼。一年服丧期满以后,昭告天下,宣布即位,是为秦孝文王。华阳夫人被封为王后,子楚也跃升为秦国太子。

就在天下诸侯们小心翼翼地观察新一任秦王的脸色的时候，一个爆炸性的消息传来——登基仅仅三天的秦孝文王暴毙！

天下人震惊莫名，纷纷猜测幕后的真相。有人说，吕不韦为了保证子楚能登上王位，设计杀害了秦孝文王。这种可能性很大。毕竟子楚的太子之位是靠花言巧语骗来的，根本不稳固，万一以后秦孝文王改变主意怎么办呢？所以，趁秦孝文王立足未稳，将他干掉，再把子楚扶上王位，吕不韦——可能还有子楚、华阳夫人他们，才能安心。

但不管天下人怎么猜测，总归没有证据，这件事也只能成为一桩悬案了。

公元前250年，子楚登上王位，是为秦庄襄王。

赵国人听到消息，赶紧把赵姬和赵政母子用豪华车队载着，恭恭敬敬地送到咸阳。历经磨难之后，这一家三口终于得以团聚，相互说起这些年的漂泊经历，都是感慨不已。

可惜相聚的时光是短暂的。三年之后，正当盛年的秦庄襄王突然薨逝。

众人扶立十二岁的太子政继位，一个新的时代来临了。

秦王政年纪太小无法掌权，秦国朝政由吕不韦控制，他一人手握整个秦国乃至天下的杀伐大权，成为令诸侯们战栗的人物。

这个精明的商人当年的投资取得了百万倍的回报，这或许是中国历史上最成功的一笔生意。

同时，秦国的休养生息已经取得了效果，国力基本恢复过来了。这个庞然大物又开始张牙舞爪地对外发起进攻。

第一个目标是重新拿下前几年被合纵联盟收复的土地。

从前两年开始，吕不韦就派出大将蒙骜连续进攻韩、赵、魏三国，打下了刚刚被他们收回的上党郡、三川郡、太原郡，以及河东的一些城邑。

三国震恐，只好重新开启合纵，共同抗秦。

让谁来担任合纵联盟的领袖呢？

魏安釐王找到隐居在赵国的信陵君，希望他再度出山。

老去的时代

当初信陵君在关键时刻挽救了赵国,受到赵人的隆重欢迎,成为全体赵人心中的超级偶像。

赵孝成王亲自出城迎接他,平原君背着箭袋给他引路,把他迎进邯郸城,给予最高规格的礼遇。赵孝成王甚至准备封赏五座城池给他,被他推掉了。

另一边,魏安釐王咬牙切齿,发誓绝不放过这个同胞兄弟。

信陵君知道魏国是回不去了,只能接受赵孝成王的挽留。他把魏国军队送回去以后,就回到了邯郸,继续过着翩翩佳公子的生活。

这时候的信陵君已经成为国际上的传奇人物,各国贤才纷纷前来投靠。几年以后,平原君过世,他府里原来的门客们也都投靠到信陵君门下,信陵君府上因此人才毕集,气象之盛,为天下第一。

就这样悠闲地生活了十年,信陵君似乎已经忘记了自己的祖国。

上次合纵以后,魏国收复了大片土地,国力明显恢复,重新在国际上活跃起来,甚至还向东边扩张,跟齐、楚争夺土地。

这样的局面当然是秦国不能容忍的,所以秦庄襄王上台以后就加大了对魏国的打击力度。

魏安釐王觉得自己腰杆硬了,不必像以前那样逆来顺受的,就想找人再组个合纵联盟试试手气,兴许能再把秦国打一顿也说不定呢?

合纵联盟的领袖必须是众望所归的超级偶像。魏安釐王想起了自己那个在赵国的弟弟。于是发布消息说已经原谅了他当年的错误,并要把"信陵"这座封邑还给信陵君,还多次派人去赵国接他回国。

可惜信陵君早已心灰意冷,他回绝了使者的邀请,并且命令下人不许再接待魏国来的使者。

他手下的门客很多都是从魏国过来投靠他的,不敢劝他。只有两个在赵国新招到的门客,毛公和薛公,敢大胆说话。

两人劝信陵君说:"公子能得诸侯敬重,只因为您是魏国的公子,倘若您眼看着秦国攻破魏国,焚毁先君宗庙,公子有何面目立于天下呢?"

信陵君被说动了。为了祖国的利益,他再次披上戎装。

公元前247年，秦王政即位的那一年，信陵君回到魏国，魏安釐王降阶以迎，兄弟一笑泯恩仇。

魏安釐王把上将军的相印授给信陵君，令他代魏出征。

信陵君派使者传告天下诸侯："合纵击秦，便在此刻！"

各路诸侯群起响应，天下豪杰纷至沓来，瞬间集结起五国军马，龙骧虎步，豪气冲天，数十万大军浩浩荡荡杀奔前线。

秦军十年前吃过大亏，知道不能硬拼。蒙骜带领军队灰溜溜地逃进函谷关，闭关不出。五国联军在函谷关外纵横来去，震慑强秦，威名播于四方，天下皆惊。

这是东方六国最后的雄威，光焰万丈，却一闪即逝，瞬间落幕。

冷静分析，这次合纵其实是失败的。

东方六国消耗大量人力物力，并没有真正打击到秦国。秦军退回函谷关并不是因为怕他们，只不过采取兵法上"避其锋芒"的战术而已，先躲一躲，消耗敌人的锐气，一旦联军撤退，秦军马上卷土重来，重新占领东方的土地。

说到底，这时候东方六国的力量根本不足以对秦师造成太大杀伤力，只能象征性地把秦师赶跑，而无法取得实质上的胜利。

他们在秦国面前已经无计可施了。

但即使这样象征性的胜利，秦国人还是看不下去。他们想尽办法打击信陵君，在魏国大肆散布信陵君即将威胁到魏王的谣言。

魏安釐王也被这个弟弟的超高人气震惊了，他很清楚，在魏国人心里，信陵君才是真正的领袖。如果信陵君真要夺取他的权位，不管从谋略、手段还是民众的支持上来看，他肯定都不是对手。

他决定再次夺走信陵君的相印："公子还是到烟花丛中去吧。"

信陵君知道他一生的功业已经完成了，不管在国内还是国际上，都已经没有再让他施展抱负的土壤。

他不再过问天下事，整日佯狂诈醉，痛饮豪歌，在温柔乡中流连忘返，在放浪形骸中消磨着寂寥的岁月。四年之后，信陵君去世，留给世人一个落寞的背影，以及"窃符救赵"的不朽传说。

"纵死侠骨香，不惭世上英。谁能书阁下，白首太玄经。"

千年之后，世上仍然流传着"公子"的传奇。

信陵君死后，春申君接过了他的大旗，继续号召天下人合纵抗秦。

公元前241年，楚、燕、魏、赵、韩五国联合，由春申君带领，再次讨伐秦国。

这次的情况比上次更让人失望。秦军还是不跟他们正面对决，直接躲进函谷关，五国兵马气势汹汹地杀到函谷关下，准备跟上次一样耀武扬威一番再撤退。不料秦军突然打开关门杀出来，五国军队吓得拔腿就跑，瞬间作鸟兽散，连秦军的正脸都没看清楚。

"合纵抗秦"从此成了一个笑话。

春申君就此遭到楚考烈王的厌弃，渐渐失势，三年之后被政敌刺杀身亡。

同样落寞的还有廉颇。

赵孝成王死后，赵悼襄王登基。他非常忌惮廉颇的威望，即位后马上解除了廉颇的军权，让乐乘去前线接替他。

当时廉颇刚刚打下魏国的繁阳，正要高歌猛进，却听到自己被解职的消息，怒发如狂，立时率领兵马掉头攻打乐乘。乐乘大败而逃，不知所终，廉颇随后也逃到了魏国。

赵国同时失去了两员大将，军事实力明显削弱，之后几年连续被秦国欺负，赵悼襄王又想起了流落在外的廉颇。

他让使者带上铠甲和宝马，到大梁去看看"廉颇老矣，尚能饭否"？

廉颇看到赵国使者来了，非常开心，为了证明自己还能领兵，他一顿饭吃了一斗米、十斤肉，还亲自披挂上马展示了一番武艺，希望能够重新回到赵国任事。

哪知道那个使者早就被朝廷里的奸臣郭开收买了。使者回到赵国以后，报告说："廉颇虽然饭量还好，但一会儿时间就三次把大便拉到裤子里。"

赵悼襄王一听，心想廉颇确实老了，从此放弃了招他回国的打算。而廉颇也就只能留在魏国了。

但廉颇毕竟是赵国名将，魏人怎么都不放心他，他在魏国始终得不到重用，只好接受楚幽王的邀请，去楚国当将领。

到了楚国以后，他郁郁寡欢，总说："我还是想带赵国士兵啊。"

可惜他再也没有机会，最终只能终老楚国。

荒冢埋剑，倦鸟归林，英雄的时代就这样过去了，只留下漫天绚丽的晚霞，和那些仗剑天涯、策马奔腾的动人传说。

从那以后，东方六国不仅国力衰颓，人才也渐渐凋零，再也没有重振旗鼓的志向，只是趴在秦国脚边苟延残喘地活着。

祖先们的荣耀早已经被人遗忘。现实的痛苦令人身心俱疲，黄昏已经降临，一个时代渐渐老去。

是时候终结这种局面了。

第十八章　四海归一

秽乱宫闱的赵太后

吕不韦投资的成功，让他走上了人生巅峰。

这时的秦国由赵太后辅政，朝中大权完全掌握在吕不韦手中。吕氏家族成为咸阳的超级豪门，家中有僮仆上万人，出行的车队绵延数里，权势之盛，威望之高，跟秦王相比也差不多。

发迹以后的吕不韦特别想摆脱暴发户的形象。他效仿信陵君、春申君那些传统贵族，也招揽了许多门客，在门下著书讲学、热闹非常，并且编出了《吕氏春秋》这样一部巨著，想替秦国摘掉"文化落后"的帽子。

但吕不韦也有个很大的烦恼。

赵太后是个不甘寂寞的妖艳妇人。前些年老公在的时候还不敢乱来，现在秦国没人能管束她了，她就想起了老相好吕不韦。经常把吕不韦召进宫中侍寝，丝毫不在意自己儿子的看法。

吕不韦可要理智得多。他知道这样搞下去会惹来大祸。为了让太后放过自己，他专门找来一个叫嫪毐（lào ǎi）的男子，让他拔掉胡子，冒充太监，到宫里侍奉太后。

赵太后得到嫪毐以后，亲身试验，果然雄武异常，顿时喜不自胜，从此就抛开吕不韦，天天跟嫪毐淫乐，吕不韦这才松了一口气。

后来赵太后有了身孕，不好直接生在宫里，就借口说咸阳宫的风水不好，带着嫪毐搬到了雍城的行宫里去住。两人在那里更加无所忌惮，不分昼夜地宣淫作乐，几年时间生下了两个儿子，一家四口热热闹闹地生活着，惊得周围人目瞪口呆。

但太后完全不在意众人异样的目光。她公然提拔嫪毐，把山阳郡、太原郡等地都封给他，宫室、苑囿、车马、服饰，样样都是顶级配置。嫪毐随之也成了秦国朝廷的实权人物，家里僮仆几千，全国各地趋炎附势的人，都来到他手下充当门客，一时竟有四千之多。

嫪毐小人得志，极其嚣张，对自己的丑事一点都不掩饰，有一次喝醉了酒跟人吵架甚至说："我是秦王的爹，你算什么？"

各种风言风语传遍了秦国的大街小巷。老百姓都在私下眉飞色舞地讨论，流传的版本也越来越生动，甚至说嫪毐的"那话儿"能转动车轮，太后喜欢得不得了……

年少的秦王政对于这样的耻辱又羞又恨。但他还没能掌权，只能先忍着。

公元前238年，秦王政成年了。在雍城蕲年宫举行冠礼。按照传统，这之后他就要亲自掌权了，太后不管愿不愿意都得把权力交出来。

嫪毐知道一旦这个少主人掌权，自己的末日就到了。所以不顾一切地发起叛乱。

他趁秦王政去雍城的机会，盗用秦王和太后的印玺，调动首都的戍卫队，再加上自己家里的僮仆，在咸阳发起叛乱，准备杀向雍城。

秦王政听到消息，立即命令昌平君、昌文君带兵镇压，双方在咸阳展开血战，嫪毐的人马败下阵来，仓皇逃出了咸阳。

秦王政随后在全国发出通缉令，很快就把嫪毐一伙乱党抓捕归案，为首的二十多人全部斩首示众，五马分尸，灭三族。

赵太后被关进雍城的萯阳宫，她跟嫪毐生的两个儿子被装进麻袋当场摔死。嫪毐手下四千多户门客被流放到蜀地，剩下的都发配到宗庙里服苦役。

嫪毐和赵太后的势力被剪除干净。

吕不韦也受到牵连。秦王政说嫪毐是他举荐上来的，本来要治他的罪，但姑念他辅佐先王有功，免除死罪，只是夺了他的权力，放逐到蜀地。

其实公正地说，吕不韦是冤枉的。他跟嫪毐明明就是政敌，两人是水火不容的关系，怎么能说他是嫪毐的同党？而且他对秦国的贡献非常大，是一名尽职尽责的好官员。

但秦王政要夺回权力必须除掉吕不韦。嫪毐的叛乱是最好的借口，吕不韦有没有罪根本不重要。

吕不韦也很清楚这一点。他知道秦王以后肯定容不下自己，只好在蜀地服毒身亡。

旧贵族全部被打翻，秦国朝中势力大洗牌，年轻的秦王政成为最大的赢家，从此把权力握到了自己手上。

虽然一年以后，秦王政接受大臣们的建议，把赵太后又接回了咸阳宫里，但太后那群人已经永远翻不起风浪了。

现在是年少有为的秦王政掌权，秦国这辆战车从此走上正轨，挟着雷霆万钧之势，不可阻挡地开上了一条光明大道。

年少有为的秦王

吕不韦是治国方面的奇才。秦国朝堂上乱成一锅粥的这些年，秦国的国政并没有出现重大失误，对外扩张依然有条不紊地进行着，对东方六国的压迫一点都没有减轻。

秦王政接过权力的交接棒以后，很快就表现出了极其高明的政治天赋。他顺利地把吕不韦的扩张计划接过来，继续推行。

这时候六国已经基本没有反抗能力了，秦国的对外政策也就做了一些调整。

最大的调整就是开始举起"仁义"的大旗，占据舆论的制高点。

秦国一百年来都被称为"暴秦"，在天下人眼里是一只嗜血的巨兽，只会一味地杀戮，没有人性可言。

秦王政登基以后，却开始宣扬自己才是伟大的解放者，要把天下人从六国暴君的压迫下解救出来。

一个明显的变化就是：秦国现在不以杀人多少为军功的标准了。

从前秦军对外用兵的时候，都要大肆收割人头，每次"斩首"多少人，是战争成功与否的一个主要标志。

秦王政当政以后，秦军对外的战争却再也没有了"斩首"的记录，只记载攻占了某地。一方面可能确实是杀的人少了，另一方面也说明秦国在宣传上刻意低调处理这件事，不再宣扬自己杀人的功绩。

这使得秦国的形象温和了一些。毕竟秦国现在考虑的不仅是征服六国，更是以后如何统治六国百姓的问题，不能结太多仇。

跟军事上的"低调"密切配合的，是秦国现在更注重从内部瓦解敌人，而非像原来那样只专注于战场。

这首先要归功于一个叫顿弱的幕僚。他向秦王政提出：应该撒下重金去贿赂六国朝廷里的权臣，让他们从内部破坏六国的抵抗政策，这样秦国只要花费较小的代价就可以攻下六国。

六国的权臣为什么那么容易被收买呢？因为现在天下的形势已经渐渐明朗了，只要略微有一点见识的人都能看出，秦国吞并六国的趋势已经不可逆转。这些权臣们也要替自己的后半生和子孙后代考虑，现在配合秦国，以后改朝换代了还能换个地方继续做官，何乐而不为呢？

所以秦国的金钱和心理攻势一推出去，马上取得了惊人的效果。六国的内奸们纷纷展开卖国大赛，恨不得把自己国家拆了卖一个好价钱。这样，六国在面对秦国侵略的时候也就更加软弱无力。

另一个重要的献策者是李斯。

他本来是楚国的一个小官，生逢乱世，怀抱定国安邦之才，想要干出一番事业。

据说他年轻的时候，有一次看到厕所里的老鼠在粪便堆里钻来钻去，瘦小羸弱，看到人或者狗过来吓得惊慌失措；但粮仓里的老鼠，悠闲地躺在大房子里，吃着精细的米面，长得又肥又大，也不用担心被人和狗打扰。

他因此感慨说：人的才能高低本没有本质区别，命运的不同是环境造成的——位置比努力更重要。

所以他需要去一个能发挥自己才干的地方。六国大厦将倾，显然不是可以久留之地，天下只有一个地方能带给他光明的前途，那就是秦国。

他拜齐国的荀子为师，学习当时最先进的治国理念，学成以后就去了咸阳，在吕不韦门下谋了一个差事，渐渐地得到了吕不韦的赏识。

李斯想尽办法把自己的主张推送到秦王跟前。他向秦王政上书说："当年穆公称霸西戎，却最终没能消灭东方各国，只因为周德未衰，诸侯们还很强大；现在诸侯们都已经衰落，跟秦国的郡县差不多了，秦国应该趁这个机会一统天下，否则等诸侯们恢复过来，重新联合起来，秦国再要灭六国就难了。"

这番话正好跟年轻气盛的秦王政的观点相合，秦王政也正想趁这个机会干一番事业。于是对李斯刮目相看，把他任用为长史。这是李斯进入秦国政坛的开始。

李斯也提出了对六国君臣又拉又打的策略。能用金钱收买的就收过来为我所用，不能的就用武力征服。秦王政应用李斯、顿弱等人的策略，很快在六国内部培养起一帮奸细，成功地扰乱了六国的朝政，李斯也因此被提拔为客卿（从外国来本国做官，被封为卿的人）。

但赵太后和吕不韦这些人的倒台却意外牵连到了李斯。当时秦王政怒火中烧，认为所有客卿都靠不住，准备下令把朝廷里面所有不是出生在秦国的官员都撵出秦国（也有观点认为驱逐客卿的导火索是韩国忽悠秦国建郑国渠，想通过这种大型工程耗尽秦国的国力，秦国建好郑国渠以后才发现了这个阴谋）。

李斯作为客卿中间的佼佼者，也是被驱逐的对象。他在离开秦国的途中写了一封《谏逐客书》给秦王政，言辞恳切地分析了客卿给秦国带来的好处。从当初的百里奚，到后来的商鞅、张仪，再到最近的范雎，他们都属于广义上的客卿，但都给秦国带来了巨大的变革，秦国正是因为不拘一格任用了这些外来的人才，才能在乱世中保持国力的稳步提升。

秦王政是虚心纳谏的君王，看到这封奏折以后，马上转变态度，收回驱逐客卿的命令，召回了被驱逐的客卿们。包括李斯在内的客卿因此保住了在秦国的事业，秦国也成功避免了一次人才的严重流失。

从那以后李斯就一直受到秦王政的青睐，步步高升，终于成为秦国朝廷里首屈一指的重臣。

秦国在这群雄心勃勃的君臣的统领下，正式开启了统一天下的宏大工程。

第一个受害者是基本没有抵抗能力的韩国。

公元前 233 年，秦国杀死来替韩国求饶的韩非子，韩王安在巨大的压力下，主动向秦国称臣，希望换取秦国的宽恕。

但他们并不知道，李斯向秦王政提出的灭六国方案里面，第一个目标就是韩国。

公元前 231 年，韩国南阳地方官献城投降，随后带领秦军攻打自己的祖国，秦军顿时对韩国内部的军事防线了如指掌，韩国战场的局势急转直下。

这是秦国收买六国官员的第一起成功案例，在这个卖国贼的带领下，秦军势如破竹，第二年就渡过黄河，打下新郑，活捉韩王安，韩国灭亡。

接下来轮到赵国。

赵国的顶梁柱

从赵孝成王开始，赵国君主一代不如一代。

赵悼襄王上台以后立即夺走廉颇的兵权，导致廉颇跟乐乘火并，两员大将同时出走，赵国军事力量大受打击。

这以后赵国就只剩李牧这根顶梁柱了。

李牧是这个时代最有才干的将领，他长期在北部边疆雁门关替赵国防御匈奴，是赵国的北方长城。

匈奴是马背上生存的民族，来去如风，随时会冲进关内来劫掠一番，抢完了就跑，等你去追的时候又很容易被他杀个回马枪。所以农耕民众对他们很头疼。

李牧采取坚壁清野的战术，平时积极操练士卒，加固堡垒，等匈奴来的时候就命令人们带着马匹财物躲进堡垒中，这样匈奴每次来都空手而归。

但人们却以为他是害怕匈奴，不敢出击，都说他很懦弱。最后连赵王都被传闻误导了，召回李牧，派别人去防守北方边境。

继任者不懂兵法，匈奴一来就出击拦截，结果每次都被杀得大败，白白损失了很多兵马。

赵王这才想起李牧，只好重新起用他，李牧说："派下臣去可以，但还是得依照下臣的战术。"赵王没办法，只好答应他。

从那以后，边关再次紧闭大门，不跟匈奴正面对决。匈奴也就越来越放肆，每次来了都长驱直入，如入无人之境。

李牧故意让军队输给匈奴几次，折了一些人马，又让人在关隘外面漫山遍野地放牧，显得十分散漫。暗地里却加紧训练士卒，选出五万精兵做冲锋队，十万弓箭手殿后，准备好以后，全部埋伏起来，等着匈奴来临。

匈奴接连取得小规模胜利，以为赵国已经没有防御能力了，便点起全部兵马，十多万人呼啸而来冲进赵国关隘，想一举踏平赵国边关。

等匈奴都冲进埋伏圈以后，李牧的军队从四面八方涌出来，截断后路，把匈奴包围在中间。一时弓弩手漫山遍野，箭如飞蝗。匈奴这才惊觉上当，赶紧夺路而逃，结果在每个路口都遭到截击，被杀得惨不忍睹，最后几乎被全部歼灭，军事实力遭到毁灭性打击。

赵国大军乘胜掩杀，接连攻破东胡、林胡等蛮族部落，各部落的单于纷纷逃窜。此后，北方蛮族十多年都不敢再侵犯赵国边境。

对匈奴的大胜使得李牧声名远扬。当廉颇和乐乘出走以后，赵王就派他到南方抵抗秦国的侵略。

这时候东方六国已经非常孱弱了。对于秦国大军，基本上是望风而逃。李牧却不一样，他带着在北方戈壁上锻炼出来的精锐部队来到前线，一交战，顿时显露出惊人的战斗力，连战连捷，打得秦军晕头转向，最后连秦国将领桓齮（yǐ）都不敢回国了，只好逃到燕国去躲避。

秦国人没想到北方军队竟然这么凶悍。秦王政又派出王翦去攻打赵国。王翦是当前秦国最著名的将领，但面对李牧的时候同样无计可施，相持一年多都拿不下赵国的城池，这还是在双方国力相差巨大的情况下出现的结果，想想实在让人恐怖。

最后王翦只好使出老办法——依靠内奸，从内部瓦解赵国。

赵王自毁长城

赵悼襄王是个才能有限又喜欢自作聪明的人，他在婚姻方面的爱好也是非常独特。

他的王后叫赵悼倡后。为什么会有这么奇怪的一个称号？因为史书记载这个女人是"倡女"。古代"倡"和"娼"不分，所以赵悼倡后可能是舞女出身，也可能就是个妓女。

赵悼倡后虽然出身风尘，但拥有惊人的美貌，被赵国一个王爷看上，把她娶到家里做了妃子。

可惜王爷不久就离开人世了，赵悼倡后成了寡妇。但她运气实在好，又被赵悼襄王看上了，把她纳入后宫。

赵悼襄王非常宠爱这个女人，不顾李牧为首的大臣们的坚决反对，立为她王后。

赵悼襄王的前一个王后生下了赵嘉，之前已经被立为太子。赵悼倡后得宠以后生下赵迁，于是赵悼襄王又一次抛开大臣们的意见，废掉赵嘉，把赵迁立为太子。

但赵迁的母亲是这样一个人，他作为太子又怎么能让大臣们真心臣服？赵国君臣之间的隔阂从这时候已经暗暗出现了。

不仅在立储方面昏招迭出，赵悼襄王晚年在对待秦国的态度上也十分幼稚，以至于上了一次大当。

公元前237年，秦王政刚刚从吕不韦手上夺回政权，正准备干一番事业，赵悼襄王赶紧和齐王建一起去咸阳朝贺。

齐王建是秦国最忠实的马前卒，他去拍马屁是正常的，但是赵悼襄王这么着急地贴上去干嘛呢？

因为他正在谋划攻打燕国，需要求得秦王的默许。

赵国这些年依然执行"失之东隅收之桑榆"的国策。被秦国占了土地，就去东边国家那里捞回来——他们的主要攻击对象是燕国。

赵悼襄王接连很多年都在攻打燕国。有李牧这位名将在，燕国不是他们的对手，抢到了很多土地。

现在赵悼襄王又一次要打燕国，所以先到咸阳来通报一声，希望秦国别拦着他们。

两个马仔一起赶着献殷勤，左右围着秦王，一口一个"大王"，叫得比蜜还甜，秦王政一开心，大手一挥："去吧，尽管打，不拦着你。"

燕国那边大概是听到了风声，也赶紧派人来抱大腿，但迟了一步，秦王政冷冷地回复他们："我已经同意赵国打你们了，你还来干什么？"

赵悼襄王得到了尚方宝剑，回去马上磨刀霍霍，准备开战。第二年一开春就派大军杀奔燕国，一路势如破竹，拿下许多城池。

没想到这时候秦国突然翻脸，派王翦等人乘虚而入，打进赵国本土，接连打下九座城池。赵国从燕国手里抢到的土地还不如丢给秦国的多，白白担下侵略者的名声，闹得灰头土脸的。

而且秦国的理由名正言顺——"你侵略燕国，我来打抱不平，怎么，不服？"

赵悼襄王气得口吐鲜血，当年就暴病身亡。

公元前236年，赵迁继位，史称赵王迁。

当初李牧他们反对立赵悼倡后的理由是：她出身低贱，会污染王室的血脉。这种以出身论英雄的观点带着明显的歧视，但在当时却是主流社会都认可的。

不料赵王迁上台以后，不仅不小心做人，反而以他的所作所为证明了这种血统论的正确性。

首先，赵悼倡后不是正经女人，她跟春平君通奸，闹得宫里乌烟瘴气的。

再有，赵王迁也是个人品低劣的货色，在大臣和百姓心里形象都很差，史书上明确说他"素以无行闻于国"。

他重用郭开。而这个郭开本来就已经恶名在外了。当年就是他买通使者造谣，说廉颇"一饭三遗矢"，致使赵悼襄王丢掉了这颗宝贵的将星。现在赵王迁一点都没有吸取教训，继续对郭开言听计从。

却不料郭开正是李斯他们的主攻目标之一，他们早就用重金和封官的许诺收买了郭开，让郭开在赵王跟前进谗言，尽量扰乱赵国国政。

从那以后，赵王迁的决策就被严重干扰了。

上次秦国偷袭赵国，打下九座城池以后，赵国战略上已经很被动，连续几年被秦国揍得晕头转向，丢了许多土地。

公元前233年，赵王迁从北方调来李牧抵御秦国，李牧一上场，局面马上扭转，连续几场大胜，打得秦军仓皇逃窜。

公元前229年，秦国派王翦进攻赵国，逼近邯郸，却又被李牧和司马尚联手挡住，进退两难。

这时候郭开接到秦国主子下达的新命令，要他设法诋毁李牧和司马尚。

郭开就到赵王迁跟前造谣说，李牧二人一直据守，不肯出战，是在暗地里联络秦军，想谋反。

赵国这些年一直不停地被秦国攻打，国家早就摇摇欲坠了，又刚刚遭遇大地震，饥荒在全国蔓延，内忧外患之中，赵王迁已经成了惊弓之鸟。现在听说李牧他们要谋反，就跟天塌下来一样，也不辨别真伪，马上就派人去前线替换李牧和司马尚。

当年长平之战，廉颇被半路换下，赵国随后惨败的情形历历在目，现在李牧又遇到了同样的情况。他不愿意让赵国再一次遭受那样的悲剧，所以公然违抗君王的命令，一口回绝了撤换他的请求。

赵王迁接到使者的回报以后，却以为这是李牧要谋反的明确证据。他设下圈套，把李牧诱捕归案，然后斩杀，又废掉了司马尚的军权，派赵葱和颜聚接替他们。

擎天柱轰然坍塌，前线官兵一片哗然。军队再也没有了抵抗意志，通向邯郸的道路已经向秦军敞开。

秦国那边一听说李牧被杀，知道灭赵的最佳时机来临了，马上增派军队，以雷霆万钧之势压向赵国。

黑云布满赵国的天空，曾经傲视群雄的赵国军队如同溃决的河堤，以无可挽回的态势崩溃。赵葱战死，颜聚被俘，士兵们四散奔逃，王翦的军队飞快推向邯郸。

三个月之后，邯郸陷落，赵王迁沦为秦国的阶下囚，被放逐到房陵的深山中，赵国至此灭亡。

但赵国人的意志还没有完全崩溃，邯郸的贵族们拥进宫里杀死赵悼倡后，保护废太子赵嘉逃出邯郸，逃到靠近燕国的代郡，重新建立了一个新政权，称为代国，赵嘉被拥立为代王。

赵国的残兵败卒们都逃到代国，聚集在代王嘉身边，跟燕国联合起来，共同抵抗秦军的攻势。

他们在极为艰苦的情况下又坚持抵抗了六年。直到公元前222年，燕国灭亡以后，孤立无援的代国才被王翦的儿子王贲攻破，而代王嘉的最终结局成为谜案。

赵国是六国里面最为可惜的。他们一直保持着铮铮铁骨，勇敢对抗秦国的侵犯，却因为国力的巨大差距，终究无力回天。

而内奸郭开并没有获得好下场。赵国灭亡以后，他得到秦国赏赐的高官厚禄，屁颠屁颠地跑回邯郸的家里去搬运金银财宝，准备到咸阳去当大官，却不料乱世道路艰险，半路上被盗贼截杀了，辛苦攒来的财宝都为别人做了嫁衣裳。

再说燕国。

当初邯郸被攻破以后，赵国军民纷纷向代郡逃亡，燕国立即感受到唇亡齿寒的巨大压力，他们一方面接纳逃来的赵国难民，并且跟代王嘉的军队合作抗秦，一方面主动出击，希望通过暗杀秦王的方式扭转战局。

燕国的最后一击

燕国的末代君王燕王喜是个碌碌无为的庸君，但他有个非常勇敢的儿子。

太子丹年轻的时候就被派到赵国做人质，在邯郸城里结识了少年时代的赵政，两人甚至曾是好朋友。

后来赵政登上秦王宝座，太子丹又被派到秦国当人质。但在权力面前，私人情谊根本不算什么，秦王政对太子丹态度非常傲慢。

太子丹在咸阳受尽欺侮，更担心着远方祖国的命运。最终他想办法逃出秦国，回到燕国，领导燕人抵抗秦国的暴行。

然而小小的燕国有什么资本跟秦国对抗呢？太子丹只好剑走偏锋，从民间搜集勇士，准备劫持或者刺杀秦王。他认为秦王被杀以后，秦国高层之间的矛盾将会爆发，从而让六国获得打败秦国的机会。

有人向他举荐荆轲。

荆轲是燕国民间的侠客，传说他本来是卫国人，自幼喜爱读书击剑，在卫国没有受到重用，便到各国游荡，后来来到燕国。

他在蓟城四处结交豪侠之士。他跟高渐离最要好，两人经常喝得烂醉，在燕国街市上颠颠倒倒地游逛，高渐离击筑，荆轲唱歌，忽而又抱在一起痛哭，浑然忘我，游戏红尘。

当时的人们很欣赏这样的狂人，因此荆轲虽然混迹于社会最底层，在燕国权贵中间却很有名气。

太子丹听说以后，暗中把荆轲请来，奉为上卿，送给他大量的珠宝美女，让他过着奢华的生活。

公元前227年，赵国灭亡以后，秦国大军已经推进到燕国边境。太子丹找到荆轲说："秦军即将渡过易水，国家存亡已在旦夕之间，还请先生依计划行事。"

荆轲说，要取得秦王的信任，需要两样东西：樊於期（wū jī）的头颅和督亢（gāng）的地图。樊於期本来是秦国大将，攻打赵国的时候被李牧打败了，不敢回秦国，只好逃到了燕国，被燕国任用为将军。秦王大怒，杀了他全家老小，并且一直在通缉他。（有人认为他就是桓齮）

而督亢是燕国最富庶的地方，献督亢的地图就是说把这个地方割让给秦国。

杀樊於期相当于燕国政府出尔反尔，太子丹是重情重义的人，他很不情愿，但目前这种情况下也没别的办法了。樊於期听说以后，自尽身亡，把头颅交给了荆轲。

太子丹又找来徐夫人淬炼的匕首，还让一个叫秦舞阳的少年跟着荆轲，一切准备就绪以后，告诉秦国，燕国要献土地请求和解，把荆轲他们送到了易水边。

当时秋风萧瑟，江上芦花盛开，白茫茫直到天边，送行的队伍全部穿着白衣白盔，天地间一片肃杀，愁云笼罩着辽阔的大地。

生离死别的瞬间已经来到，高渐离击筑，荆轲悲歌，众人相和，边走边唱："风萧萧兮易水寒，壮士一去兮不复还！"唱到高亢处，人人怒发冲冠。

这是最后的救赎，燕国的命运在此一举。

荆轲一行人来到咸阳以后，递上国书，不久就接到秦王的邀请函，要他到朝堂上面见秦王。

荆轲带着秦舞阳来到咸阳宫，荆轲捧着一个匣子，里面盛着樊於期的头颅，秦舞阳捧着督亢的地图，两人在两排武士的刀剑环伺之下小心翼翼地前进。

还没走到大殿前，秦舞阳已经吓得脸色惨白，周围的秦国大臣们都有点诧异，只有荆轲依然神色自若地走上台阶。

秦王宣荆轲进殿献图，荆轲从秦舞阳手里接过地图，低头走进大殿。

根据秦王的御医夏无且后来的叙述，当时荆轲捧着地图来到秦王的案几前，缓缓把地图展开给秦王看，展到最后一层的时候，一柄闪亮的匕首赫然出现！

荆轲一手抓住秦王的衣袖，一手拿匕首刺过去，秦王急忙蹿向后方，衣袖被扯断，荆轲刺了个空。

荆轲随后扑过去，秦王已经跑向了大殿的柱子旁边，绕着柱子躲避，荆轲在后面紧紧追赶。

按照秦国的规定，大殿上的侍从们不许带任何兵刃，没有君王的命令，下边带着兵器的侍卫们不能进殿。当时情况太突然，秦王只顾着躲避，忘了叫侍卫上来，所以大家在下边目瞪口呆，竟然没人敢冲上去保护大王。

这时御医夏无且急中生智，拿手里的药袋扔向荆轲，把荆轲挡了一下，下边的人们大喊："大王拔剑！"秦王这才想起自己身上有佩剑，于是拔出来一剑砍伤了荆轲的大腿。

荆轲坐倒在柱子旁，把手里的匕首扔向秦王，秦王一闪身躲开了，拿着佩剑冲上去，把荆轲砍得血肉模糊。

下边的人们这才一拥而上，把荆轲剁成了肉泥，他们又杀掉外面的秦舞阳。这次精心准备的刺杀行动遭到惨败。

秦王政暴跳如雷，立即发动大军扑向燕国。

燕国哪有能力抵挡。蓟城很快被攻破，燕王喜、太子丹等人带着手下人逃到辽东，秦国大军又追向辽东。燕王喜只好杀掉太子丹，把他的人头送给秦国谢罪。

秦国收下太子丹的人头以后才暂时放过了燕国，让他们在辽东苟延残喘，把兵力调向南方去攻打楚、魏两国。直到五年后的公元前222年，才又调集兵马回来，一举灭掉了燕国和代国的残余势力。

再说南边的战事。

秦国灭掉韩、赵以后，深入中原核心地带，魏国已经被秦国四面包围了。

秦国自始至终没有发起大规模的灭魏战争，只是在无数次的军事打击中逐步吞噬魏国的土地。到最后，魏王控制的地区只剩下大梁和周围一些零散的城邑了。

公元前225年，王贲率军进攻大梁。他让军队挖掘沟渠，引黄河和大沟的水冲向大梁。三个月之后，大梁城垣崩塌，魏王假只好出城投降。秦国杀掉魏王假，然后满城追杀魏国的王族公子们，连襁褓中的婴儿都不放过，王孙贵族的鲜血染红了大梁城。

魏国至此灭亡。

下一个轮到楚国。

楚国的灭亡

秦国在攻打燕国、追杀太子丹的战役中冒出一位功勋卓著的少年将领——李信，秦王政非常赏识他，想让他做灭楚之战的主帅。

秦王政问李信："灭楚需要多少兵马？"

李信回答："给臣二十万人足矣。"

秦王政又问王翦同样的问题，王翦回答："非有六十万人不可。"

秦王政淡淡一笑："王将军果然老了，还是让年轻人带兵吧。"于是分给李信和蒙武二十万兵马，让他们去攻打楚国，让王翦回家养老去了。

李、蒙二人带兵来到楚国。

前些年白起已经打下了楚国的核心地带鄢郢地区，但这些地方楚国贵族的势力根深蒂固，跟东部的楚国政府里应外合，不停地发动叛乱，这么多年一直在反反复复地跟秦国中央军展开拉锯战。

目前鄢郢地区又落入楚人手里了。李、蒙二人灭楚的第一个目标就是重新夺回鄢郢地区。

李信单独带兵攻打鄢郢，蒙武带兵杀向东部的城父。战争进行得很顺利，鄢郢的叛军一触即溃，李信随后赶向东部去跟蒙武会合，准备共同进军寿春。

这时候一个史书上语焉不详的神秘人物登场了。

昌平君是楚国公子，可能是楚考烈王的儿子之一，但他年轻的时候却在秦国朝廷里为相，是秦王政的左膀右臂之一，曾经跟吕不韦、昌文君（可能也是楚国公子）共同镇压嫪毐之乱，为秦王政坐稳江山立下了汗马功劳。

为什么楚国公子会在秦国掌握权柄？这是个谜案。史书上对于昌平君的记载似乎在竭力回避一些内容，又仿佛有人刻意删除了关于他的记录。

就在李信他们攻打楚国的前两年，新郑的韩国遗民刚刚联合楚人起来造反。秦王政一边镇压新郑的反叛，一边紧急把韩王安转移到陈地。这里曾经也是楚国的首都，现在已经被秦国所占领（楚国的首都先后是郢都、陈、寿春，前两个目前都已经被秦国占领）。

同时秦王政还把昌平君派到陈地去安抚当地的民众，他作为楚国公子，比较能得到楚人的认可。

不料昌平君到达楚国故地以后立即反叛，带领当地人加入抗秦的队伍。

前方的李信还不知道这个消息，就在他以为鄢郢已经平定，大摇大摆往东走的时候，昌平君和大将项燕却带领兵马悄悄跟在他后面，连跟了三天三夜，趁秦军不留意的时候发起突袭，一举击溃秦军，取得了六国对秦国的最后一场大胜。

李信的军队大败而逃，退出了楚国土地。

秦王政大惊，没想到二十万秦军竟真的拿不下楚国。他连夜驱车赶到王翦养老的地方，亲自向王翦道歉："寡人悔不听先生之言，才有今日之败，还请先生顾念国家安危，再次出山，领兵灭楚。"

王翦说："那还是请大王给臣六十万兵马。"

秦王政一口答应下来，于是王翦再度披挂出山，带领六十万大军杀奔楚国。

这时候在陈地那边，楚将项燕拥戴昌平君为楚王，利用昌平君在楚人中的威望，凝聚人心。（具体的时间有争议，也有可能是在楚王负刍被俘虏以后才立的昌平君。)

王翦一来局面就不同了。他不跟楚军硬拼,而是命令秦军筑起深沟高垒,坚守不出,不管外面的楚军怎么挑战都不理。

他每天让士兵们休息、沐浴,好好养足精神,自己跟普通士兵同寝同食,直到有一天,他问下人:"大家闲下来都在干什么呀?"

下人回答:"都在玩投石、跳跃的游戏。"

王翦说:"这样的军队可以出击了。"

这时候外面的楚军看到秦军长期不出战,已经开始撤走兵马,准备到东部去,王翦学习之前昌平君的做法,派军队悄悄跟在后面,趁敌人不注意的时候发起突袭,一举打败了楚军,并且斩杀昌平君,消灭了楚国最后的精锐。

楚国最后的名将项燕也在这次战役中身亡,但他的功勋却牢牢记在了楚人的心中。

到这一步,楚国再也没有抵抗之力了。公元前223年,寿春陷落,末代楚王负刍被俘虏,楚国灭亡。

愚蠢又可悲的齐王

齐国人早已丢失了血性。秦国四处出击的这些年,他们厚颜无耻地跟在秦人后面当马屁精,对各个兄弟国家的呼救声置若罔闻,甚至每当秦国灭掉一个国家,齐王建都会派人去咸阳朝贺。

齐国的大臣们也都在为自己留后路。他们异口同声地劝齐王建不要招惹秦国,甚至不要发展军备,以免激怒秦国,昏庸无能的齐王建竟然完全相信了他们的话。

当五国都被秦国消灭以后,齐国才忽然发现自己已经是孤零零的一个人,身旁是秦国这只猛虎,正在磨牙吮血,跃跃欲试。

齐王建惶惶不可终日,他想不出什么办法,只好当鸵鸟,派人牢牢守住西部边境,跟秦国断绝一切往来,整个缩在自己的乌龟壳里,仿佛这样就不会遭到外来的打击了。

秦国灭楚之后，顺势往南征服百越部落，又向北，灭掉已经奄奄一息的燕国和代国。至此，除了齐国那小小的一块地盘以外，天下都是秦国的土地了。

公元前221年，秦王政派王贲领兵，从原来燕国的南部攻入齐国，兵临临淄城下。

到这一步，齐人的血性还是没有激发起来，朝廷上下没有一个人愿意出来抵抗侵略。

秦国宣布只要齐王建投降就给他五百里的封地。相国后胜早已经被秦国收买了，拼命撺掇齐王建投降。齐王建是个没主见的人，懵懵懂懂地在大臣们的簇拥下开门迎接秦军入城，曾经的东方霸主就以这样耻辱的方式湮没在了历史尘埃里。

不料秦王政随后就翻脸，不给齐王建和他的家族任何优待，把他迁到共地，丢进一片松柏林里，任他自生自灭。齐王建不久就饿死在了那里，成为六国民众口中的笑料。

一统山河

那些征伐四方的沙场男儿，那些气吞万里的英雄豪侠，终于化作史书里的尘埃，只留下一缕忠魂供后人凭吊。

公元前221年，四海归一，天下初定。

这是六国的惨祸。但站在历史长河之上来看，又是天下人的幸事，纷纷攘攘的五百年乱世至此终结，人们终于有望迎来真正的太平盛世。

对于老百姓来说，天下太平，人人安居乐业，就是最大的幸福。

秦王政认为这是他和秦国列祖列宗的无上功德，他的功劳已经盖过了三皇五帝，仅仅称为"王"已经无法再彰显他的尊贵，所以让大臣们想一个比"王"更加气势恢宏的称号。

大臣们想来想去，说："上古有天皇，有地皇，有泰皇，其中泰皇最尊贵，大王您以后可以称为'泰皇'。"

秦王政说："'泰'字不要，只留'皇'字，再加上上古的'帝'位，就称为'皇帝'吧。"

又说:"以前的人们都在死后立一个谥号,这是子议父、臣议君,不可,从朕开始,不要谥号。朕是第一个皇帝,就叫'始皇帝'。"

台下百官朝贺,钟鼓齐鸣,众人俯伏在地,齐声称颂:"吾皇万岁万岁万万岁!"

秦始皇跟大臣们计议,当今天下平定,该如何保定长治久安。

有人说:"燕、齐等地离咸阳太远,难以治理,不如效法周朝,分封王子到此等地方为诸侯。"

大家听到这个建议都积极附和,只有李斯反对说:"周天子封的兄弟亲属们,到几代人以后都疏远了,相互征战不休。如今王子功臣们赏赐一些财物就够了,不必再封诸侯。"

秦始皇也认为:"诸侯们相互攻讦多年,人民饱受其苦,现在九州初定,又立诸侯,是重启肇端,万万不可。"

于是决定以郡县制为国家的基本体制,废除周朝的分封制,天下从此再没有诸侯国了。

华夏大地开启了一个全新的时代。

完成这些前无古人的伟大事业以后,公元前219年,秦始皇带领群臣从咸阳出发,来到泰山举行封禅大典。

他站在巍峨的岱宗之巅,脚下是秀美壮丽的万里山河,红日高照,江河长流。在那辽阔的大地上,早起的人们扛着锄头走向青青的田野,夫妻相互依偎,说着情话,孩子们在田埂上撒欢,刚刚播下的种子正在土地里生根发芽……

多么迷人的华夏!

亘古以来,不计其数的英雄豪杰为这片土地而折腰,这片土地那迷人的魅力来自哪里呢?秦王闭目遐想……

在这一刻,他是这片古老的土地唯一的主人。他相信,他的权力将会永远传递下去,二世、三世,以至于万世……

附录　春秋战国大事年表

东周的建立

公元前 775 年，周幽王废申后与太子宜臼，立褒姒。

公元前 771 年，申国联合犬戎攻打周王，西周亡国。

公元前 770 年，周平王迁都洛邑，秦国列侯。

公元前 750 年，晋文侯杀周携王，结束二王并立局面。

郑庄公小霸

公元前 745 年，晋昭侯即位，封成师为曲沃桓叔，曲沃小宗准备阴谋夺权。

公元前 743 年，郑庄公即位，郑国进入全盛时期。

公元前 722 年，鲁隐公元年，《春秋》开始之年。

公元前 722 年，共叔段叛乱，郑庄公打败共叔段，掘地见母。

公元前 720 年，"周郑交质"事件，郑庄公挑战周天子权威。

公元前 720 年，宋殇公即位，开始跟郑国争夺霸权。

公元前 719 年，州吁弑杀卫桓公，石碏大义灭亲；宋、卫合力攻打郑国，开启双方一系列冲突。

公元前 715 年，齐、宋、卫三国在瓦屋会盟，短暂休兵。

公元前 714 年，郑庄公假命伐宋，挑起第二轮宋郑冲突，全面打压宋国。

公元前 712 年，鲁隐公被弑。

公元前 710 年，华督弑杀宋殇公，宋郑冲突结束，郑国获胜。

公元前 707 年，繻葛之战，郑国将领祝聸射中周桓王肩膀，周王室威信扫地。

齐国崛起

公元前 706 年，郑国帮助齐国打击北戎；太子忽拒绝齐国的婚约，郑国在国际上开始被孤立。

公元前 704 年，熊通自立为楚武王。

公元前 702 年，齐僖公带领各小国攻打鲁国，开始主导国际事务；宋国复兴。

公元前 701 年，郑庄公去世，四公子争位；宋国干涉郑国内政，郑国霸权终结。

约公元前 701 年，卫太子伋和公子寿同时被杀。

公元前 698 年，齐、宋、卫、陈、蔡五国伐郑，郑国大败，彻底衰落。

公元前 697 年，郑厉公被祭足赶走，郑昭公复位。

公元前 696 年，卫国左、右二公子赶走卫惠公，立公子黔牟。

公元前 695 年，高渠弥弑郑昭公，迎公子亹即位。

公元前 694 年，齐襄公与文姜通奸，事情败露，害死鲁桓公；首止会盟，齐襄公杀郑公子亹与高渠弥，公子婴回郑国即位；周王室爆发王子克之乱。

公元前 692 年，文姜住到禚地，继续跟齐襄公私通。

公元前 688 年，齐襄公帮助卫惠公夺回卫国君位。

公元前 686 年，公孙无知弑齐襄公，自立为君。

公元前 685 年，齐国雍廪杀公孙无知，公子小白回国即位，齐国开始称霸之路。

齐桓公称霸

公元前684年,齐、鲁长勺之战,曹刿的战术帮助鲁国获胜;乘丘之战,鲁国打败齐、宋联军;楚国打败蔡国,活捉蔡哀侯。

公元前681年,北杏会盟,齐桓公第一次会盟诸侯;齐、鲁在柯地会谈,曹沫劫盟。

公元前680年,傅瑕弑郑子婴,迎回郑厉公;楚文王消灭息国,强纳息夫人。

公元前679年,鄄地会盟,齐桓公霸主地位确立。

公元前745年—公元前678年,曲沃小宗弑杀五任君王,成功夺权,史称"曲沃代翼"。

公元前678年,楚国进攻郑国,首次把触角伸入中原核心地带。

公元前675年,周王室爆发王子颓之乱,郑厉公接纳周惠王。

公元前673年,郑国和虢国帮助周惠王打回洛邑,消灭乱党。

公元前672年,陈国公子完逃到齐国,被齐桓公收留,改名田完,是田氏先祖。

公元前669年,鲁庄公娶哀姜。

公元前663年,山戎进攻燕国,齐桓公伐戎,赢得燕国感激。

公元前662年,鲁庄公去世,公子般继位,庆父和哀姜阴谋弑杀公子般,立鲁闵公。

公元前660年,赤狄攻打卫国和邢国,两国被灭,卫懿公被杀害并分尸;庆父弑鲁闵公,鲁国人暴动,庆父逃到莒国,被引渡回鲁国,路上自杀身亡,但"三桓"从此渐渐成长。

公元前659年,齐桓公救援卫国和邢国;哀姜被引渡回齐国,路上被杀。

公元前658年,齐桓公帮助卫国复国。

公元前657年,蔡姬划船得罪齐桓公。

公元前656年,中原联盟进攻蔡国,随后打入楚国本土,跟楚国订立召陵之盟后撤军;晋国骊姬阴谋逼死太子。

公元前655年,楚国背叛盟约,继续向北扩张;首止之会上郑国逃盟,随后郑国、许国都倒向楚国；晋献公讨伐重耳和夷吾，重耳第一次流亡。

公元前658年和公元前655年，晋献公假途灭虢，占领崤函通道，封住秦国东进的道路；百里奚为奴。

公元前651年，葵丘会盟，周天子褒奖齐桓公，会盟各国颁布国际公约，齐桓公霸权达到顶峰；晋献公去世，里克杀骊姬母子，迎晋惠公即位。

公元前650年，晋惠公背信弃义，跟秦国关系恶化。

公元前649年，王子带叛乱，引入戎人进攻周王室，秦、晋联手救援周王室。

公元前647年，晋国发生饥荒，秦国援助。

公元前646年，秦国发生饥荒，晋国拒绝援助并且攻打秦国，两国关系彻底破裂。

公元前645年，韩原之战，秦国活捉晋惠公；楚国进攻徐国，中原联盟救援徐国失败；齐桓公宠幸奸臣，霸权衰落。

宋襄公伪霸

约公元前643年，晋惠公派人暗杀重耳，重耳第二次流亡，到齐国，被齐桓公收留。

公元前643年，齐桓公去世，六公子争位，齐国大乱。

公元前642年，宋襄公扶立齐孝公即位。

公元前641年，宋襄公在曹南会盟诸侯，希望称霸。

公元前639年，宋襄公在盂地会盟诸侯，被楚成王劫持。

公元前638年，泓水之战，宋襄公坚持等楚军渡河之后再战，结果大败。

晋文公称霸

公元前637年，晋惠公去世，晋怀公继位；齐姜等人密谋送走重耳，重耳第三次流亡，到秦国，受到秦穆公款待。

公元前636年，秦国送重耳回国夺位；重耳登基，是为晋文公；晋文公封赏群臣，介子推不言禄；王子带再度叛乱。

公元前635年，晋文公帮助周王室平定王子带之乱。

公元前633年，楚国攻打宋国，宋成公向晋国求救。

公元前632年，晋国攻打曹、卫，挑起跟楚国的冲突，在城濮大败楚军；晋文公召开践土会盟，霸权确立。

公元前630年，秦、晋联合攻打郑国，秦穆公叛盟，秦晋关系破裂；元咺告状，晋文公断案。

公元前628年，晋文公去世，晋襄公继位；秦国派大军远程奔袭郑国。

秦晋交兵

公元前627年，弦高挽救郑国；秦军回师路上，在崤山遭遇晋军伏击，全军覆没；晋国打退白狄的入侵；晋、楚军队在泜水边对峙。

公元前626年，楚穆王杀父。

公元前625年，秦国复仇，在彭衙被晋军打败。

公元前624年，秦军攻入晋国本土，没有遇到抵抗，秦穆公亲祭崤山。

公元前623年，楚国灭江国；晋国报复秦国；秦国攻破绵诸国，活捉绵诸王，从此称霸西戎。

公元前621年，秦穆公去世，177人殉葬，秦国"三良"被杀。夷之蒐，晋国重组六卿，赵盾开始执政。

公元前620年，赵盾出尔反尔攻击秦军，扶立晋灵公即位。

公元前619年，秦康公报复晋国，开启秦晋之间的一系列战争。

公元前618年，先克遇刺，赵氏借机打击老牌贵族。楚国再度入侵中原。

公元前615年，河曲之战；士会回晋国，秦晋休战。

楚庄王称霸

公元前613年，楚庄王登基；公子燮和斗克劫持楚庄王。

公元前612年，晋国攻破蔡国，逼近楚国。

公元前 611 年，公子鲍弑宋昭公；楚国灭庸国，楚庄王开启霸业。

公元前 609 年，齐懿公被弑，齐惠公即位；东门襄仲把持鲁国朝政，弑公子恶。

公元前 608 年，郑国倒向楚国，晋国带领中原联盟攻打郑国，此后很多年，晋、楚轮流攻打郑国，郑国成为晋、楚争霸的关键节点。

公元前 607 年，晋灵公跟赵盾矛盾爆发，赵盾弑君。

公元前 606 年，楚庄王"问鼎中原"。

公元前 605 年，楚国斗越椒叛乱，被镇压，若敖氏覆灭。

公元前 601 年，赵盾去世，新一代六卿掌权。

公元前 598 年，楚庄王讨伐夏徵舒，灭陈国，掳夏姬。

公元前 597 年，楚国攻打郑国，晋国救援，引发邲之战，晋国惨败，楚庄王正式确立霸权。

公元前 595 年，楚庄王挑起跟宋国的战争，包围宋都睢阳九个月。

公元前 594 年，秦桓公入侵晋国，晋将魏颗生擒杜回。

公元前 592 年，郤克出使齐国，被萧夫人嘲笑。

公元前 591 年，楚庄王去世，楚共王继位；鲁国季文子掌权，赶走东门氏。

晋、楚平分霸权

公元前 589 年，鞌之战，晋国打败齐国，差点活捉齐顷公；晋国新一代六卿上位，霸业复兴；巫臣带夏姬逃到晋国。

公元前 587 年，晋国流传赵庄姬跟赵婴齐的绯闻，赵婴齐被赵氏赶出晋国。

公元前 586 年，虫牢之盟，郑国重新倒向晋国；晋国攻打蔡国、沈国，楚国的优势被削弱；之后几年，晋国连续召开盟会。

公元前 584 年，巫臣联络吴国，传授军事技术，吴国开始崛起，连续攻打楚国的附庸国。

公元前 583 年，下宫之难爆发，晋国赵氏被灭族；"赵氏孤儿"的故事。

公元前581年，晋景公去世，晋厉公继位，开始尝试跟楚国和解。

公元前579年，华元弭兵，两大军事集团和解；秦桓公挑唆白狄偷袭晋国。

公元前578年，晋国宣读《绝秦书》，数落秦国的罪行，然后发起十支军队讨伐秦国，秦军惨败。

公元前577年，郑国和许国爆发冲突。

公元前576年，楚国介入郑许冲突，背叛弭兵协定。

公元前575年，晋国攻打郑国，跟楚军对峙，鄢陵之战爆发，楚军战败后撤走。

公元前574年，晋厉公联合栾氏、胥氏等公卿灭郤氏。

公元前573年，栾书、中行偃弑晋厉公，扶立晋悼公；楚军强占宋国的彭城。

晋国霸权复兴

公元前573年起，晋悼公改组六卿，大力提拔韩、赵、魏三家，收服中原小国，全面压制楚国。

公元前572年，晋悼公组织九国兵马援助宋国，攻下彭城，然后攻打郑国。

公元前570年，郑国投降，晋悼公在鸡泽大会诸侯，霸权确立。

公元前566年，楚国经过四年围城拿下陈国，晋国受挫；晋国开始实行"三驾疲楚"的战略。

公元前563年，十三国兵马围攻偪阳，打通吴国跟中原的通道；宋平公演奏《桑林》，暗示晋悼公取代周天子。

公元前562年，十二国诸侯在亳地会盟，然后围困郑国，迫使郑国彻底倒向晋国；晋悼公召开萧鱼之会，晋国霸权达到顶峰。

公元前561年，诸樊继位为吴王。

公元前560年，楚军在庸浦打败吴军。

公元前559年，齐国背叛跟晋国的盟约，开始多次攻打鲁国；晋国组织联军攻打秦国失败，史称"迁延之役"；范氏与栾氏结仇。

公元前 558 年，晋悼公去世。

中原衰落，吴越崛起

公元前 557 年，晋军在湛阪打败楚军，攻至方城。

公元前 555 年，晋平公带领十二国联军讨伐齐国，在平阴大胜，血洗临淄，横扫齐境。

公元前 554 年，齐灵公被气死，齐庄公登基，崔杼掌权。

公元前 551 年，晋国范氏驱逐栾氏，齐庄公阴谋挑起晋国内乱。

公元前 548 年，崔杼弑齐庄公，崔杼跟庆封联合掌权；楚康王灭舒鸠国；诸樊攻打巢国，在战斗中身亡；吴国受楚国压制。

公元前 546 年，崔氏爆发内乱，被庆封趁机灭族；向戌弭兵，中原迎来长期和平。

公元前 545 年，卢蒲嫳挑动众人诛杀庆封家族，庆封逃亡吴国，被吴王余祭收留；田、鲍、高、栾四家掌控齐国朝廷。

公元前 541 年，公子围弑楚郏敖，自立为王，是为楚灵王。

公元前 538 年，楚灵王打下吴国朱方，灭庆封满门。

公元前 534 年，陈国司徒招弑君，楚灵王派兵干涉，灭陈国。

公元前 532 年，齐国田、鲍两家灭高、栾两家，田桓子开始上位。

公元前 531 年，楚灵王诱骗蔡灵侯赴宴，杀蔡灵侯，灭蔡国。

公元前 530 年，楚灵王攻打徐国，整个冬天驻扎在乾溪。

公元前 529 年，乾溪的军队哗变，楚灵王被国民抛弃后自尽身亡；楚国三兄弟争位，公子弃疾胜出，是为楚平王。

公元前 527 年，吴王夷昧去世，吴王僚继位；楚平王强娶孟嬴，疏远太子建。

公元前 522 年，楚国费无忌诬告太子建与伍奢密谋造反，伍奢被杀，太子建和伍子胥先后逃亡，太子建在郑国被杀，伍子胥逃到吴国，受公子光重用。

公元前520年，周景王去世，周王室爆发王子朝之乱，周敬王与王子朝并立。

约公元前520年，孔子向老子问礼。

公元前519年，公子光攻打楚国，大胜，夺取州来。

公元前518年，公子光再讨伐楚国，夺权居巢和钟离两城。

公元前516年，楚平王去世，楚昭王继位；晋国护送周敬王回洛邑，王子朝带着周朝典籍逃往楚国。

吴越争霸

公元前515年，公子光派专诸刺死王僚，成功上位，是为吴王阖闾；楚国爆发"郤宛之难"，伯嚭逃到吴国。

公元前514年，晋顷公跟六卿家族联手灭祁氏和羊舌氏，六卿把持朝政。

公元前512年，伍子胥推荐孙武；吴国打下楚国的舒邑后撤军。

公元前510年，吴国侵略越国，开启吴越冲突序幕。

公元前509年，楚国子常扣留蔡昭侯和唐成公三年之久。

公元前508年，吴国让舒鸠国引诱楚国开战，然后打败楚国。

公元前506年，蔡国发起，中原十八国在召陵会盟，声讨楚国的罪行；吴、蔡、唐三国联军攻打楚国，在柏举取得决定性胜利，攻入郢都，楚国亡国，伍子胥掘墓鞭尸，申包胥哭秦庭，秦哀公派兵救楚。

公元前505年，秦、楚联军打败吴军，越国偷袭吴国本土，吴军撤出楚国；周敬王刺杀王子朝，周朝典籍丢失。

公元前504年，王子朝党徒作乱；孔子在鲁国执政。

公元前503年，晋国护送周敬王回到洛邑，王子朝之乱平定。

公元前498年，孔子隳三都，得罪鲁国当权者。

公元前497年，孔子带弟子周游列国；晋国赵氏发生内斗，引起六卿两大派别的内战。

公元前496年，越国勾践继位，吴王阖闾攻打越国，战败身死。

公元前494年，夫差攻打越国，包围会稽山；越国贿赂伯嚭，吴军撤走。

公元前492年，勾践夫妇被迫去吴国为奴。

公元前490年，范氏、中行氏战败，逃出晋国；田僖子拥立齐悼公，控制齐国国政。

公元前489年，勾践夫妇被释放回国；勾践卧薪尝胆。

公元前485年，田成子扶立齐简公。

公元前484年，艾陵之战，吴国打败齐国，威震中原；伍子胥被逼自尽；季康子派人接孔子回鲁国，孔子晚年钻研学术。

公元前482年，黄池会盟，吴王夫差与晋定公争夺中原霸主之位；越国偷袭吴国本土得手。

公元前481年，田成子杀齐简公，立齐平公，田氏成为齐国事实上的统治者；鲁国叔孙氏打猎获麟，孔子叹"吾道穷矣"。

公元前479年，孔子过世。

公元前478年，越国再次攻打吴国，乘夜渡江，大获全胜。

公元前476年，智伯瑶担任晋国正卿，跟赵襄子不和。

公元前475年，越国第三次大规模进攻吴国，包围姑苏城。

公元前473年，吴国战败亡国，吴王夫差自尽；越国称霸。

公元前465年，勾践去世，越国衰落。

公元前455年，智伯瑶要求魏、赵、韩三家割地，赵氏不从，智、魏、韩三家围困晋阳。

公元前453年，晋阳城破前夕，魏、韩反水，魏、赵、韩三家共灭智氏。

公元前452年，魏、赵、韩赶走晋出公，立晋哀公为傀儡，准备瓜分晋国。

魏国称霸

公元前445年，魏文侯继承魏氏家业。

约公元前439年，楚惠王想攻打宋国，墨子赶到郢都阻止。

公元前432年，中山国复国，被魏、赵联手控制。

公元前429年，秦怀公继位，秦国政坛开始一段混乱时期。

公元前 425 年，魏文侯担任正卿，魏国崛起。

公元前 419 年，魏国在少梁修筑军事要塞，开始抢占河西地区。

公元前 415 年，秦灵公去世，秦简公成功夺位，公子连逃到魏国避难。

公元前 414 年，中山武公带领中山国独立，立都顾城。

公元前 413 年，魏国开始在河西发起进攻；齐、楚偷袭魏国后方。

公元前 412 年，吴起杀妻求将。

公元前 409 年，吴起担任魏国统帅，攻克临晋等军事要地。

公元前 408 年，中山桓公继位；魏、赵联手攻打中山国，乐羊食子。

公元前 406 年，魏军攻破顾城，再次灭中山国。

公元前 405 年，齐国田会反叛，三晋联手攻齐，俘虏齐康公，送到洛邑，要求周王封自己为诸侯。

公元前 403 年，周威烈王正式册封魏、赵、韩三家为诸侯。

公元前 452 年—公元前 403 年，三家瓜分晋国土地。

公元前 401 年起，秦国试图收复河西，但屡战屡败。

公元前 400 年，韩国首都阳翟被郑国军队包围；三晋联军进攻楚国。

公元前 391 年，田和废齐康公；三晋在大梁和榆关大败楚军。

公元前 389 年，吴起守阴晋城，以五万军队打退秦国五十万大军。

约公元前 389 年，吴起离开魏国去楚国，受楚悼王重用，在楚国推行新法。

公元前 386 年，周安王册封田和为齐侯，是为齐太公；秦出公继位，小主夫人执政，被朝臣们孤立；赵国迁都到邯郸；魏国帮助公子朝攻打邯郸，引爆两国矛盾，三晋联盟破裂。

公元前 385 年，韩国打进宋国首都，活捉宋悼公；魏武侯派人护送公子连回秦国争位，杀死秦出公母子。

公元前 384 年，秦献公登基，进行一系列改革，秦国进入上升通道。

公元前 383 年，赵敬侯向中原挺进，攻打卫国，魏国救援卫国，引发赵、魏、齐、楚、卫五国连续三年的混战，魏国受损严重，被迫求和，霸权凋零。

中原群雄混战

公元前 381 年，楚悼王去世，楚国贵族反扑，杀吴起，变法被迫终止；中山桓公复国。

公元前 380 年，齐国侵略燕国，三晋联手干涉，双方爆发多轮冲突。

公元前 379 年，齐康公死于饥寒，吕氏齐国灭亡。

公元前 377 年—公元前 376 年，赵国和魏国连续多次攻打中山国，无法获胜。

公元前 375 年，韩国吞并郑国。

公元前 374 年，中山国进攻赵国，收复大片领土。

公元前 372 年，赵国再度侵入卫国，连下七十三城，魏国干涉，赵国大败。

公元前 370 年，魏武侯去世，公子䓖和公子缓争位，赵、韩两国干涉，准备分割魏国，因为分赃不均而作罢；魏惠王登基。

公元前 369 年，魏惠王报复，先后打败赵、韩两国。

公元前 367 年，公子根叛乱，周国分裂为西周国和东周国。

公元前 366 年，魏、韩联手在武堵筑城，遭到秦国反击，两国大败，秦国势力开始进入河西地区。

公元前 364 年，秦军在河西发起进攻，把魏国人赶到石门，斩首六万，周显王褒奖秦献公，赐"伯"号；魏国迁都到大梁，之后开始大举建设，魏国经济发展到顶峰。

公元前 362 年，秦军在河西大败魏、赵联军，活捉魏国重臣公叔痤。

公元前 361 年，公叔痤临终推荐商鞅，魏惠王没有接受，商鞅去秦国。

公元前 359 年，秦孝公任用商鞅，发布《垦草令》，开始变法图强。

公元前 357 年，齐威王登基，开始在齐国进行一系列革新举措。

约公元前 357 年，齐国建立稷下学宫，成为天下学术中心。

公元前 356 年，商鞅被任命为左庶长，正式在秦国推行新法。

公元前 354 年，赵国攻占卫国两座城邑，魏国报复，围困邯郸；秦国在河西出击，攻下少梁。

公元前353年，赵国向齐、楚两大国求援，齐威王派田忌、孙膑带领齐、宋、卫联军攻打魏国，在桂陵伏击庞涓得手，同一时期秦国、楚国、韩国也攻打魏国，魏国第二次被各国围攻；申不害建议韩昭侯向魏国请和。

公元前352年，魏、韩联手，国际联军瓦解，魏国反击国际联军获胜。

公元前351年，韩昭侯任用申不害为相，开始在韩国变法；赵国割地求和，魏军撤走。

公元前350年，秦国迁都到咸阳，进行第二轮商鞅变法。

公元前349年，魏、赵、韩废晋静公为庶人，晋国灭亡。

公元前344年，魏惠王召集诸侯在逢泽会盟，称魏王，然后带领诸侯朝觐周天子。

公元前342年，秦国太子驷带领诸侯朝觐周天子；魏国进攻韩国，报复他们不参加逢泽会盟，韩国向齐国救援。

公元前341年，齐军扑向魏国大梁，孙膑在马陵打败庞涓，随后全歼十万魏军；赵、韩、秦、宋、齐出手，第三次围攻魏国，魏国衰落。

合纵连横之争

公元前340年，商鞅计赚公子卬，秦国开启第五轮河西之战，随后几年接连获胜。

公元前338年，秦惠文王登基，报复商鞅，商鞅身死以后被五马分尸。

约公元前335年，魏惠王任惠施为相，改变对外政策，结好齐国；大约同时，公孙衍建议魏惠王暗中结交楚国。

公元前334年，徐州相王，齐国与魏国联手称王。

公元前333年，公孙衍任秦国大良造；楚军在徐州大败齐军，要求齐威王驱逐田婴。

公元前331年，秦国进攻魏国雕阴和阴晋，大胜，魏国河西的军事力量遭遇毁灭性打击。

公元前330年，魏国把手中最后的河西土地献给秦国，秦国彻底收复河西。

公元前329年，张仪到秦国，受秦惠文王重用；秦国施行连横策略；魏国把上洛之地献给秦国；秦国夺取汾阴、皮氏，挑动魏国进攻楚国；宋康公发动政变赶走宋剔成君，自立为君。

公元前328年，魏国把上郡土地献给秦国；楚怀王继位。

公元前327年，秦国把焦、曲沃两城还给魏国。

公元前326年，赵武灵王继位。

公元前325年，秦惠文王联合魏惠王、韩宣王共同称王；魏王、韩王替秦王驾车。

公元前323年，魏、韩、赵、燕、中山五国相王；齐威王破坏五国联盟未遂；楚国昭阳攻入魏国，夺八座城池；昭阳攻打齐国，被陈轸以"画蛇添足"的故事说动而退兵。

公元前318年，公孙衍带领山东五国攻打秦国，同时联络义渠国夹击秦国；燕王哙禅位给子之。

公元前317年，秦国樗里疾反击，在修鱼重创三晋；公孙衍离开魏国到韩国为相；孟尝君相魏。

秦楚之争

公元前316年前，秦国赠送金牛给蜀国，五丁开山，凿金牛道。

公元前316年，蜀国和巴、苴联盟爆发大战，双方都向秦国求援；秦国灭蜀、巴、苴三国。

公元前315年，秦、韩在浊泽对峙；燕国大乱，太子平向齐国求救。

公元前314年，齐国侵入燕国，杀子之；韩军在岸门被秦军打败，秦国随后连续打击三晋。

公元前313年，张仪欺骗楚怀王，说要割让商於之地。

公元前312年，赵武灵王扶立燕昭王即位，齐军撤出燕国；赵国在国际上崭露头角；秦、楚丹阳、蓝田之战爆发。

公元前311年，蜀相陈庄叛乱，秦国甘茂平叛；张仪再次欺骗楚怀王；秦国攻占楚国的召陵。

公元前 310 年，秦武王当政，逼走张仪，改变对外政策，直取中原。

公元前 308 年，秦武王与甘茂订立息壤之盟，攻打韩国宜阳。

公元前 307 年，秦国打下宜阳，进军中原，威逼周王室；秦武王在洛邑举鼎身亡，芈八子和惠文后争权；赵国送秦昭襄王回国即位，芈八子一派获胜；赵武灵王胡服骑射。

公元前 306 年，楚国灭越国；赵国向北开疆拓土，打击中山、楼烦、林胡等蛮族。

公元前 305 年，芈八子派系剿灭惠文后派系，彻底掌权。

公元前 304 年，秦昭襄王与楚怀王会面，归还上庸之地，两国友好。

公元前 303 年，孟尝君组织三国兵马进攻楚国，秦国救援，三国兵马撤走。

公元前 302 年，楚国太子横杀秦国大夫，秦、楚联盟破裂。

公元前 301 年，秦国带头攻打楚国，三国联军卷土重来，在垂沙大败楚军，楚国大乱。

公元前 299 年，秦昭襄王约楚怀王在武关会面，随后将其扣留；赵武灵王传位于赵惠文王，自号为"主父"；赵国攻破中山国首都；孟尝君相秦。

公元前 298 年，赵武灵王混进咸阳查看情况；孟尝君被秦国扣留，依靠"鸡鸣狗盗"的帮助逃走；齐、魏、韩合纵攻秦，在函谷关对峙。

公元前 297 年，楚怀王逃出监狱，又被抓回。

公元前 296 年，楚怀王死在秦国。五国联军攻破函谷关；赵国吞并中山国，迁中山王。

秦齐之争

约公元前 296 年，燕国突袭齐国，大败，十万军队被屠戮。

公元前 295 年，赵国发生沙丘宫变，赵武灵王被饿死。

公元前 295 年—公元前 273 年，秦国对韩、魏两国发起持续攻击，占领大片土地。

公元前 294 年，田甲劫持齐湣王，孟尝君受到猜忌，被迫离开齐国到魏国为相。

公元前293年，秦国魏冉举荐白起，发起伊阙之战。

公元前291年，秦昭襄王封魏冉到陶邑。

约公元前290年，苏秦做燕国间谍，挑起齐国进攻宋国，挑拨齐国与周边国家的关系。

公元前288年，秦、齐两国互相称帝，两个月后都自行取消帝号。

公元前287年，赵、齐、韩、魏、楚五国攻秦，在成皋驻扎，五国各怀鬼胎，暗自移兵去攻打宋国。

公元前286年，齐、赵、魏三国攻宋，灭亡宋国。

公元前285年，秦国发起，秦、赵、燕、魏、韩五国伐齐，大胜。

公元前284年，齐国在济西惨败，乐毅带领燕军横扫齐国全境，齐湣王逃到莒城，楚将淖齿杀齐湣王，太子法章逃进深山，遇到君王后。

秦赵之争

公元前283年，秦国攻打魏国，包围大梁，燕、赵救援魏国。

公元前282年，秦国进攻赵国，打下祁、兹氏两座城，随后几年接连对赵国用兵，蚕食赵国国土。

约公元前282年，蔺相如完璧归赵。

公元前280年，秦国司马错进攻楚国西部。

公元前279年，秦国白起打下楚国鄢城；燕昭王去世，燕惠王继位，召回乐毅；田单以火牛阵赶走燕军，恢复齐国，迎接齐襄王回临淄；渑池会，蔺相如强迫秦王击缶。

公元前278年，白起打下楚国郢都、夷陵，烧楚王陵园；楚顷襄王逃到陈地，楚军全线崩溃；屈原投江。

公元前277年，秦国吞并楚国西部国土，楚国被严重削弱。

公元前276年起，赵国廉颇连续攻打东方各国，扩张领土。

公元前272年，宣太后诱杀义渠王，秦国随后灭义渠国。

公元前271年，范雎到秦国；魏冉攻打齐国。

公元前 270 年，魏冉打下齐国刚、寿两座城池，并入陶邑；范雎说秦昭襄王，受重用；秦国开始"远交近攻"。

公元前 269 年，阏与之战，赵奢领导赵军大胜秦军，斩首八万。

公元前 266 年，秦昭襄王发动政变，废宣太后，逐"四贵"。

公元前 265 年，秦昭襄王替范雎报仇，追杀魏齐；齐国君王后当政。

公元前 264 年，秦国白起攻打韩国汾城、陉城，准备截断韩国领土。

公元前 262 年，秦国截断太行道，上党郡归降赵国。

公元前 261 年，赵国廉颇防守长平，与秦军对峙；秦国遭遇饥荒，秦昭襄王拒绝救助百姓。

公元前 260 年，赵国用赵括替换廉颇；长平之战秦国获胜，屠杀赵国四十万降卒。

公元前 259 年，赵国割地求和，随后翻悔；秦军包围邯郸；秦始皇生于邯郸。

公元前 258 年，秦军战况不利，白起拒绝领军。

公元前 257 年，鲁仲连义不帝秦；信陵君窃符救赵，邯郸解围；秦昭襄王杀白起。

短暂休兵时期

公元前 256 年，西周文公组织合纵攻秦，到伊阙；秦国灭西周国。

公元前 255 年，范雎获罪免官；周赧王过世，周朝灭亡；楚国灭鲁国。

公元前 251 年，秦昭襄王去世。

公元前 250 年，秦孝文王暴毙，秦庄襄王继位。

公元前 249 年，吕不韦灭东周国。

公元前 247 年，秦始皇即位；信陵君率领五国攻秦，秦军躲进函谷关。

约公元前 247 年，李斯到秦国，在吕不韦手下当官，几年以后被提拔为长史。

公元前 245 年，廉颇受排挤，离开赵国到魏国，后来到楚国。

约公元前 245 年，赵国李牧领军，大破匈奴。

公元前 241 年，春申君领导五国攻秦，到函谷关被吓退。

秦灭六国

公元前 238 年，嫪毐作乱被镇压，秦始皇幽囚赵太后；秦始皇亲政。

公元前 237 年，秦始皇贬吕不韦，重迎赵太后回咸阳；秦始皇下令驱逐客卿，李斯上《谏逐客书》；赵悼襄王请求秦国允许攻打燕国。

公元前 236 年，赵国攻打燕国，秦国干涉，开始对赵国的连续打击；赵悼襄王准备重新起用廉颇，被郭开欺骗。

公元前 233 年，秦国杀韩非子，拒绝韩国求和。

公元前 231 年，韩国南阳守卫投降秦国，带领秦军攻打韩国。

公元前 230 年，秦国灭韩国。

公元前 229 年，秦国王翦进攻赵国，逼近邯郸；赵王迁听信谗言杀李牧。

公元前 228 年，王翦攻破邯郸，赵国灭亡；赵嘉逃到代地，建立代国；秦国陈兵燕国边境。

公元前 227 年，燕国太子丹派荆轲行刺秦王。

公元前 226 年，秦国攻下燕国蓟城，燕王喜逃到辽东。

公元前 225 年，秦国王贲攻破大梁，魏国灭亡；秦国派李信和蒙武带二十万大军进攻楚国，被项燕打败。

公元前 224 年，王翦和蒙武带六十万大军进攻楚国。

公元前 223 年，寿春陷落，楚国灭亡。

公元前 222 年，秦国灭代国；王贲攻下辽东，燕国灭亡。

公元前 221 年，齐王建投降，齐国灭亡，天下平定；秦始皇首称皇帝。